소그룹 양육을 위한
하이델베르크 요리문답

For Study Guide
Heidelberg Catechism II

Rev. Byung-Hoon Kim, M.A. Ph.D.
Professor of Systematic Theology
Hapdong Theological Seminary.

Copyright ⓒ 2012 Hapdong Theological Seminary
Published by Hapdong Theological Seminary Press
Kwangkyo Joongang-ro 50, Yeongtong-gu, Suwon, Korea
All rights reserved

소그룹 양육을 위한
하이델베르크 요리문답 II

초판 1쇄 발행 | 2012년 9월 7일
　2쇄 발행 | 2013년 9월 2일
　3쇄 발행 | 2016년 10월 14일
　4쇄 발행 | 2021년 6월 10일

지은이 | 김병훈
발행인 | 김학유
펴낸곳 | 합동신학대학원출판부
주　소 | 16517 수원시 영통구 광교중앙로 50(원천동)
전　화 | (031)217-0629
팩　스 | (031)212-6204
홈페이지 | www.hapdong.ac.kr
총　판 | 기독교출판유통 031)906-9191
인쇄처 | 예원프린팅 031)902-6550
값 13,000 원

ISBN 978-89-97244-06-5 94230
*잘못된 책은 교환해 드립니다

이 도서의 국립중앙도서관 출판시도서목록(CIP)은 e-CIP홈페이지(http://www.nl.go.kr/ecip)와
국가자료공동목록시스템(http://www.nl.go.kr/kolisnet)에서 이용하실 수 있습니다.(CIP제어번호: CIP2012004080)

저작권법에 의하여 한국 내에서 보호를 받는 저작물이므로 저자와 출판사의 허락 없이 내용의 일부를 인용하거나 발췌하는 것을 금합니다.

소그룹 양육을 위한

김병훈 지음

하이델베르크 요리문답 II

[제25~52주일]

합신대학원출판부

... 머리말

    교리는 구원을 얻는 신앙의 **뼈**대를 형성한다. 복음을 믿는 신앙은 지식을 전제로 하며, 그 지식은 최소한의 교리 이해를 내용으로 한다. 성경 말씀을 안다는 것은 단순히 성경에 담긴 내용을 기억한다는 것을 의미하지 않는다. 그것은 성경을 읽어 그 내용을 기억할 뿐만 아니라, 그것이 구원에 관하여 어떠한 교훈을 하는 지를 이해하고 안다는 것을 의미한다.

    성경 말씀이 구원에 관하여 교훈하는 바가 무엇인지를 정리하여 알려 주는 것이 바로 교리이다. 그러므로 성경을 공부한다는 것과 교리를 학습한다는 것은 사실상 서로 다른 것일 수가 없다. 성경공부는 교리학습을 전제로 요구하며 교리학습은 성경공부를 바탕으로 한다. 교리학습이 없는 성경공부는 무의미하며, 성경공부를 하지 않는 교리학습은 위험하기 조차하다.

성경공부가 성경이 인도하는 길을 따라서 읽고 뜻하는 바를 일깨우는 학습과정이라면, 교리학습이란 사람이 질문을 하는 바를 성경의 교훈을 근거로 체계적인 이해를 돕는 학습과정이다. 교리적인 이해가 없이 성경만을 공부하며 오직 성경만을 따를 뿐이라고 주장하는 이들이 있지만, 그것은 전혀 잘못된 말이다. 성경을 읽으면, 그리고 성경을 해석하면, 반드시 교리를 말하게 된다. 교리란 성경이 가르치는 교훈에 대한 이해이며 그것의 체계적인 이해일 뿐이기 때문이다.

이런 맥락에서 볼 때 하이델베르크 요리문답을 공부하는 것은 신자의 믿음에 있어서 필수적이다. 하이델베르크 요리문답은 웨스트민스터 대, 소요리 문답과 더불어 온 교인이 반드시 학습을 하여야 할 필수적인 기본 교리학습서이기 때문이다.

하이델베르크 요리문답 상권을 발간한지 한 참이 지난 이제서야 하권을 출판케 되었다. 상권을 읽고 기다린 많은 분들에게 죄송스러움을 금할 길이 없다. 심히 부족한 설명들이지만 나름대로 교인들에게 적게나마 교리학습을 위해 적절히 사용이 된다면 더 바랄 것이 없겠다. 부족한 많은 부분들은 뒷 날에 수정, 보완할 것을 결심하며 기회가 주어지기를 바란다.

끝으로 도움을 주신 많은 분들에게 깊은 감사를 드린다. 항상 기도와 격려를 아끼지 않으시는 화평교회 안만수 원로목사님과 당회원 모든 장로님들과 권사회, 그리고 교인 여러

분께 감사를 드린다. 또한 출판을 허락하신 성주진 총장님께 감사를 드린다. 출판의 실무업무를 맡아 성심을 다해 수고를 아끼지 않으신 출판부의 신현학 편집실장님과 최문하 북디자이너 두 분께 감사를 드린다. 그리고 가족여행 기간에도 틈틈이 원고를 살펴야 했던 남편과 아빠를 불평하지 않고 격려하였던 아내 서미영, 딸 은진, 아들 은찬의 사랑에 커다란 고마움을 표한다.

하나님 나라와 권세와 영광이 영원히 있을 것임을 선언하는 주기도문의 맺음말을 해설의 마지막 문답으로 하며 끝을 맺는 하이델베르크 요리문답의 교훈을 따라, 오직 하나님께 이 모든 구원의 복음으로 인하여 감사와 찬송과 영광을 올려드린다. *Soli Deo Gloria!*

2012년 8월
김 병 훈

• 머리말

•• 믿음의 내용

• 제2부 우리의 구원에 대하여

27. 말씀과 성례 · 제25주일 65~68문 _13

28. 거룩한 세례 · 제26주일 69~71문 _26

29. 물세례와 유아세례 · 제27주일 72~74문 _38

30. 성찬의 의미 · 제28주일 75~77문 _50

31. 성찬의 본질 · 제29주일 78~79문 _61

32. 성찬의 올바른 이해와 참여 · 제30주일 80~82문 _73

33. 천국의 열쇠 · 제31주일 83~85문 _85

• 제3부 우리의 감사에 대하여

34. 선행의 필요성 · 제32주일 86~87문 _98

35. 참된 회개 · 제33주일 88~91문 _111

36. 율법과 제1계명 · 제34주일 92~95문 _124

37. 제2계명 · 제35주일 96~98문 _139

... 차례

38. 제3계명 · 제36주일 | 99~100문 _153

39. 맹세 · 제37주일 | 101~102문 _165

40. 제4계명 · 제38주일 | 103문 _179

41. 제5계명 · 제39주일 | 104문 _193

42. 제6계명 · 제40주일 | 105~107문 _207

43. 제7계명 · 제41주일 | 108~109문 _220

44. 제8계명 · 제42주일 | 110~111문 _234

45. 제9계명 · 제43주일 | 112문 _247

46. 제10계명과 율법의 용도 · 제44주일 | 113~115문 _259

47. 기도의 필요성과 주기도 · 제45주일 | 116~119문 _272

48. 하늘에 계신 우리 아버지 · 제46주일 | 120~121문 _290

49. 첫째 간구: 이름이 거룩히 여김을 받으시오며 · 제47주일 | 122문 _302

50. 둘째 간구: 나라가 임하시오며 · 제48주일 | 123문 _318

51. 셋째 간구: 뜻이 하늘에서와 같이 땅에서도 이루어지이다
· 제49주일 | 124문 _333

52. 넷째 간구: 일용할 양식을 주시옵고 · 제50주일 | 125문 _345

53. 다섯째 간구: 우리 죄를 사하여 주시옵고 · 제51주일 | 126문 _360

54. 여섯째 간구와 마침: 시험에 들게 하지 마시옵고
악에서 구하시옵소서 · 제52주일 | 127문 _376

믿음의 내용

27. 말씀과 성례

제25주일 65~68문

질문 65 우리가 그리스도와 연합하여 그가 베푸시는 모든 은택들을 함께 누리는 것은 오직 믿음으로 되는 일입니다. 그렇다면 이 믿음은 어디에서 오는 것입니까?

답 성령님으로 말미암아 옵니다.

(요 3:5; 고전 2:10-13, 12:3; 엡 2:8-9; 빌 1:19, 29)

성령님은 거룩한 복음의 강설을 듣도록 하여

(롬 10:17; 약 1:18; 벧전 1:23-25)

우리 마음속에 믿음을 일으키시고(행 16:14),

거룩한 성례를 시행할 때 그 믿음을 확고하게 하십니다

(마 28:19-20; 고전 10:16, 11:26).

질문 66 **성례들이란 무엇입니까?**

답 성례들이란 눈으로 볼 수 있도록 주신 거룩한 표지(標識)이며 인장(印章)입니다.
이 성례들은 하나님께서 제정하신 것들입니다.
하나님께서는 이 성례들이 사용됨으로써 복음의 약속이 더욱 더 충만하게 선언되고 확증될 수 있도록 하셨습니다

(창 17:11; 신 30:6; 롬 4:11).

복음의 약속이란 그리스도께서 십자가 위에서 드리신 단번의 제사로 인하여 하나님께서 우리의 죄를 값없이 사하시고 영원한 생명을 주시는 은혜를 말합니다
(레 6:25; 마 26:27; 행 2:38; 히 9:7-8, 9:24, 10:10).

질문 67 **말씀과 성례들 이 둘이 제정된 목적은 우리의 믿음이 말씀과 성례들로 말미암아 구원의 유일한 근거인 예수 그리스도의 십자가 희생 제사를 향하여 나아가도록 하기 위한 것입니까?**

답 참으로 그렇습니다. 우리의 모든 구원은 그리스도께서 십자가 위에서 우리를 위해 드리신 단 한 번의 희생 제사에 의존한다는 사실을 성령 하나님께서는 복음의 말씀으로 가르치시며 또한 성례들을 통하여 확증하십니다(롬 6:3; 고전 10:16; 11:26; 갈 3:27).

질문 68 **그리스도께서 새 언약 가운데 제정하신 성례들은 몇 가지가 있습니까?**

답 두 가지입니다. 곧 거룩한 세례와 성찬입니다.

— 그리스도의 복음은 '좋은 소식'입니다. 복음이 '좋은 소식'인 까닭이 무엇일까요? 그것은 구원과 관련한 것이기 때문입니다. 사람은 본성상 부패하여 스스로 하나님의 계명에 순종하므로 하나님의 의에 이를 수가 없습니다. 이 사실은 "모든 사람이 죄를 범하였으매 하나님의 영광에 이르지 못하더니"(롬 3:23)라는 말씀에서 보듯이 성경에서 확증하고 있

는 진리입니다.

그렇다면 사람에게 하나님의 영광에 이르는 구원의 길이 어떻게 주어질 수가 있겠습니까? 사람 자신에게서 가능성을 찾을 수 없기 때문에 결국은 사람 자신이 아닌 하나님에게서 그 가능성이 찾아져야만 합니다. 하나님은 그 가능성을 예수 그리스도로 말미암아 실현하셨습니다. "그리스도 예수 안에 있는 속량으로 말미암아 하나님의 은혜로 값없이 의롭다 하심을 얻은 자 되었느니라"(롬 3:24). 오직 그리스도의 십자가 대속의 공로로 말미암아 그리스도와 연합하는 자라야 구원의 의를 누리며 하나님의 영광에 이르게 됩니다.

그런데 그리스도와 연합하여 대속의 은혜를 누리고 그가 베푸시는 모든 은택들에 참여하는 복을 어떻게 누릴 수가 있을까요? 그것은 놀랍게도 오직 복음을 믿기만 하면 주어집니다. 그리스도의 복음이 복음, 곧 그것이 좋은 소식인 까닭은 바로 오직 "믿음으로" 하나님의 영광에 이르는 놀라운 복이 우리에게 주어진다는 사실에 있습니다.

그렇다면 이 "믿음"은 어디에서 오는 것일까요? 그것은 바로 "성령 하나님"으로 말미암아 옵니다. 예수님께서 이르시기를 "진실로 진실로 네게 이르노니 사람이 물과 성령으로 나지 아니하면 하나님 나라에 들어갈 수 없느니라"(요 3:5)고 하셨습니다. 성령님으로 말미암아 거듭난 자에게 믿음이 주어집니다.

그런데 성령님께서 주시는 이 믿음은 깊은 산 속에 있는 동굴에 앉아서 깊은 명상을 한다고 하여 받는 것이 아닙니다. 이 믿음은 복음의 강설을 들음으로써 일어납니다. 그러므로 성경에 이르기를 "누구든지 주의 이름을 부르는 자는 구원을 받으리라"(롬 10:13)고 하시면서, "믿음은 들음에서 나며 들음은 그리스도의 말씀으로 말미암았느니라"(롬 10:17)고 또한 밝히셨습니다.

주님께서는 복음을 들음으로 받는 은혜를 든든히 하시기 위하여 특별한 예식을 행하도록 교회에 명하셨습니다. 이 특별한 예식을 가리켜 성례라고 합니다. 그리스도께서 십자가에서 이루신 단번의 제사로 인하여, 하나님께서 우리의 죄를 값없이 사하시고 영원한 생명을 주시는 은혜를 가리켜 복음의 은혜라고 말하는데, 성례는 이러한 복음의 은혜로운 약속을 눈에 보이는 표로서 더욱 분명하고도 충만하게 선포하기 위하여 주님께서 정하신 예식입니다. 즉 성령님께서는 교회의 복음 선포를 통하여 우리 안에 믿음을 일으키시며, 아울러 성례의 시행을 통하여 이 믿음을 보존하시고 확증하시고 인(印)치십니다.

예를 들어, 구약의 대표적인 성례가 바로 할례인데 그 할례에 대하여 성경은 말씀하기를 "그가 할례의 표를 받은 것은 무할례시에 믿음으로 된 의를 인친 것이니 이는 무할례자로서 믿는 모든 자의 조상이 되어 그들도 의로 여기심을 얻게 하려 하심이라"(롬 4:11)고 하심으로, 성례가 믿음으로 얻는 복음의 의를 인(印)치는 것임을 명백하게 합니다. 말하자면 성례란 눈에 보이지 않는 은혜를 눈에 보이도록 나타내 주는 표이며 또한 동시에 그 은혜를 의심할 여지가 없이 분명하게 확증해주는 도장을 찍어 주는 것과 같은 것이라고 할 수 있습니다.

그러면 사람이 자신의 생각에 좋은 제도들을 만들어 교회 안에서 시행하면서 이를 가리켜 성례라고 정할 수가 있겠습니까? 당연히 그럴 수 없습니다. 성례가 성례이려면 그것을 제정하신 분이 오직 주님이셔야 합니다. 은혜로 죄를 사하여 주시고 하나님의 자녀로 우리를 받아 주시는 일이 오직 하나님의 권한에 속한 일이듯이, 그러한 은혜를 눈으로 보도록 나타내 보이고 은혜를 확증적으로 도장을 찍으시는 성례는 오직 하나님만이 정하실 수 있습니다.

할례가 구약에서 보는 성례이요, 그리스도께서 신약에서 정하신 성례는 오직 두 가지가 있을 뿐이니 곧 세례와 성찬입니다. 주님께서는 "그러므로 너희는 가서 모든 민족을 제자로 삼아 아버지와 아들과 성령의 이름으로 세례를 베풀라"(마 28:19)고 하셨으며, 또한 "축사하시고 떼어 이르시되 이것은 너희를 위하는 내 몸이니 이것을 행하여 나를 기념하라 하시고 식후에 또한 그와 같이 잔을 가지시고 이르시되 이 잔은 내 피로 세운 새 언약이니 이것을 행하여 마실 때마다 나를 기념하라"(고전 11:24~25)고 하셨습니다.

이러한 성례를 행할 때에 우리는 하나님께서 우리와 맺으신 영원한 언약을 더욱 뚜렷이 확인하면서 이러한 은혜의 언약을 베푸시는 하나님께 더욱 더 감사를 담아 하나님을 향한 사랑을 고백하게 됩니다. 그리하여 우리는 하나님의 자녀로서 하나님의 은혜의 구원에 더욱 더 복종을 하며, 그러한 은혜를 베푸신 하나님의 거룩한 교훈을 마음에 새기고, 교회의 머리이신 그리스도를 향한 사랑의 찬양을 드리게 되는 영적 유익을 누리게 됩니다.

이처럼 성례는 그 의미가 오직 신자에게만 적용이 되며 신자들만이 누릴 수 있는 것이므로 하나님의 언약 공동체 안에 속하지 않은 사람들이나 이단들과 신자들을 구분하여 주는 경계의 표지가 되기도 합니다. 이를테면, 하나님께서는 구약에서 보듯이 이스라엘 백성들은 할례를 받도록 명하셨지만, 이방인들에게는 참여를 금하셨으며, 신약에서도 오직 믿음을 고백하는 그리스도인들만이 세례를 받고 성찬에 참여하도록 명하셨습니다.

밖으로 하나님의 언약 백성들과 그 외의 사람들을 구분하여 주는 표지인 성찬은 안으로는 그리스도에게 속한 자들이 서로 연결되어 있는 한 몸임을 상기시켜 줍니다. 그리스도인들은 믿음으로 그리스도와 연합함으로 복음의 모든 은택들을 누리는 자들인즉, 이들은 각각으로 존재하는 자들이 아니라 서로 서로 연결되어 교회의 머리이신 그리스도의 몸을 이루는 지체들입니다. "우리가 유대인이나 헬라인이나 종이나 자유인이나 다 한 성령으로 세례를 받아 한 몸이 되었고 또 다 한 성령을 마시게 하셨느니라"(고전 12:13). 이처럼 그리스도와 연합을 하고 그리스도에게 속한 교인들이 서로 연합을 하는 일이 가능케 되는 것은 성령 하나님으로 말미암은 것입니다.

  그리스도의 교회는 교인들이 서로 서로 필요하며 서로를 위하여 각각 존재하는 유기체적인 연합이라는 특성을 갖습니다. 그리고 그 연합은 마땅히 평안과 사랑으로 하나가 되어야 합니다. "평안의 매는 줄로 성령이 하나 되게 하신 것을 힘써 지키라 몸이 하나요 성령도 한 분이시니 이와 같이 너희가 부르심의 한 소망 안에서 부르심을 받았느니라 주도 한 분이시요 믿음도 하나요 세례도 하나요"(엡 4:3-5). 그리스도인들은 성례에 참여함으로써 성도로서 마땅한 신앙의 성찰과 결단을 하도록 요청을 받습니다. 이로써 그리스도인들은 그리스도의 교회에 화평과 사랑의 열매가 더욱 풍성하게 나타나도록 결심을 하는 유익을 누리게 됩니다.

  어떤 이들은 마치 성례가 하나의 제사인 것처럼 대하는 이들이 있습니다. 왜냐하면 항상 그런 것은 아니지만 눈에 보이게 드려지는 제사가 그러듯이 성례가 예식의 형식으로 드려지기 때문입니다. 그러나 성례와 제사는 서로 구분되어야 합니다. 먼저 제사는 하나님께서 우리에게 요구하시는 바인 순종과 예배를 그에게 드리는 것인 반면에 성례는 하나님께서 그것을 통하여 약속하신 은택들을 베푸시는 것입니다. 제사는 하나님께서 우리에게 받으시는 것이지만, 성례는 우리에게 베풀어 주시는 것입니다.

예수님께서 십자가 위에서 대리 속죄의 죽음이라는 희생 제물이 되시고, 또한 우리를 속죄하시는 제사장으로 제사를 드린 것과 같이, 혹시라도 성례 가운데 성찬을 제사로 여기는 일이 있다면 그것은 매우 잘못된 일입니다. 그리스도의 몸과 피를 상징하는 성찬은 그것을 통하여 이미 그리스도께서 이루신 희생 제사를 상징하는 것일 뿐이며 그 제사를 다시 드리는 것은 결코 아니기 때문입니다. 성찬은 그리스도의 희생 제사를 통하여 우리에게 단번에 죄 사함과 영원한 생명을 은혜로 주신다는 것을 선언하고 확증하는 하나의 표일 뿐이지 그것 자체가 결코 제사는 아닙니다.

분명히 그리스도께서 구원의 모든 사역을 마치시고 승천하신 이후에 죄 사함을 받기 위하여 하나님께 우리가 드릴 수 있는 제사는 없습니다. 그렇지만 성경에 보면 우리가 드릴 제사에 대해서 말씀하는 바가 있습니다. "그러므로 형제들아 내가 하나님의 모든 자비하심으로 너희를 권하노니 너희 몸을 하나님이 기뻐하시는 거룩한 산 제물로 드리라 이는 너희가 드릴 영적 예배니라"(롬 12:1)는 말씀이나, 또 "너희도 산 돌 같이 신령한 집으로 세워지고 예수 그리스도로 말미암아 하나님이 기쁘게 받으실 신령한 제사를 드릴 거룩한 제사장이 될지니라"(벧전 2:5)는 말씀이 그러합니다. 하지만 여기서 말씀하는 제사는 우리의 구원을 위하여 드려야 하는 제사가 아니며, 십자가에서 우리를 위해서 드리신 오직 그리스도의 제사만이 화목 제사일 뿐입니다.

우리가 드려야 할 제사로 성경에서 언급하고 있는 제사는 받은 은혜를 찬송하며 드리는 단지 감사의 제사일 뿐입니다. 이를테면 "그러므로 우리는 예수로 말미암아 항상 찬송의 제사를 하나님께 드리자 이는 그 이름을 증언하는 입술의 열매니라"(히 13:15)는 말씀에서 보듯이 우리가 드리는 제사란 단지 그리스도의 복음의 은혜를 증거하고 이를 찬송하는 순종의 모습을 가리키는 비유적 표현일 따름입니다.

그러면 우리가 드리는 제사는 어떻게 드려야 하는 것일까요? 그러한 제사는 주님의 교훈에 순종하고 선을 행하는 믿음의 열매를 통해 드려집니다. 그러므로 앞서 보았던 히브리서 13장 15절에 바로 이어서 "오직 선을 행함과 서로 나누어 주기를 잊지 말라 하나님은 이같은 제사를 기뻐하시느니라"(히 13:16)의 교훈을 제시하고 있습니다.

성례가 제사일까요? 성례는 결코 제사가 아닙니다. 그런데 만일 제사의 의미를 구원의 은혜를 받은 우리가 드려야 하는 찬송의 제사를 가리키는 것으로 해석한다면 성례도 제사일 수 있습니다. 왜냐하면 복음의 약속을 믿으며 성례를 순종하여 시행하는 것은 복음에 대한 감격과 감사를 담아 참된 회개를 하며 순종할 것을 결심하는 영적 반응이기 때문입니다.

그러나 성례는 속죄를 위하여 드리는 제사가 결코 아닙니다. 성례는 그 자체가 제사이기는커녕 오히려 그리스도의 십자가 제사를 향하여 나아가도록 하기 위하여 하나님께서 교회에 주신 은혜의 수단입니다. 성령 하나님께서는 우리의 모든 구원이 오직 그리스도께서 드리신 단 한 번의 희생 제사에 근거한다는 사실을 복음의 말씀으로 증거하시고, 또한 성례를 통하여 확증하십니다. 그런 의미에서 복음의 말씀과 성례는 모두 하나님께서 교회의 사역자들을 통하여 베푸시는 은혜의 수단입니다. 즉 내적으로 믿음을 우리 안에 일으키고 그것을 강화시키기 위한 외적인 수단인 것입니다.

말씀과 성례는 다음과 같은 점에서 서로 다른 특징을 갖습니다. 성례는 외적인 물건과 예식을 통해서 말씀이 말하는 내용을 나타냅니다. 그렇지만 성례는 그 자체만으로는 믿음을 일으키지 못합니다. 믿음은 말씀을 통해서 생겨나며 확증되기 때문입니다. 반면에 성례는 말씀을 통해서 생겨난 믿음을 확증하고 또한 강화합니다. 말씀은 성례가 없이도 믿음의 내용을 가르치고 확증할 수 있지만, 성례는 말씀이 없이는 믿음의 내용을 확증할 수 없습니다. 성례는 말씀의 진리가 불분명하거나 부족한 것처럼 말씀에 덧붙여 주신 것이 아닙니다. 하나님의 진리의 말씀은 그 자체로 충분하고 분명합니다. 하지만 우리가 말씀의 진리에 어둡고 무지하며 어리석기 때문에, 그리고 우리가 부패하여 진리를 의심하는 연약성을 가지고 있기 때문에 하나님께서는 우리의 믿음을 강화하기 위하여 성례를 제정하여 주신 것입니다. 우리의 무지와 연약함을 아시고서 우리의 수준과 능력에 맞도록 복음을 전하시고 이를 세워주시는 하나님의 긍휼과 자비가 얼마나 놀라운지 깨달아 찬송을 드릴 수 있어야겠습니다.

그러므로 성례를 무시하고 일부러 참여하지 않는 경우가 아니라면, 성례의 시행이 없어도 말씀에 의하여 중생을 받아 구원에 이를 수가 있습니다. 그렇지만 우리들의 연약함을 아시는 하나님께서는 복음의 말씀에 대한 보이는 증거로써 성례를 우리에게 제정하여 주심으로써 말씀으로 우리의 내면에 형성된 믿음을 확증하고 강화시켜 주는 은혜를 베풀어 주신 것입니다. 하나님의 은혜를 다 같이 찬송합시다. 샬롬!

...생각 나누기

새로운 질문

1_ 왜 그리스도의 복음은 복음, 곧 '좋은 소식'이라고 일컬어지는 것일까요? 여러분의 생각을 나누어 보십시오.

2_ 성례란 무엇이며, 복음의 진리와 관련하여 그것이 갖는 의미는 무엇입니까?

3_ 성례는 누가 제정하여 시행토록 명한 것입니까?

4_ 성례를 통하여 성도가 누리는 영적 유익은 무엇입니까?

5_ 오직 교인들에게만 성례의 참여가 허락되는 의미에 대하여 서로의 생각을 나누어 보십시오.

6_ 성례를 통해서 깨닫게 되는 교회의 특성은 무엇이며 성례에 참여하는 교인들은 어떠한 결심을 하여야 합니까?

7_ 성례가 제사입니까? 그렇지 않은 까닭과 그렇다고 볼 수도 있는 까닭을 말해 보십시오.

8_ 말씀과 성례는 하나님께서 교회에 은혜를 베푸시는 수단입니다. 이 두 수단이 어떠한 점에서 서로 다른지 생각해 보십시오.

28. 거룩한 세례

제26주일 | 69~71문

질문 69 **그리스도께서 십자가 위에서 드리신 단 한 번의 희생 제사가 당신에게 실제적으로 유익이 된다는 사실을 당신은 어떻게 거룩한 세례로 말미암아 교훈을 받고 확신하게 됩니까?**

답 그것은 이와 같습니다.
그리스도께서는 물을 가지고 외적으로 씻는 의식을 명하시면서(마 28:19; 행 2:28), 그것에다 약속을 덧붙여 주셨습니다(마 28:19; 행 2:38; 마 3:11; 막 16:16; 요 1:33; 롬 6:3; 6:4). 그 약속은 마치 물을 가지고 외적으로 씻을 때 나의 더러움이 또한 씻기는 것이 확실하듯이, 그리스도의 피와 성령으로 씻김을 받을 때에 나의 영혼의 모든 더러움, 곧 나의 모든 죄가 분명하게 씻긴다는 것입니다(마 3:11; 막 1:4; 눅 3:3; 롬 6:3-10; 벧전 3:21).

질문 70 **그리스도의 피와 성령으로 씻김을 받는다는 것이 무엇을 뜻합니까?**

답 그것은 그리스도께서 십자가에서 희생 제사를 드리며 우리를 위해 흘리신 피로 인하여 하나님께 은혜로 죄 사함을 받는다는 것을 뜻합니다(겔 36:25; 슥 13:1; 엡 1:7-8; 히 12:24; 벧전 1:2; 계 1:5; 7:14). 아울러 그것은 성령님으로 말미암아 새롭게 되고 거룩함을 입어 그리스도의 지체가 됨으로써 더욱 더 죄에 대하여는 죽고 거룩하며 흠이 없는 삶을 살아가는 것을 뜻합니다.(겔 36:25~27; 요 1:33; 3:5~8; 롬 6:4; 고전 6:11; 12:13; 골 2:11~12)

질문 71 **우리가 세례의 물로 씻음 받듯이 확실하게 그리스도의 피와 성령으로 씻으신다는 약속을 그리스도께서는 어디에서 하셨습니까?**

답 세례를 제정하실 때에 다음과 같이 말씀을 하셨습니다. "그러므로 너희는 가서 모든 민족을 제자로 삼아 아버지와 아들과 성령의 이름으로 세례를 베풀라"(마 28:19), 그리고 "믿고 세례를 받는 사람은 구원을 얻을 것이요 믿지 않는 사람은 정죄를 받으리라"(막 16:16). 이 약속은 성경에서 세례가 "중생의 씻음"(딛 3:5) 또는 "죄를 씻음"(행 22:16)으로 일컬어지고 있는 데에서도 반복되고 있습니다.

— 하나님께서는 그리스도의 복음의 말씀을 듣고 깨달아 믿을 때에 은혜의 구원에 이르도록 하셨습니다. 그러므로 그리스도의 복음이 복음인 까닭은 그것이 '오직 믿기만' 하면 구원의 은혜를 받을 수 있기 때문입니다. 그런데 인간은 무지하고 연약하여 진리를 모를 뿐만 아니라 진리를 듣고도 확신하지 못하므로 주님께서는 성례를 제정하시어 교회로 하여금 시행토록 하셨습니다.

하나님의 자녀들은 성례를 통하여 굳은 믿음을 가지고 하나님께서 베푸시는 은혜의 구원을 감사하며 교회의 머리이신 그리스도를 향한 사랑의 찬양을 드리는 영적 유익을 누립니다. 이처럼 복된 성례는 오직 그리스도 안에 있는 자들에게만 주어집니다. 그리스도와 연합되고 또한 서로가 그리스도의 몸을 이루는 지체로 연결되는 유기체적 연합을 이루기 때문입니다.

어떤 사람들이 오해를 하는 바와 달리, 성례는 죗값을 치루기 위하여 드리는 제사가 아닙니다. 성례는 하나님께서 말씀에서 보이신 그리스도의 속죄의 은혜를 눈에 보이는 상징물들과 예식을 통해서 나타내주고 이것을 확증하는 것일 뿐입니다. 그러므로 감사와 찬미로 성례에 참여하여 이미 이루신 구속의 은혜를 더욱 더 누리는 것이 성례에 참여하는 자의 마땅한 태도입니다. 성례는 속죄의 제사가 아니며, 말씀과 더불어 교회에 그리스도의 은혜의 복음을 증거하는 은혜의 수단일 뿐입니다.

하지만 성례는 은혜의 또 다른 수단인 말씀과는 달리 그 자체로는 믿음을 일으키지 못합니다. 믿음을 일으키고 이를 확증하는 말씀의 사역과는 달리, 성례는 말씀을 통해 일어난 믿음을 확증하고 강화하는 사역을 행합니다. 말씀이 부족하고 불분명하여 성례가 필요한 것이 아니라 우리가 영적으로 무지하고 연약하기 때문에 우리를 돕기 위하여 하나님께서는 말씀 이외에 성례라는 은혜의 수단을 교회에 베풀어 주신 것입니다.

신약에서 누리는 성례에는 세례와 성찬, 두 가지가 있습니다. 이 가운데 먼저 세례에 대해서 살펴보도록 합니다. 세례란 무엇입니까? 세례란 '씻는' 일을 가리키며, 좀 더 구체적으로 물에 담그는 방식으로 하거나 또는 물을 뿌리는 방식으로 하거나, 어느 방식으로 하든지 그리스도께서 제정하신 물로 '씻는' 의식입니다. 그리스도께서는 "그러므로 너희는 가서 모든 족속으로 제자를 삼아 아버지와 아들과 성령의 이름으로 세례를 주라"(마 28:19)고 명하셨습니다. 이에 따라서 교회는 그리스도를 전하고 이를 믿는 자에게 성부와 성자와 성령 하나님의 이름으로 세례를 베풉니다. 그리하여 교회는 그리스도의 복음을 믿고 세례를 받는 자에게 그가 성부와 성자와 성령 하나님께 속한 자라고 세례를 통해 선포하는 것입니다.

물로 씻는 세례의 의식을 통해서 뜻하고자 하는 것은 무엇일까요? 그것은 그리스도의 피와 성령으로 나의 영혼의 모든 더러움, 곧 나의 죄가 씻어졌다는 것을 상기시키기 위함입니다. "물은 예수 그리스도께서 부활하심으로 말미암아 이제 너희를 구원하는 표니 곧 세례라 이는 육체의 더러운 것을 제하여 버림이 아니요 하나님을 향한 선한 양심의 간구니라"(벧전 3:21). 세례가 물로 씻는 예식을 따라 시행되는 데에는 특별한 의미가 있습니다. 세례는 사람이 물을 가지고 외적으로 육체의 더러운 것을 씻을 때에 그것이 확실한 바와 같이, 그리스도께서 그의 피와 성령으로 그를 믿는 자들의 죄를 확실하고도 분명하게 씻어주신다는 사실을 나타내 보이기 위한 것입니다.

그렇다면 물로 씻어 깨끗하게 되듯이 그리스도의 피와 성령으로 씻음을 받는다는 것은 무엇을 의미합니까? 그것은 십자가에서 희생 제사를 드리신 그리스도께서 우리를 위해 피를 흘리셨고, 그 피로 인하여 은혜로 죄 사함을 받는다는 것을 뜻합니다. 이러한 이치는 이미 구약에서 새 언약을 바라보고 예언하신 말씀 가운데 분명하게 나타나 있습니다. "맑은 물을 너희에게 뿌려서 너희로 정결하게 하되 곧 너희 모든 더러운 것에서와 모든 우상 숭배에서 너희를 정결하게 할 것이니라"(겔 36:25). 물을 뿌려 정결케 한다는 것이 무엇을 의미하는지에 대하여 신약성경은 정확하게 풀어 말씀합니다. "우리는 그리스도 안에서 그의 은혜의 풍성함을 따라 그의 피로 말미암아 속량 곧 죄 사함을 받았느니라"(엡 1:7).

아울러 그리스도의 피와 성령님으로 씻음을 받는다는 것은 죄 사함을 받는 것을 뜻할 뿐만 아니라 성령 하나님으로 말미암아 새롭게 되어 죄에 대하여는 죽고 거룩한 삶을 살아가는 성화의 삶을 뜻하기도 합니다. 앞서 보았던 에스겔 36장 25절에 바로 이어서 성경은 이르기를 "또 새 영을 너희 속에 두고 새 마음을 너희에게 주되 너희 육신에서 굳은 마음을 제거하고 부드러운 마음을 줄 것이며 또 내 영을 너희 속에 두어 너희로 내 율례를 행하게 하리니 너희가 내 규례를 지켜 행할지라"(겔 36:26~27)고 하였습니다. 이러한 약속의 말씀이 그리스도로 말미암아 우리에게 이루어졌음에 대하여 신약성경은 다음과 같이 기록합니다. "너희 중에 이와 같은 자들이 있더니 주 예수 그리스도의 이름과 우리 하나님의 성령 안에서 씻음과 거룩함과 의롭다 하심을 받았느니라" (고전 6:11). 그리스도의 세례를 받는 사람은 맑은 물로 몸을 씻은 사람이 몸을 다시 더럽히지 않듯이 성령의 도우심을 받아 주의 교훈에 따라 순종의 삶을 살아가며 심령을 정결케 하고 믿음의 참 열매를 맺어갈 것을 기대하고 소망하고 결단을 합니다.

세례의 의미가 이러하기 때문에 세례는 반복하여 받는 것이 아니라, 회개하고 그리스도를 주로 고백함으로 한 번만 받습니다. 마치 이것은 그리스도의 보혈로 인하여 대속의 은혜를 입어 하나님의 자녀가 되는 신분의 변화가 일단 성령의 은혜로 이루어진 후에는 취소되는 일이 없고, 그렇기 때문에 취소되었다가 다시 회복되는 식으로 반복해서 일어나지 아니함과 같다 하겠습니다. 성령 하나님의 은혜로 거듭난 사람은 그리스도의 복음을 듣고 회개하고 믿음으로 그리스도를 주로 영접함으로써 하나님의 자녀가 됩니다. 그가 참으로 거듭난 사람이며 그의 고백이 참으로 진실하다면 그에게 약속하신 은혜의 복음에 따라서 죄와 허물로 죽은 자요 그리스도와 연합한 하나님의 자녀로 신분이 바뀐 것입니다. 하나님의 자녀는 연약하여 죄를 범하는 일이 있다고 하여도 그러한 잘못으로 인하여 하나님의 자녀로서의 신분이 취소되지 않습니다. "내가 그들에게 영생을 주노니 영원히 멸망하지 아니할 것이요 또 그들을 내 손에서 빼앗을 자가 없느니라"(요 10:28). 따라서 중생의 은혜를 입고 죄 사함을 받은 사람은 비록 실족하여 죄를 범한 경우에도 다시 죄 사함을 받기 위하여 중생의 은혜를 입어야 할 필요가 없습니다. 이와 마찬가지로 죄 씻음을 받아 하나님의 자녀가 되는 영적 진리를 확증하는 세례도 한 번만 받는 것으로 족하고 충분합니다.

세례가 한 번만 받는 것이라는 영적 이치는 구약의 성례인 할례에 비추어 생각할 때 더욱 분명해집니다. 구약의 할례는 신약의 세례로 전환이 되었습니다. "또 그 안에서 너희가 손으로 하지 아니한 할례를 받았으니 곧 육의 몸을 벗는 것이요 그리스도의 할례니라 너희가 세례로 그리스도와 함께 장사되고 또 죽은 자들 가운데서 그를 일으키신 하나님의 역사를 믿음으로 말미암아 그 안에서 함께 일으키심을 받았느니라"(골 3:11~12). 신약의 성도들은 손으로 하지 않은 할례, 곧 그리스도의 할례를 받았다고 하는데, 이는 세례를 가리켜 말하는 것입니다. 그런데 일생에 단 한 번만 할례를 받았듯이 할례를 대체하는 세례도 한 번만 받는 것입니다. 할례나 세례나 모두 같은 영적 실상, 곧 죄 사함과 거룩함의 은혜를 가리키는 것이기 때문입니다.

세례는 그 자체가 죗값을 치르기 위하여 드리는 제사가 아니며, 또한 그리스도의 대속의 죽음과 부활로 인하여 영혼의 모든 더러운 죄악이 씻기고 새 생명의 삶을 살아가는 의미를 담고 있는 예식이라면, 굳이 세례를 받지 않아도 되는 것이 아닌가라고 생각하는 분들도 심심찮게 있습니다. 세례를 받지 않는다고 구원을 받지 못하는 것이 아니라고 주장을 하며, 세례 받기를 거부하거나 주저하는 분들도 계십니다.

하지만 세례는 그리스도께서 명하신 일입니다. 영적으로 무지하며 연약한 우리들을 향하여 긍휼과 자비로 우리들의 믿음을 강화하고 격려하기 위하여 제정하여 주신 은혜의 방편입니다. 앞에서도 이미 지적한 바와 같이 주님께서는 승천하시기 전에 제자들에게 하신 말씀을 다시 한 번 살펴보시기를 바랍니다. "그러므로 너희는 가서 모든 민족을 제자로 삼아 아버지와 아들과 성령의 이름으로 세례를 베풀고 내가 너희에게 분부한 모든 것을 가르쳐 지키게 하라 볼지어다 내가 세상 끝날까지 너희와 항상 함께 있으리라 하시니라"(마 28:19~20). 모든 민족에게 복음을 전하여 그리스도의 제자를 삼는 것과 세례를 주는 것은 모든 그리스도인들이 순종하여야 하는 주님의 명령임이 분명합니다. 그런데 제자가 되도록 하는 일과 관련하여 주님은 세례를 주라고 말할 뿐만 아니라, 주님의 교훈을 가르쳐 지키게 하라고 또한 말씀하셨습니다. 이것은 반드시 세례가 말씀과 함께 가야하는 것임을 교훈합니다. 믿음의 내용이 무엇인지에 대해 가르침을 주고, 그런 후에 믿음의 고백을 하는 자에게 비로소 세례를 베풀어야 하는 까닭이 여기에 있습니다.

아울러 주님께서 이르신 다음의 말씀도 기억할 필요가 있습니다. "믿고 세례를 받는 사람은 구원을 얻을 것이요 믿지 않는 사람은 정죄를 받으리라"(막 16:16). 정죄를 받는 것은 믿지 않기 때문이지만, 구원을 받는 사람은 그리스도를 믿으며 또한 주님이 제정하신 세례를 받습니다. 믿고 세례를 받으라는 말씀은 믿음이 없이 세례를 받으면 아무런 유익도 없다는 뜻입니다. 따라서 세례를 받은 자라도 믿음이 없으면 구원을 받지 못합니다. 하지만 참 믿음을 가진 자는 세례를 결코 멸시할 수가 없기 때문에 참 믿음을 가진 자는 모두가 세례를 받습니다. 이것이 주님의 뜻이므로 세례는 주님의 이름을 부르는 모든 믿는 사람들은, 받지 못할 특수한 경우가 아니라면, 마땅히 받아야 합니다.

세례를 주도록 말씀하신 주님의 명령을 살피면 이내 알 수 있듯이 세례는 거룩하신 삼위일체 하나님의 이름으로 주어지는 존귀하고 영광스러운 예식입니다. 그리스도의 제자가 되어 받는 이 세례는, 우리를 그리스도의 제자로 삼아 하나님의 자녀가 되도록 하는 구원의 사역을 이루기 위하여, 성부와 성자와 성령 삼위일체 하나님께서 함께 일하셨다고 고백하고, 거룩하신 삼위일체 하나님께 존귀와 영광을 마땅히 돌리는 것으로 인식하고 받는 실로 복된 예식입니다. 세례가 그리스도의 피와 성령으로 씻음 받는다는 의미를 삼위일체 하나님의 이름으로 받는 예식의 형식과 연결하여 생각해 보시기 바랍니다.

성부 하나님께서는 은혜로 우리의 죄 사함을 베풀어 주십니다. 성자 하나님께서는 은혜의 죄 사함을 위하여 사람이 되시어 십자가에서 희생 제사를 드리시고 그의 피를 흘려주셨습니다. 성령 하나님께서는 우리를 새롭게 하시고 그리스도의 지체가 되도록 거룩하게 구별하여 주셨습니다. 그러므로 세례를 줄 때에 삼위일체 하나님의 이름으로 주는 것은 그 세례를 통하여 주시는 은혜가 삼위일체 하나님의 사역에 의한 것이며 또한 삼위일체 하나님의 권위로 제정된 것이기 때문입니다.

그리하여 교회에서 목사로 하여금 삼위일체 하나님의 이름으로 세례를 베풀도록 하심으로써, 하나님께서는 그 세례를 통하여 과연 그리스도를 믿는 우리를 하나님의 사랑 안에 거하게 하시며, 우리에게 죄 사함의 영적 은택들을 우리에게 베풀어 주시는 것을 확증하십니다. 뿐만 아니라 삼위일체 하나님의 이름으로 세례를 베풀도록 하심으로써 세례를 받는 우리들이 하나님에게 속한 자들이며 하나님이 우리들의 주인이라는 사실을 확증해 줍니다. 세례는 이처럼 감격스러운 사실을 그 의미 속에 포함하고 있기 때문에, 바울은 분열과 갈등 속에 있는 교인들에게 이르기를 "그리스도께서 어찌 나뉘었느냐 바울이 너희를 위하여 십자가에 못 박혔으며 바울의 이름으로 너희가 세례를 받았느냐"(고전 1:13)라고 책망할 수가 있었습니다. 복되고 영광스러운 세례를 제정하시어 연약한 우리의 믿음을 도우시는 삼위일체 하나님의 긍휼과 자비와 지혜를 함께 찬송합시다. 샬롬!

...생각 나누기

· 되짚는 질문

1_ 하나님께서 교회에 성례를 제정하여 시행토록 하신 까닭은 무엇입니까?

2_ 교인들이 성례를 통해 얻는 영적 유익은 무엇이며, 그러한 유익을 누리기 위하여 교인들이 가져야 할 마땅한 태도는 무엇입니까?

3_ 하나님께서 교회에 주신 은혜의 수단으로서 말씀과 성례의 관계에 대하여 설명해 봅시다.

· 새로운 질문

4_ 세례란 무엇이며, 세례 의식이 뜻하는 바는 무엇입니까?

5_ 그리스도의 피와 성령으로 깨끗함을 받는다는 것은 무엇을 뜻합니까?

6_ 필요에 따라 세례는 반복하여 받아도 됩니까? 이유를 덧붙여 설명하시기 바랍니다.

7_ 세례를 받지 않아도 구원을 받는다면 신자가 굳이 세례를 받아야 할 이유가 무엇입니까?

8_ 삼위일체 하나님과 관련한 세례의 의미를 설명하시기 바랍니다.

29. 물세례와 유아세례

제27주일 | 72~74문

질문 72   물을 가지고 이렇게 외적으로 씻는 것 자체가 죄를 씻어버립니까?

답   아닙니다(마 3:11; 엡 5:26-27; 벧전 3:21).
예수 그리스도의 보혈과 성령님만이 우리를 모든 죄에서 깨끗하게 씻어 줍니다(고전 6:11; 요일 1:7).

질문 73   그렇다면 어찌하여 성령님께서는 세례를 가리켜 "중생의 씻음"이며 또한 "죄를 씻음"이라고 일컫습니까?

답   하나님께서 그렇게 말씀하신 데에는 그만한 이유가 있습니다. 하나님께서는 물로 우리의 몸의 더러운 것들이 씻겨지듯이, 그리스도의 피와 성령으로 우리의 죄가 씻겨진다는 것을 가르치십니다(고전 6:11; 계 1:5; 7:14). 더 나아가, 특별히 하나님께서는 이러한 하나님의 약속과 표지를 통하여 물로 우리의 몸이 깨끗해지는 것만큼이나 참으로 우리의 죄가 영적으로 깨끗해진다는 사실을 우리로 하여금 확신할 수 있게 하십니다(막 16:16; 행 2:38; 롬 6:3-4; 갈 3:27).

질문 74 **유아들도 세례를 받아야 합니까?**

답 그렇습니다. 어른들과 마찬가지로 유아들도 하나님의 언약 안에 그리고 하나님의 교회에 속하여 있습니다(창 17:7; 마 19:14). 아울러 그리스도의 피로 인한 죄의 용서와 믿음을 갖도록 하시는 성령님이 유아들에게도 어른들 못지않게 약속되어 있습니다(시 22:10; 사 44:1-3; 눅 1:15; 행 2:38-39; 16:31). 그러므로 유아들은 언약의 표지인 세례를 받음으로써 그리스도의 교회에 가입이 되어야 하며, 믿지 않는 사람들의 자녀들과 구분이 되어야 합니다(행 10:47; 고전 7:14).

구약에서는 이런 일이 할례를 받음으로 이루어졌으나(창 17:9-14) 신약에서는 할례 대신에 세례를 받음으로써 이루어집니다(골 2:11-13).

— 우리 주 예수 그리스도께서는 성부와 성자와 성령 하나님의 이름으로 세례를 베풀도록 명하셨습니다. 세례는 물에 담그거나 물을 뿌림으로써 깨끗이 씻어내는 의식을 가리켜 말합니다. 이러한 의식을 통해서 주님께서는 그리스도의 피와 성령으로 우리의 모든 영혼의 더러움, 곧 죄를 씻기시는 은혜를 나타내 보이고, 이것을 확증케 하기를 원하셨습니다. 영혼이 정결케 되는 은혜를 입음으로써 하나님의 교훈을 사랑하며 새 마음으로 그 교훈에 순종해 살아가는 삶의 거룩한 변화가 반드시 있을 것이라는 사실 또한 세례를 통하여 확증하십니다.

세례를 통해 나타내 보이는 이러한 영적 사실, 곧 죄 사함을 받아 의롭게 되고 정결케 된 영을 따라 거룩하게 되는 영적 변화는 오래 전 구약성경에 이미 약속되었던 것이며, 그리스도께서 오심으로 비로소 성취된 사실입니다. 그리스도 안에서 의롭게 되고 새 생명으로 거룩한 삶을 사는 일과 같은 영적 신분의 변화는 취소되지 않으며 그렇기 때문에 반복하여 이루어지는 일이 아닙니다. 따라서 구약에서 할례를 한 번만 받듯이 세례도 또한 반복하여 받지 않고 한 번만 받습니다.

세례는 구원의 은혜를 나타내는 표(標)와 인(印)이지, 그것 자체가 구원을 이루는 은혜는 아닙니다. 그렇기 때문에 세례를 받지 않아도 믿음으로 그리스도 안에 있는 사람은 구원을 받습니다. 그렇지만 세례는 받으면 좋고 그렇지 않아도 무방한 것이 결코 아닙니다. 주님께서는 말씀을 가르쳐 제자를 삼고 그들에게 믿음을 근거로 하여 세례를 주라고 명하셨기 때문에, 구원의 믿음을 받은 자는 세례를 결코 멸시하거나 소홀히 하지 않습니다.

세례를 통하여 나타내시는 은혜를 주시기 위하여 삼위일체 하나님께서 행하신 놀라운 사역들을 생각해 보면 그러한 은혜를 우리에게 강화시키기 위하여 세례 예식을 제정하신 주님의 뜻을 순종하지 않을 수가 없습니다. 성부 하나님께서는 성자 하나님께서 이루신 십자가의 희생 제사를 통하여 우리의 죄를 사하여 주시며, 또한 성령 하나님께서 우리를 그리스도의 지체로 삼으시어 거룩한 생명을 살도록 은혜를 부어주십니다. 삼위일체 하나님의 이와 같은 은혜의 사역에 따라서 세례는 삼위일체 하나님의 이름으로 베풀게 됩니다. 그러할 때 우리는 하나님께 속한 자이며 하나님이 우리의 주인이시라는 영광의 복을 누리며 그것을 확신하게 됩니다.

세례에 담긴 이러한 놀라운 의미들 때문에 종종 마치 세례 자체가 죄를 씻어내는 능력이 있는 것과 같이 오해하는 경우가 있습니다. 성경에서 세례를 가리켜 "중생의 씻음"(딛 3:5)이라 표현하기 때문에 더욱 그러하기도 합니다. 바울 사도는 그리스도를 주로 영접한 자신의 변화를 간증하는 맥락에서 아나니아가 자신에게 한 말을 다음과 같이 기록합니다. "이제는 왜 주저하느냐 일어나 주의 이름을 불러 세례를 받고 너의 죄를 씻으라 하더라"(행 22:16). 이러한 성경의 표현들은 얼핏 보기에 세례 자체에 죄를 씻어내는 신비한 영적 능력이 있다고 말씀하는 것으로 오해할 수 있습니다. 하지만 성경은 그러한 뜻을 전하지 않습니다. 오히려 이러한 오해는 대체로 세례에 어떤 주술적 능력이 있는 것처럼 생각하는 미신적 습성 때문에 생기는 것입니다.

하지만 그렇게 생각하는 이들이 있을까요? 일찍이 16세기 종교개혁이 일어나기 전 중세 시대에 많은 사람들은 성례를 시행하면 성례 예식 자체로 죄를 씻는 효과가 일어난다고 믿었습니다. 당시의 천주교회나 동방교회들은 그렇게 생각하였고, 지금까지도 그러한 영향을 여전히 받고 있습니다. 말하자면 세례를 베풀면, 세례를 받는 자가 세례의 의미를 바르게 알고 믿음으로 세례가 가리키는 은혜를 받아들이지 못한다 할지라도 구원의 은혜가 그들에게 유효하게 나타난다고 생각하는 것입니다. 천주교회는 임종 직전에 미처 사제에게 고하여 세례(천주교회에서는 영세라고 함)를 주게 할 여유가 없을 때에는 비록 사제가 아니더라도 죽어가는 이에게 세례를 줄 수 있도록 허용합니다. 그래야만 그 사람이 죽어서 연옥(죽은 자의 영혼이 깨끗이 정화되기 위하여 가는 임시 처소를 가리켜 연옥이라 함)에 갈 수 있다고 믿기 때문입니다. 즉 세례 그 자체가 세례를 받은 사람의 영혼을 연옥으로 보내는 능력이 있다고 믿는 것입니다.

이러한 오류들은 성경을 잘못 해석하는 데에서 비롯된 것입니다. 앞서 언급한 사도행전 22장 16절과 디도서 3장 5절과 마찬가지로, 사도행전 2장 38절에 "베드로가 이르되 너희가 회개하여 각각 예수 그리스도의 이름으로 세례를 받고 죄 사함을 받으라 그리하면 성령의 선물을 받으리라"고 한 말씀도 결코 세례의 외적인 예식 자체에 죄를 씻는 효력적인 힘이 들어 있다는 뜻이 아닙니다.

반대로 성경은 세례가 아니라 세례가 가리키는 것이 죄를 깨끗이 하는 실체라고 분명히 합니다. 예를 들어 "…주 예수 그리스도의 이름과 우리 하나님의 성령 안에서 씻음과 거룩함과 의롭다 하심을 받았느니라"(고전 6:11)는 말씀은 세례 자체가 아니라 예수 그리스도의 이름, 곧 그의 권세와 성령 하나님이 죄를 사하고 거룩케 하신다고 명백하게 밝혀줍니다. 이외에도 "…그 아들 예수의 피가 우리를 모든 죄에서 깨끗하게 하실 것이요"(요일 1:7)라는 말씀이나, "하물며 영원하신 성령으로 말미암아 흠 없는 자기를 하나님께 드린 그리스도의 피가 어찌 너희 양심을 죽은 행실에서 깨끗하게 하고 살아 계신 하나님을 섬기게 하지 못하겠느냐"(히 9:14)는 말씀 등은 세례 예식이 주술의 효력을 가지고 있다는 미신적인 생각들을 조금도 허용하지 않습니다. 세례 예식이 그 자체로 죄를 깨끗이 하지는 못한다고 하더라도 세례를 과소평가하거나 소홀히 하여서는 안 됩니다. 앞 과에서 학습했듯이, 세례는 그리스도인을 세상 사람들과 구분하여 주는 표지일 뿐 아니라, 하나님께서 그리스도 안에서 베푸시는 모든 은혜가 참임을 말해주는 표이며 또한 이것을 확증해주는 인(印)이기 때문입니다.

그렇다면 세례에는 죄를 깨끗이 하는 효력이 있지 않은데, 굳이 유아들에게도 세례를 베풀어야 합니까? 물론입니다. 부모가 신자인 유아들에게도 세례를 베풀어야 합니다. 오늘날 유아세례를 반대하는 이들도 상당한 수가 있다는 것을 생각할 때, 이 질문에 대한 답을 바르게 이해하는 것은 매우 중요하다고 하겠습니다. 먼저 세례를 받기에 합당하지 않은 사람들은 어떠한 사람들이겠습니까? 복음의 도리를 믿지 않고, 교회의 복음 지도에 불순종하며, 그리스도의 제자가 아닌 사람들입니다. 즉 하나님의 언약과 교회에 속하지 않은 사람은 세례를 받기에 합당하지 않은 사람이라 할 것입니다.

그렇다면 신자들의 자녀들인 유아들은 과연 하나님의 언약 안에 출생한 자들이며 교회에 속한 자들로 인정할 수 있을까요? 하나님께서 일찍이 아브라함과 언약을 맺으시고 선포하실 때에 다음과 같이 말씀하셨습니다. "내가 내 언약을 너와 너 및 네 대대 후손 사이에 세워서 영원한 언약을 삼고 너와 네 후손의 하나님이 되리라"(창 17:7). 이어서 아브라함의 후손들 가운데 남자들은 다 언약의 표징인 할례를 받도록 명하셨습니다. "너희 중 남자는 다 할례를 받으라 이것이 나와 너희와 너희 후손 사이에 지킬 내 언약이니라"(창 17:10). 하나님께서 이러한 명령을 주셨을 당시에 어린아이들을 포함한 모든 남자들은 당연히 할례를 받았으며, 그 후에 출생하는 모든 남자들은 난지 팔일 만에 할례를 받았습니다(창 17:12). 왜냐하면 아브라함의 혈통에 따라서 출생한 모든 사람들은 다 하나님의 언약 백성들이기 때문입니다.

그런데 구약의 할례는 신약의 세례로 대치되었기 때문에 할례의 경우와 마찬가지로 부모가 신자인 유아들은 하나님의 언약 백성의 표징으로 세례를 받는 것이 마땅합니다. "또 그 안에서 너희가 손으로 하지 아니한 할례를 받았으니 곧 육의 몸을 벗는 것이요 그리스도의 할례니라 너희가 세례로 그리스도와 함께 장사되고 또 죽은 자들 가운데서 그를 일으키신 하나님의 역사를 믿음으로 말미암아 그 안에서 함께 일으키심을 받았느니라"(골 2:11~12). 할례는 아브라함의 혈통에 따라 남자에게만 주어진 반면에, 세례는 남녀 모두에게 주어진다는 점에서 할례와 세례는 서로 다르지만, 그러나 할례나 세례 모두 그리스도의 은혜 안에서 회개와 믿음으로 영원한 생명을 바라는 하나님의 언약 백성들에게 주어지는 축복이며 은혜의 표징이라는 점에서 동일합니다.

신자들의 자녀인 유아들이 하나님의 언약 백성일 뿐만 아니라, 이들에게도 성인들과 마찬가지로 성령으로 말미암는 믿음으로 인하여 그리스도의 보혈에 따른 죄 사함을 받으리라는 약속이 유아들에게도 주어지고 있다는 사실은 유아들에게 세례를 주어야 할 또 다른 이유를 말해 줍니다. "너희가 회개하여 각각 예수 그리스도의 이름으로 세례를 받고 죄 사함을 받으라 그리하면 성령의 선물을 받으리니, 이 약속은 너희와 너희 자녀와 모든 먼 데 사람 곧 주 우리 하나님이 얼마든지 부르시는 자들에게 하신 것이라"(행 2:38~39). 죄 사함을 베푸시는 성령의 선물이 성인들은 물론 유아들에게도 약속되어 있기 때문에, 빌립보 감옥에서 바울과 실라는 간수들에게 이르기를 "주 예수를 믿으라 그리하면 너와 네 집이 구원을 받으리라"(행 16:31)고 하였던 것입니다.

어떤 이들은 유아들에게 세례를 주었던 사례나 모범이 없다고 주장하지만, 앞에서 본 바와 같이 바울과 실라의 권면을 들은 빌립보 감옥의 간수가 그들을 데려다가 맞은 자리를 씻어 주고 자기는 물론이거니와 온 가족이 다 세례를 받은 일은 유아세례를 부인하는 자들의 주장이 근거 없다는 한 증거가 됩니다. 물론 이들이 말하는 바와 같이, 우리 주 예수 그리스도께서는 유아들에게 세례를 베풀라고 구체적으로 명령하시지는 않으셨습니다. 그러나 그것은 유아세례를 금하고 있기 때문에 그러하신 것이 아닙니다. "너희는 가서 모든 민족을 제자로 삼아 아버지와 아들과 성령의 이름으로 세례를 베풀라"

⁽마 28:19⁾는 명령을 주실 때에, 다만 일반적이고 포괄적인 명령을 주셨을 뿐입니다. 주님의 명령을 따라 복음을 전하는 사도들이 복음을 듣고 믿는 자에게 그리고 그의 집에 속한 모든 자들에게 세례를 주었다는 사실은 유아세례와 관련하여 주님께서 구체적으로 명하신 일은 없다고 하더라도 그것을 금하셨기 때문에 그러한 것이 아니라는 것을 분명하게 보여줍니다.

빌립보 감옥의 간수가 사도들을 자기 집으로 데려다가 그들의 복음을 온 집안으로 하여금 듣게 하고 세례를 받게 한 후에 이들에게 음식을 차려주고 온 집안이 하나님을 믿으므로 크게 기뻐하였습니다⁽행 16:34⁾. 어떤 이들은 말하기를 유아들은 하나님의 말씀을 듣고 깨달을 능력이 없기 때문에 하나님을 믿고 크게 기뻐한 자들 가운데 유아가 포함이 될 수 없다고 말합니다. 그것은 타당한 지적일 수 있습니다. 하지만 그렇다고 하여도 유아는 제외한 채 오직 성인들만 세례를 받았다고 생각할 근거는 없습니다.

사람들이 이렇게 오해하는 이유는 세례는 믿음을 전제로 하여 주어야 한다는 주장에 대한 불충분한 이해에서 비롯됩니다. 이 말은 참된 믿음을 가진 자라야 세례를 받을 수 있다는 말이 아닙니다. 왜냐하면 그렇다면 성인들 가운데도 참된 믿음이 있는 자를 분별하여 세례를 줄 수가 없기 때문에 결국 아무도 세례를 받지 못할 수도 있기 때문입니다. 참된 믿음을 가졌는지를 분별하는 것은 매우 오랜 시간이 걸리는 것이며 더욱이 다른 사람의 신앙의 진실성을 확정적으로 아는 것은 사람에게 속한 일이 아니기 때문입니다.

  그렇다면 믿음을 전제로 세례를 주어야 한다는 말은 믿음을 고백하는 사람에게 세례를 주어야 한다는 말로 전환하여 이해할 필요가 있습니다. 그런데 믿음을 고백하는 자에게만 세례를 베풀어야 한다는 주장이 뜻하는 바는 어떻게 이해해야 할까요? 그것은 믿음을 고백할 능력이 있는 일정 나이 이상의 사람이 믿음을 고백하지 않거나 부인할 경우 그들에게는 세례를 베풀지 말아야 한다는 것을 말하기 위함입니다. 그런데 믿음을 고백할 능력이 아직 갖추어지지 않은 유아들의 경우에는 이들이 믿음의 가정에서 태어나므로 교회에 속한 자가 되었다는 사실이 성인들의 경우 믿음을 고백하는 것과 같은 의미를 갖습니다. 왜냐하면 성인들은 믿음을 고백하므로 비로소 교회에 들어오기 때문입니다. 그렇기 때문에 마치 신앙고백을 한 성인의 믿음이 성장하듯이, 유아들은 비록 스스로 믿음을 고백하지는 못하지만, 장성하여 스스로 믿음을 부인하지 않는 한, 유아들도 신자인 부모를 따라 믿음의 경향을 가지고 성장할 것임을 기대할 수 있습니다. 이러한 이유로 그리스도의 교회는, 구약 시대에 모든 신자의 유아들에게 할례를 시행하였던 것처럼, 신약 시대에는 모든 신자의 유아들에게 세례를 베풀어야 하는 것입니다. 유아세례의 복된 성례를 바르게 깨달아 그것을 통해 베푸시는 주님의 은혜를 풍성히 누리시기를 축복합니다. 샬롬!

···생각 나누기

되짚는 질문

1_ 주님께서 세례 의식을 통해 우리에게 나타내 보이고자 하시는 것은 무엇입니까?

2_ 세례를 반복해서 받지 않고 한 번만 받는 까닭은 무엇입니까?

3_ 구원의 믿음을 가진 자가 세례를 결코 소홀히 하지 않아야 하는 까닭은 무엇입니까?

새로운 질문

4_ 세례 자체에 죄를 씻어 주는 능력이 있다고 믿는 사람들이 있습니다. 그 까닭은 무엇이며, 어떠한 사람들이 그렇게 믿습니까?

5_ 세례 자체가 죄를 씻어 주지 못한다는 사실을 성경 구절들을 살피면서 설명해 보시기 바랍니다.

6_ 세례를 받기에 합당하지 않은 사람들은 어떠한 사람들입니까?

7_ 신자의 자녀들이 하나님의 언약 안에서 출생한 자라는 사실을 어떻게 설명할 수 있습니까?

8_ 신자 자신들뿐만 아니라 신자의 자녀들에게도 죄 사함의 약속이 주어지고 있다는 사실을 설명하시기 바랍니다. 그것은 유아세례와 관련하여 어떤 의미를 줍니까?

9_ 사도행전 16장을 읽고 빌립보 감옥의 간수와 그의 온 집이 세례를 받는 사건이 유아세례와 관련하여 교훈하는 바가 무엇인지 찾아 설명하시기 바랍니다.

10_ 세례는 믿음을 전제로 믿음을 고백하는 자에게만 주어야 하는 것인데, 유아세례는 이러한 원리를 어그러뜨리는 잘못을 범하는 것이라는 비판에 대하여 무엇이라 답을 하시겠습니까?

30. 성찬의 의미

제28주일 | 75~77문

질문 75 그리스도께서 십자가에서 이루신 단 한 번의 희생 제사에 그리고 그리스도께서 베푸시는 모든 은택에 당신이 참여하게 되는 사실을 당신은 성찬에서 어떻게 깨닫고 확신하게 됩니까?

답 그것은 다음과 같습니다.

그리스도께서는 나와 모든 신자들에게, 그를 기념하여, 이 뗀 떡을 먹고, 이 잔을 받으라고 명령하셨습니다. 그리고 이에 덧붙여 이와 같은 약속을 주셨습니다(마 26:26-28; 막 14:22-24; 눅 22:19-20; 고전 10:17; 11:23-25).

첫째, 주님의 떡이 나를 위해 떼어지고 잔이 나에게 나누어지는 것을 내 눈으로 보는 것이 확실한 만큼이나 확실하게 주님의 몸이 나를 위하여 십자가에서 드려져 찢겨지며 주님의 피가 나를 위하여 쏟아질 것임을 약속하셨습니다.

둘째, 그리스도의 몸과 피에 대한 확실한 표지로 주신 주님의 떡과 잔을 내가 목사의 손에서 받아서 입으로 맛을 보는 것이 확실한 만큼이나 확실하게 주님께서 십자가에 못 박히신 몸과 흘리신 피로 영원한 생명에 이르도록 내 영혼을 먹이시고 양분을 공급하실 것임을 약속하셨습니다.

질문 76 **십자가에 못 박힌 그리스도의 몸을 먹고 그리스도께서 쏟으신 피를 마신다는 것이 무엇을 뜻합니까?**

답 그것은 먼저 그리스도의 모든 고난과 죽음을 믿는 마음으로 받아 들이고, 이를 믿음으로써 죄의 용서와 영원한 생명을 받는다는 것을 뜻합니다(요 6:35, 40, 47, 50-54).

아울러 그것은 그리스도 안에 또한 우리 안에 거하시는 성령님으로 말미암아 우리가 그리스도의 거룩하신 몸에 연합됨을 더욱더 이루어간다는 것을 뜻합니다(요 6:55-56; 고전 12:13). 그 결과, 비록 그리스도는 하늘에 계시고(행 1:9-11; 3:21; 고전 11:26; 골 3:1) 우리는 땅에 있다 할지라도, 우리는 그리스도의 살 중의 살이요 또한 뼈 중의 뼈입니다(요 14:23; 고전 6:15-17, 19; 엡 3:16; 5:29-30; 요일 4:13). 또한 마치 같은 몸의 지체들이 한 영혼에 의하여 다스림을 받는 것과 마찬가지로, 우리는 영원토록 한 성령을 의지하여 살며 한 성령에 의해 다스림을 받습니다 (요 6:56-58; 15:1-6; 엡 4:15-16; 요일 3:24).

질문 77 **믿는 자들이 이 뗀 떡을 먹고 이 잔을 마시는 것이 확실한 것만큼이나 확실하게 그리스도께서 자신의 몸과 피로 신자들을 먹이시고 양분을 공급하시겠다고 한 약속을 어디에서 하셨습니까?**

답 성찬의 제정과 관련하여 다음과 같은 말씀이 주어졌습니다. "주 예수께서 잡히시던 밤에 떡을 가지사 축사하시고 떼어 이르시되 이것은 너희를 위하는 내 몸이니 이것을 행하여 나를 기념하라 하시고 식후에 또한 그와 같이 잔을 가지시고 이르시되 이 잔은 내 피로 세운 새 언약이니 이것을 행하여 마실 때마다 나를 기념하라 하셨으니 너희가 이 떡을 먹으며 이 잔을 마실 때마다 주의 죽으심을 그가 오실 때까지 전하는 것이니라"(고전 11:23-26). 이 약속은 다음과 같은 말로 바울 사도에 의해서도 다시 확인됩니다. "우리가 축복하는바 축복의 잔은 그리스도의 피에 참여함이 아니며 우리가 떼는 떡은 그리스도의 몸에 참여함이 아니냐 떡이 하나요 많은 우리가 한 몸이니 이는 우리가 다 한 떡에 참여함이라"(고전 10:16-17).

— 많은 사람들이 세례를 통하여 죄의 씻음을 받는다고 믿으면서 생각하기를 세례를 받지 않으면 구원을 받지 못한다고 합니다. 왜 그렇게 생각할까요? 여러 가지 이유가 있겠지만, 우선 어떤 이들처럼 세례 자체에 마치 어떤 주술 같은 능력이 있어서 세례를 주면 세례를 받는 이가 죄의 씻음을 받는다고 믿는 잘못된 믿음 때문이라고 말할 수 있겠습니다.

물론 이들 가운데 많은 이들은 세례 자체가 그 힘을 가지고 있다고 단순하게 믿지는 않을 것입니다. 아마도 그들은 세례를 통해 죄가 씻기는 일이 일어나도록 하나님께서 그렇게 세례의 효용을 정하셨다고 믿기 때문일 것입니다. 이들은 마치 "…주의 이름을 불러 세례를 받고 너의 죄를 씻으라…"(행 22:16)는 말씀이 죄를 씻기 위한 조건으로 세례를 받아야 한다는 교훈으로 오해하는 것입니다.

그렇지만 하나님께서는 세례라는 의식에 죄를 씻는 능력을 부여하시지 않으셨으며, 구원의 조건으로서 세례를 받도록 명하시지도 않으셨습니다. "…그 아들 예수의 피가 우리를 모든 죄에서 깨끗하게 하실 것이요"(요일 1:7)라는 말씀에서 알 수 있듯이, 죄를 씻는 유효한 능력은 세례 의식에 있는 것이 아니라 예수 그리스도의 피, 곧 그의 대속의 죽음에 있습니다. 세례는 이러한 그리스도의 은혜를 가시적으로 보여 주는 표(標)요 또한 확증하여 주는 인(印)일 뿐입니다.

신자의 자녀들인 유아들에게 세례를 주는 까닭은 그 세례를 통하여 유아들이 죄의 씻음을 받기 때문이 아닙니다. 신자의 자녀들은 믿음의 부모가 이미 속하여 있는 언약 공동체 안에서 신자의 자녀라는 이유만으로 언약 공동체에 속한 자라는 특권을 누리는 것입니다. 이러한 이유로 구약 시대에서는 모든 남자들에게 할례가 주어진 것이며, 신약과 그 이후 시대에서는 믿음의 가정에 속한 모든 이들에게 세례가 주어진 것입니다.

하지만 세례는 믿음을 전제로 주는 것이 아닙니까? 믿음을 고백할 수 있는 일정한 나이 이상의 사람들은 믿음의 고백을 전제로 세례를 받으며, 그럼으로써 언약 공동체에 들어오게 됩니다. 반면에 신자의 자녀들은 믿음의 가정에서 태어난 것으로 이미 언약 공동체에 들어온 것이며, 그럼으로 믿음을 고백할 나이가 되기 훨씬 이전인 유아기에 세례를 받게 되는 은혜를 누리는 것입니다. 이 유아들이 성장함에 따라서 스스로 믿음을 부인하지 않는 한 유아 때에 받은 세례에 의하여 언약 공동체의 회원으로서의 신분을 유지하게 됩니다. 물론 회원으로서의 독립된 권리를 누리며 책임을 지게 되는 것은 후에 장성하여 믿음을 스스로 고백하게 될 때에야 비로소 인정됩니다.

그리스도께서 제정하신 성례 가운데 다른 하나는 성찬입니다. 주님께서는 잡히시기 전 날에 제자들에게 떡과 포도주를 나누시면서 그를 기념하여 이처럼 떡과 포도주를 나누도록 명하셨습니다. "내가 너희에게 전한 것은 주께 받은 것이니 곧 주 예수께서 잡히시던 밤에 떡을 가지사 축사하시고 떼어 이르시되 이것은 너희를 위하는 내 몸이니 이것을 행하여 나를 기념하라 하시고 식후에 또한 그와 같이 잔을 가지시고 이르시되 이 잔은 내 피로 세운 새 언약이니 이것을 행하여 마실 때마다 나를 기념하라 하셨으니 너희가 이 떡을 먹으며 이 잔을 마실 때마다 주의 죽으심을 그가 오실 때까지 전하는 것이니라"(고전 11:23~26).

주님의 명령에 따라서 나누는 떡과 포도주를 가리켜 성찬이라 하며 이렇게 나누는 의식을 가리켜 성찬 예식이라고 합니다. 그리스도께서 이처럼 성찬 예식을 제정하여 행하도록 명하신 것은 우리에게 약속을 분명히 하시기 위함입니다. 첫째는 떡과 포도주가 나에게 나누어 주어지고 있는 것이 확실한 만큼이나 확실하게 주님께서 피를 흘려 죽으심으로 베푸시는 대속의 은혜가 분명히 내게 주어질 것이라는 약속입니다. 둘째는 떡과 포도주를 입으로 맛보며 먹는 것이 확실한 것처럼 확실하게 주님의 십자가 보혈은 나의 영혼에 양식을 확실히 공급하실 것이라는 약속입니다.

이처럼 성찬을 통하여 그리스도의 약속을 확실하게 보고 믿을 때에 우리는 그리스도와의 연합과 교제를 의심 없이 누리게 됩니다. 그리하여 주님께서는 우리로 하여금 성찬을 통해 주님께서 우리에게 베푸신 은혜를 고백하고 감사하며 항상 기억하는 것이 마땅함을 깨우치십니다. "너희가 이를 행하여 나를 기념하라"(눅 22:19b). 이처럼 그리스도께서 제정하신 성찬을 통해 그리스도를 기억하고 그의 은혜를 기념할 때에 그리스도에게 속한 하나님의 자녀들은 세상에 속한 사람들과 서로 구분된다는 것을 공적으로 천명하는 의미를 갖게 됩니다.

이처럼 외적으로 세상과 구분이 되는 의미뿐 아니라, 성찬은 내적으로 교인들이 서로 그리스도의 몸을 이루는 지체로서 성령 안에서 한 몸임을 의미합니다. "떡이 하나요 많은 우리가 한 몸이니 이는 우리가 다 한 떡에 참여함이라"(고전 10:17). 성찬의 의미가 이러하기 때문에 그리스도의 이름 아래 함께 모여 성찬에 참여하는 이들은 지극히 화평한 가운데 친밀한 교제를 통해 사랑의 연합을 이루어야 마땅하며, 과연 그러한 지를 살피는 영적 자세를 가져야 합니다.

그러면 세례와 성찬은 그 의미가 어떻게 다릅니까? 세례도 그리스도의 대속의 은혜를 눈으로 볼 수 있도록 나타내고 확증하는 것이라면 결국 성찬과 동일한 의미를 갖는 것이 아닐까요? 그렇기는 합니다만 다음의 차이점을 가지고 있습니다. 세례는 죄 씻음을 나타내고 확증하며, 이를 통하여 세례를 받은 자가 하나님과 언약 관계에 들어가게 되었음을 확증합니다. 반면에 성찬은 세례를 통하여 이미 언약 관계에 들어와 있는 교인들이 언약 안에서 양육을 잘 받아 보존될 수 있도록 그리스도의 살과 피를 먹고 마심으로써 그리스도의 은사를 나의 영혼에 부어주시는 것으로 확증하는 것입니다. 따라서 세례는 교회 공동체 안에서 출생한 유아들과 더불어 신앙고백에 근거하여 중생한 자로 인정되는 모든 사람들을 대상으로 베풀어지는 데 반해서, 성찬은 세례를 받은 성인 신자들이나, 유아 세례를 받고 믿음을 스스로 고백하여 성찬의 의미를 잘 분별할 수 있는 나이에 이른 자들이 자신들의 믿음을 점검하고 주님의 죽으심을 기념하고 감사를 드릴 때에 베풀어집니다.

그렇다면 성찬을 통하여 그리스도께서 주시는 약속들이 무엇을 의미하는지 살펴보도록 합시다. 먼저 떡과 포도주가 나에게 나누어 주어지고 있는 것만큼이나 확실하게 주님께서 피를 흘려 죽으심으로 베푸시는 은혜가 확실할 것이라는 약속을 성찬이 말한다고 했을 때, 그 약속은 무엇을 뜻합니까? 즉 떡과 포도주를 먹으므로 우리가 그리스도의 몸을 먹고 그의 피를 마신다고 했을 때, 그것이 뜻하는 바는 무엇입니까?

그리스도의 몸과 피를 먹는다는 것은 물질적으로가 아니라 영적으로 먹는다는 것을 뜻합니다. 영적으로 먹는다는 것은 하나님께서 그리스도를 보내어 이루신 구원의 은혜,

곧 그리스도의 고난과 죽음을 믿음으로 받아들이고, 하나님께서 그리스도를 믿는 우리에게 베푸시는 죄 사함과 영원한 생명을 받아 누리는 것을 뜻합니다. 부활하신 후에 승천하시어 하늘 보좌 우편에 계신 예수 그리스도와 연합하여 누리는 신비로운 영적 양식에 대해서는 주님께서 이렇게 말씀을 하셨습니다. "내 살을 먹고 내 피를 마시는 자는 영생을 가졌고 마지막 날에 내가 그를 다시 살리리니 내 살은 참된 양식이요 내 피는 참된 음료로다 내 살을 먹고 내 피를 마시는 자는 내 안에 거하고 나도 그의 안에 거하나니"(요 6:54~56; 14:23 참조). 이 말씀은 성찬에 대하여 직접적으로 주시는 교훈은 아니지만, 그리스도의 약속에 따라서 믿음으로 성찬에 참여하는 자는 주님이 그와 함께 하시는 은혜를 넉넉히 누리며, 과연 그리스도의 살 중의 살이며 또한 뼈 중의 뼈로서의 일체적 연합 안에 있게 됨을 비유적으로 교훈하여 줍니다.

믿음을 굳게 함으로써 성찬을 통해 우리가 누리는 또 다른 은혜의 약속은 성화의 삶입니다. 그리스도의 영으로서 그리스도 안에 계시는 성령님께서는 그리스도와 연합하여 그리스도 안에 있는 우리 안에도 또한 계십니다. 그렇기 때문에 우리는 그리스도와 연합되어 있을 뿐만 아니라 서로 서로가 그리스도의 몸의 지체로 연합을 이루는 것입니다. 그리스도의 몸의 지체로 서로 연합을 이루며 그리스도의 거룩한 몸에 더욱 더 연합을 이루어 간다는 것은 그리스도의 형상을 자신의 몸에 나타내는 성화의 열매를 맺게 됩니다. 그리스도께서는 우리로 하여금 그리스도의 거룩한 몸에 연합을 이루어 성령 하나님의 도움을 받아 옛 사람을 벗어버리고 새 사람으로 살아감으로써 그리스도를 닮아가는 은혜를 받아 누리는 은혜가 성찬을 통하여 더욱 견고해지도록 하셨습니다.

그런데 과연 그리스도께서 성찬 예식을 제정하시어 이렇게까지 구태여 우리에게 복음의 은혜에 대하여 다시 확인을 하셔야만 하는 이유가 있을까요? 그것은 복음의 약속을 의심하는 연약성이 누구에게나 있기 때문입니다. 마치 아브라함에게 복의 약속을 주신 후에 이를 다시 맹세로 확증하여 주신 것과도 같습니다. "하나님은 약속을 기업으로 받은 자들에게 그 뜻이 변하지 아니함을 충분히 나타내시려고 그 일을 맹세로 보증하셨나니 이는 하나님이 거짓말을 하실 수 없는 이 두 가지 변하지 못할 사실로 말미암아 앞에 있는 소망을 얻으려고 피난처를 찾은 우리에게 큰 안위를 받게 하려 하심이라"(히 6:17~18). 약속하시고 이것을 다시 맹세로 보증하신 일은 변하지 못할 두 가지 사실이니 이를 근거로 앞에 있는 소망을 붙들라고 권면하는 말씀입니다.

마찬가지로 복음을 주시고 이를 확증하는 성찬을 복음의 표이며 인으로 주셨으니 흔들림 없는 믿음으로 영생을 바라며 굳건한 믿음 위에 서도록 도우시는 것이 우리에게 성찬을 주신 그리스도의 이유입니다. 이러한 그리스도의 사랑을 받는 우리는 과연 그리스도의 살 중의 살이며 뼈 중의 뼈라 할 것입니다. 샬롬!

··· 생각 나누기

되짚는 질문

1_ 세례를 받지 않으면 구원을 받지 못한다고 생각하는 사람들이 있습니다. 왜 그렇게 생각할까요?

2_ 죄를 씻는 능력이 세례 의식에 있는 것이 아니라면 그 능력은 어디에 있는 것이며, 세례란 어떤 의미를 갖습니까?

3_ 신자들의 자녀인 유아들이 믿음을 고백할 수 없음에도 이들에게 세례를 주는 까닭은 무엇입니까?

새로운 질문

4_ 그리스도께서 제정하신 성례 가운데 세례와 다른 또 하나의 성례는 무엇입니까?

5_ 그리스도께서 성찬을 통하여 확증해 주시는 은혜의 약속들은 무엇입니까?

6_ 그리스도께서 성찬을 통해 주시는 약속들을 믿음으로 우리가 누리는 영적인 복은 무엇이며, 그리스도인들에게 그 복이 주는 의미는 무엇입니까?

7_ 다같이 그리스도의 성례인 세례와 성찬은 서로 그 의미가 어떻게 다릅니까?

8_ 떡과 포도주를 먹으므로 우리가 그리스도의 몸을 먹고 그의 피를 마신다는 그리스도의 약속이 뜻하는 바는 무엇입니까?

9_ 그리스도인이 거룩한 삶을 이루어 가는 일에 있어 성찬으로 인하여 어떠한 도움을 받습니까?

10_ 그리스도께서 성찬 예식을 통해 복음의 은혜를 확인시켜 주시는 까닭은 무엇입니까?

31. 성찬의 본질

제29주일 | 78~79문

질문 78 **떡과 포도주가 그리스도의 실제 몸과 피로 변화합니까?**

답 전혀 그렇지 않습니다(마 26:29).

세례의 물이 그리스도의 피로 변화하는 것이 아니며 그 자체로 죄가 씻어지는 것이 아니라 단지 하나님께서 세우신 표지이며 확증인 것과 마찬가지로(엡 5:26; 딛 3:5),

비록 주의 성찬의 떡이 성례의 본질과 용어 사용에 따라(창 17:10-11, 14, 19; 출 12:11, 13, 27, 43; 13:9; 고전 10:1-4; 벧전 3:21)

그리스도의 몸이라고 일컬어지지만(고전 10:16-17; 11:26-28), 그것이 그리스도의 실제 몸으로 변화하는 것은 아닙니다(마 26:26-29).

질문 79 **그렇다면 어찌하여 그리스도께서는 떡을 가리켜 자신의 몸이라고 일컬으시며, 또 잔을 가리켜 자신의 피 또는 자신의 피로 세우는 새 언약이라고 말씀하십니까? 또한 바울 사도가 그리스도의 몸과 피에 참여한다는 말들을 사용하는 까닭은 무엇입니까?**

답 그리스도께서 이러한 말들을 사용하신 데에는 그만한 이유가 있습니다.

그리스도께서는, 이러한 표현들을 통하여, 마치 떡과 포도주가 이 땅에서의 생명을 유지시켜 주는 바와 같이, 십자가에 못 박히신 주님의 몸과 쏟으신 주님의 피가 우리의 영혼에 영양을 공급하여 영생에 이르도록 하는 참된 양식이며 음료라는 사실을 가르치기 위하셨습니다(요 6:51, 55). 더 나아가, 특별히 우리에게 눈에 보이는 이러한 표지와 약속들을 가지고 다음과 같은 확신을 주시려고 하셨습니다.

즉 우리가 그리스도를 기념하면서 이러한 거룩한 표지들을 우리 몸의 입으로 받을 때에 그것이 실제로 그런 것만큼이나, 거룩한 성령님의 역사로 말미암아 우리가 실제로 그리스도의 참된 몸과 피에 참여한다는 확신입니다(고전 10:16-17; 11:26). 또한 우리가 마치 스스로 고난을 받고 우리의 죗값을 하나님께 치룬 것처럼 그리스도의 모든 고난과 순종이 확실하게 우리의 것이라는 확신입니다(롬 6:5-11).

— 그리스도께서는 믿음이 연약한 우리를 돕기 위하여 세례와 더불어 성찬을 성례로 제정하여 주셨습니다. 눈으로 보고 먹을 때에 확실한 만큼이나 복음의 약속들이 확실하게 믿을 수 있도록 하기 위하여 성찬을 제정하여 주신 것입니다. 성찬은 그리스도의 몸을 상징하는 떡과 피를 상징하는 포도주라는 두 요소로 이루어집니다. 성찬은 떡과 포도주를 먹고 마시는 것이 확실한 만큼, 주님께서 과연 대속의 은혜를 베푸시고 또한 나의 영혼에 양식을 공급하여 주신다는 약속 또한 확실하다는 사실을 뜻합니다.

여기서 성찬을 통해 떡과 포도주를 먹고 마심으로 떡이 상징하는 그리스도의 몸을 먹으며 포도주가 상징하는 그리스도의 피를 마신다는 것이 뜻하는 바는 무엇일까요? 그것은 물론 물질로 먹음이 아니라, 영적으로 먹음을 뜻합니다. 즉 그리스도께서 겪으신 고난과 죽음이 대속의 은혜를 베푸시기 위한 것임을 믿고, 또한 그 은혜로 인하여 죄 사함과 영원한 생명을 받게 됨을 의미합니다. 또한 그러한 은혜를 받은 자 안에 거하시는 성령님의 도우심을 입어 성화의 삶을 이루며 그리스도의 몸과의 연합을 더욱 더 견고하게 이루어 감을 의미합니다. 그리하여 성도들은 성찬을 나눌 때에 각각 그리스도와 연합을 이루며 한 성령의 다스림을 받는 그리스도의 한 지체가 됩니다. 이러한 사실로 인하여 성찬을 통해 그리스도인은 외적으로 세상에 속한 사람들과 구분이 됩니다.

그렇다면 성찬은 어떻게 하여 우리에게 영적인 양식을 베푸시는 은혜의 수단이 되는 것일까요? 이 질문은 매우 중요합니다. 왜냐하면 우리가 성찬을 통하여 그리스도의 살과 피의 양식을 공급받는다고 할 때, 그것이 어떠한 방식으로 이루어지는가를 묻는 질문은 바로 성찬이 어떻게 성찬으로서 작용하는 것인지를 묻는 질문으로 성찬의 본질에 대한 올바른 이해와 관련한 것이기 때문입니다. 오늘 살피는 요리문답의 질문, 곧 "떡과 포도주가 그리스도의 실제 몸과 피로 변화합니까?"라는 질문은 바로 이 주제를 다루는 것입니다.

이 질문에 대한 답을 통해 요리문답이 분명하게 교훈하기를 원하는 바는 두 가지입니다. 하나는 그리스도의 살과 피를 상징하는 성찬에 참여하는 자가 그것을 먹고 마실 때에 마치 실제로 예수님의 살과 피를 먹고 마시는 것과 똑같은 효과가 나타나도록 어떤 마술의 효력을 발휘하는 것이 결코 아니라는 것입니다.

이것은 마치 세례를 받을 때에 죄가 씻어진 것으로 고백하지만 세례의 물이 죄를 씻는 것이 아니며 세례의 물은 단지 그리스도의 피로 죄가 씻음 받는다는 것을 상징하기 위한 하나의 표지이며 그 사실에 대한 확증인 것과 같은 이치입니다. 즉 성찬이 그리스도의 살과 피라고 일컬어질 때, 분명하게 하여야 할 것은 성찬의 떡과 포도주가 그리스도의 몸과 피를 상징할 따름이며, 그 떡과 포도주가 실제 몸과 피로 변화하는 것이 아닙니다.

또 다른 하나는 요리문답이 이 고백으로 천주교회의 성찬론을 반대함으로써 개혁파 신앙을 확고히 한다는 점입니다. 천주교회는 "화체설"이라고 이름하는 설명으로 성찬을 이해합니다. 그들은 그리스도께서 성찬에 영적으로 임재하는 것이 아니라, 떡과 포도주가 사제의 축성에 의하여 그리스도의 실제 살과 피로 변화하는 방식으로 그리스도께서 성찬에 임하신다고 믿습니다. 하지만 눈으로 보는 모양과 입으로 먹는 맛은 여전히 떡과 포도주의 모양과 맛이기 때문에 어떻게 그렇게 믿을 수 있는 것인가 하는 질문이 당연히 나오게 됩니다. 이에 대하여 천주교회는 모양과 맛마저도 실제 살과 피로 변화를 하면 교인들이 너무나도 충격을 받을 것이기 때문에 하나님께서는 그 모양과 맛을 그대로 두시면서 그것의 실체를 살과 피로 바꾸시는 신비한 일을 행하신다고 주장합니다.

이러한 주장은 중세에 들어서 슬며시 교회에 들어와 13세기 초 제4차 라테란 공의회(1215년)에서 인정을 받았으며, 16세기 중반 종교개혁에 반하는 천주교회의 신학적 견해를 확고히 하기 위하여 모인 트렌트 공의회의 13번째 속회(1551년)에서 다시 공인되었습니다. 트렌트 공의회는 이렇게 선언하였습니다. "우리의 구주 그리스도께서는 빵의 모양으로 실제 자기 자신의 몸을 주셨으며, 그렇기에 이것이 하나님의 교회가 확고히 믿어온 신앙이기 때문에, 이 거룩한 공의회는 이제 새롭게 선포하노니, 떡과 포도주가 축성을 받음으로써 빵은 그리스도의 몸으로, 포도주는 그리스도의 피로 실체적 변화를 하게 된다. 거룩한 보편 천주교회는 이러한 변화를 가리켜 알맞고도 적절하게 화체라고 일컫는다"(트렌트 공의회의 규범 및 교령, 4장 가운데).

천주교회는 이러한 화체설에 따라 떡과 포도주가 그리스도의 실제 살과 피라고 주장을 할뿐더러, 그렇게 변화된 떡과 포도주는 성찬 예식이 끝난 이후에도 여전히 그리스도의 실제 살과 피라고 믿습니다. 따라서 천주교회는 그렇게 변화한 그리스도의 몸을 나눌 때에 부스러기가 발생하지 않도록 주의를 기울입니다. 그래서 그들은 떡을 '밀떡'이라 부르는 얇은 과자 형태로 만들어 교인들의 입에 한 번에 넣어 주는 방식으로 성찬을 행합니다. 또한 그리스도의 실제 피로 변한 포도주를 혹시라도 흘리는 일이 없도록 하기 위하여 교인들에게는 나누어 주지 않습니다. 그리고 설명하기를 밀떡이나 포도주 모두 그리스도의 성체이므로 밀떡만으로도 충분히 영성체의 효과, 곧 성체를 받는 효과를 누릴 수 있다고 합니다.

이러한 천주교회의 화체설이 성경의 교훈에 합당할까요? 천주교회는 화체설의 성경적 근거를 요한복음 6장에서 찾습니다. 여기서 예수님은 자신을 가리켜 "생명의 떡," "하늘에서 내려온 살아있는 떡," "사람으로 먹고 죽지 아니하게 하는 것," "세상의 생명을 위한 내 살," "참된 양식," "참된 음료"라고 말씀합니다. 이러한 말씀들을 인용하면서 천주교회는 이 말씀들을 비유나 상징이 아니라 문자적으로 이해하여야 한다고 주장합니다.

그들은 그리스도께서 자신이 주시는 떡을 유대인이 광야에서 먹은 만나보다 우월하다고 말씀하였다는 사실을 지적합니다. "너희 조상들은 광야에서 만나를 먹었어도 죽었거니와" (49절) "이것은 하늘에서 내려온 떡이니 조상들이 먹고도 죽은 그것과 같지 아니하여 이 떡을 먹는 자는 영원히 살리라" (58절). 만일 성찬의 떡과 포도주가 그리스도의 살과 피를 단지 비유적으로 상징할 따름이라면 사람의 손으로 만들어진 떡과 포도주는 결코 하늘에서 내려온 만나보다 더 우월한 것일 수 없기 때문에, 이러한 말씀들은 문자적인 의미에서 그리스도의 살과 피를 가리킨다고 보아야 한다고 말합니다.

하지만 예수님의 말씀은 성찬과 관련한 직접적인 말씀이라기보다는 단지 간접적인 말씀이며, 더더구나 그것도 문자적으로 그리스도의 살과 피를 먹고 마시는 것을 말하는 것은 결코 아닙니다. 본문을 잘 살피면 예수님께서 "나는 하늘에서 내려온 산 떡이니 사람이 이 떡을 먹으면 영생하리라 내가 줄 떡은 곧 세상의 생명을 위한 내 살이니라"(51절)고 하시자, 유대인들이 서로 다투어 "이 사람이 어찌 능히 자기 살을 우리에게 주어 먹게 하겠느냐"(52절)라고 반문하는 구절이 나옵니다. 유대인들이 예수님의 말씀을 이해하지 못한 까닭은 예수님의 말씀을 문자적으로 받아들였기 때문입니다.

예수님의 답변이 어떠했습니까? 앞서 하신 말씀을 그대로 반복하여 답을 하셨습니다. "내 살을 먹고 내 피를 마시는 자는 영생을 가졌고 마지막 날에 내가 그를 다시 살리리니"(54절)라고 하셨습니다. 얼핏 생각하면 그렇다면 문자적 의미에서 예수님의 살과 피를 먹으라는 말씀을 이해하지 못한 유대인들에게 다시 실제 살과 피를 먹어야 한다고 강조하신 것이 아닌가 싶을 수 있습니다. 그러나 그것은 잘못된 해석입니다.

예수님은 이러한 영적 진리를 교훈하시기에 앞서 유대인 조상들이 광야에서 먹은 만나를 언급하십니다. 그 배경에는 예수님께서 베푸신 오병이어의 표적 때문에 유대인들이 예수님을 임금으로 삼으려 한 사실이 있습니다. 이에 예수님은 "너희 조상들이 만나를 먹었어도 죽었다"고 말씀하시며, 육신의 양식은 결코 생명을 주지 못한다는 사실을 교훈합니다. 곧 예수님이 베푸신 오병이어의 이적은 단지 육의 양식을 제공하기 위한 것이 아니라, 예수님이 참된 영원한 생명을 주시는 분임을 보이려는 표적으로 알게 하려고 교훈하신 것입니다. 이 맥락에서 예수님은 자신을 가리켜 "생명의 떡"(35, 48절)이라 하셨습니다. 즉 생명을 주시는 분이시며 또한 스스로 생명이시라는 말씀입니다.

이어 주님께서 유대인들에게 이르시기를 "인자의 살을 먹지 아니하고 인자의 피를 마시지 아니하면 너희 속에 생명이 없느니라 내 살을 먹고 내 피를 마시는 자는 영생을 가졌고 마지막 날에 내가 그를 다시 살리리니 내 살은 참된 양식이요 내 피는 참된 음료로다"(53~55절)고 말씀하실 때, 주님은 자신이 이루실 십자가 구속의 사건을 염두에 두고, 오직 주님을 믿고 의지하는 자에게 영생의 구원이 있음을 교훈하신 것입니다.

제자들이 예수님의 말씀을 듣고 "어렵도다 누가 들을 수 있느냐"(60절) 하자, 예수님이 풀어 말씀하시기를 "살리는 것은 영이니 육은 무익하니라 내가 너희에게 이른 말은 영이요 생명이라"(63절)고 하셨습니다. 즉 예수님은 "인자의 살"과 "인자의 피"를 말씀하실 때 그것은 자신이 십자가에서 드리실 희생 제사를 가리켜 말씀하신 것입니다. 오직 우리 주님의 십자가 희생과 부활의 능력을 바라보며 그에게만 의지할 때에 구원이 있음을 뜻하신 것이며, 그것을 받는 방식은 육신의 양식을 먹듯이 입으로 먹는 것이 아니라 오직 믿음뿐임을 또한 말씀하신 것입니다. 이것은 "내 아버지의 뜻은 아들을 보고 믿는 자마다 영생을 얻는 이것이니 마지막 날에 내가 이를 다시 살리리라"(40절)는 말씀에서 이미 언급하신 것과 같습니다. 따라서 주님의 살과 피를 먹고 마신다는 것은 오직 믿음으로 주님의 공로를 의지한다는 뜻인데, 천주교회가 그리스도의 실제 살과 피를 입으로 먹는 것을 뜻하는 것으로 본문을 인용하여 잘못된 "화체설"의 근거를 삼는 것은 전혀 옳지 않은 해석입니다.

천주교회에서도 성체성사에 참여하여 영성체를 하는 것, 곧 밀떡과 포도주를 받는 것은 구원의 은택을 증가시키며 성화 은총을 더하고 부활과 영원한 행복에 들어갈 수 있는 보증으로 주어지는 것이라고 말합니다. 다시 말해 영성체가 구원의 필수적인 것은 아니라는 것입니다. 그런데 오늘 본문에서 예수님은 자신의 살과 피를 먹는 자라야 생명을 얻는다고 말씀하고 있습니다. 즉 예수님의 살과 피를 먹는 것이 구원에 필수적인 요건이라고 말씀하십니다.

영생을 받기에 반드시 요구되는 필수적인 요건은 무엇입니까? 예수님의 십자가 공로를 바라보며 그의 부활에 참여하는 소망 가운데 예수님만을 구주로 믿는 믿음입니다. 그러므로 요한복음 6장은 성찬에 대한 직접적인 말씀이 아니라 단지 예수 그리스도의 구원의 은혜를 깨닫게 하려고 오병이어의 표적과 연결하여 주신 교훈이므로, 이 본문을 근거로 밀떡과 포도주가 그리스도의 실제 몸이며 피라고 주장하는 것은 전혀 잘못된 것임을 바르게 이해하셔야 합니다.

우리 주님께서 자신의 살과 피를 먹고 마셔야 한다는 표현을 사용하신 까닭은 앞서 말씀드린 것처럼 오병이어의 이적을 표적으로 이해하지 못한 유대인들을 깨우치기 위한 것입니다. 그리고 비유적인 의미에서 마치 떡과 포도주가 이 땅에서의 생명을 유지시켜 주는 바와 같이, 십자가에서 몸을 찢기시고 피를 흘리신 주님의 구속 사역으로 인하여 우리가 영생에 이르는 참된 양식과 음료를 받는다는 사실을 깨우쳐 주시기 위함입니다.

...생각 나누기

되짚는 질문

1_ 그리스도께서 믿음이 연약한 우리를 돕기 위하여 제정하신 성례에는 어떠한 것들이 있습니까?

2_ 성찬을 구성하는 요소들은 무엇입니까?

3_ 주님께서 성찬을 통하여 신자들로 하여금 영적 확신을 갖도록 하셨습니까?

4_ 성찬을 통해 떡과 포도주가 상징하는 바를 먹고 마신다는 것이 가리키는 의미들은 무엇입니까?

새로운 질문

5_ 비록 그리스도의 성찬에서 먹는 것은 떡과 포도주이지만 신비로운 은혜로 인하여 실제로는 그리스도의 살과 피를 먹는 것입니까?

6_ 만일 그렇지 않다면 성찬의 떡과 포도주를 가리켜 그리스도의 살과 피라고 일컫는 까닭은 무엇입니까?

7_ 천주교회가 그릇되게 주장하는 '화체설'이란 어떤 것입니까?

8_ 천주교회가 소위 성체성사를 행할 때 교인들의 입에다 밀떡을 한 번에 넣어주고 또 포도주는 나누어 주지 않는데 그 까닭이 무엇이라고 생각하십니까?

9_ 요한복음 6장에서 우리 주님께서 이르시기를 인자의 살과 피를 먹고 마시지 않으면 생명이 없다고 말씀하신 것과 관련하여 천주교회는 어떻게 이해를 하며 그들의 오류는 무엇입니까?

10_ 요한복음 6장의 말씀을 비유로 이해하여야 하는 이유를 설명하시기 바랍니다.

32. 성찬의 올바른 이해와 참여

제30주일 | 80~82문

질문 80 주의 성찬과 천주교회의 미사는 어떻게 다릅니까?

답 주의 성찬은 다음의 내용을 확인합니다.

(1) 예수 그리스도께서 십자가에 달려 영 단번에 이루신 단 한 번의 희생 제사로 말미암아 우리의 모든 죄가 완전히 용서를 받는다는 점입니다(마 26:28; 눅 22:19-20; 요 19:30; 히 7:27; 9:12, 25-28; 10:10-18).

(2) 자신의 실제 몸으로는 하늘에 계신 하나님 아버지의 오른편에 계시며(요 20:17; 행 7:55-56; 히 1:3; 8:1-2) 그곳에서 우리의 경배를 받으시는(마 6:20-21; 요 4:21-24; 빌 3:20-21; 골 3:1-3; 살전 1:10; 히 9:6-10) 그리스도에게 성령 하나님께서 우리를 접붙이신다는 점입니다(고전 6:17; 10:16-17).

그러나 미사는 다음의 내용을 말합니다.

(1) 그리스도께서 사제들에 의해 살아있는 자들과 죽은 자들을 위하여 지금도 매일 드려지지 않는다면, 이들은 그리스도의 고난을 통하여 죄의 용서를 받지 못한다고 주장합니다.

(2) 심지어 그리스도의 몸이 떡과 포도주의 모양 안에 계시므로 그리스도께서는 그 안에서 경배를 받아야만 한다고 주장합니다.

그 결과 미사는 근본적으로 예수 그리스도의 영 단번의 제사와 고난을 부정하는 것이며 또한 저주받을 가증스러운 우상숭배 입니다(히 9:26; 10:14, 19, 22-30).

질문 81 **누가 주의 성찬에 참여할 수 있습니까?**

답 자신의 죄 때문에 진실로 슬퍼하면서도, 그리스도로 말미암아 이 모든 죄들이 용서 받았음을 신뢰하고, 자신들의 믿음이 더욱 더 튼튼해지고 자신들의 삶이 더욱 거룩하게 되기를 진심으로 소망하는 사람들을 위하여 성찬이 제정되었습니다. 그러나 위선자들과 신실한 마음으로 하나님께 돌이키지 않은 그러한 자들은 자신들이 받을 심판을 먹고 마시게 됩니다(고전 10:19-22; 11:26-32).

질문 82 **고백과 삶을 살필 때 믿음이 없는 자로 또 경건치 않은 자로 드러나는 자들에게도 이 성찬이 허락됩니까?**

답 아닙니다. 그렇게 하는 것은 하나님의 언약을 모욕하는 것이 되며 회중 전체에 하나님의 진노가 임하도록 초래하는 것이 됩니다(시 50:14-16; 사 1:11-17; 66:3; 렘 7:21-23; 고전 11:17-32).
그러므로 그리스도와 사도들의 교훈에 따라, 그리스도의 교회는 이들의 삶이 개혁될 때까지 천국 열쇠를 사용하여 이러한 자들을 배제하여야 할 의무가 있습니다.

―   성찬은 그리스도께서 제정하신 것으로 떡과 포도주를 통하여 영적 양식을 베푸시는 은혜의 수단입니다. 천주교회는 성찬의 떡과 포도주가 사제의 축성에 의하여 그리스도

의 실제적 살과 피로 변화를 한다는 소위 '화체설'을 주장합니다. 맛과 모양이 그대로인데 어떻게 그렇게 변화하였다고 할 수 있는지를 물으면, 맛과 모양은 그대로 일지라도 그것이 무엇인가를 결정하는 것은 형상인데, 떡과 포도주의 형상이 그리스도의 실제적 살과 피의 형상으로 바뀌었다고 철학적 설명을 덧붙입니다.

천주교회가 이렇듯이 성찬의 떡과 포도주를 비유적이 아닌 문자적으로 믿는 까닭은 그렇게 믿는 것이 성경의 교훈이라고 나름대로 생각을 하기 때문입니다. 성찬의 떡과 포도주가 그리스도의 실제 살과 피로 변화한다는 주장이 성경의 교훈에 분명하게 나타나 있는 것이라면 앞서 말한 철학적 설명도 고려해봄직하다고 말할 수도 있겠습니다. 그러나 문제는 성경은 천주교회가 믿는 바를 지지하지 않는다는 데에 있습니다.

천주교회는 화체설의 성경적 근거를 요한복음 6장에서 찾습니다. 그곳에서 예수님께서 "너희 조상들은 광야에서 만나를 먹었어도 죽었거니와……나는 하늘에서 내려온 산 떡이니 사람이 이 떡을 먹으면 영생하리라"고 하신 주님의 말씀을 제시합니다. 그리고는 유대인의 조상들이 광야에서 먹은 만나보다 더 우월하며, 영원한 생명을 주는 양식이려면 그것은 그리스도의 살과 피일 수밖에 없다고 해석합니다.

그러나 요한복음 6장에서 예수님이 말씀하는 자신의 살을 먹는 것과 피를 마시는 것은 성찬을 가리키는 교훈이 아닙니다. 다만 자신의 십자가 죽음으로 우리에게 베푸시는 구원의 은혜를 가리키는 것이며, 그의 살과 피를 먹음은 곧 그리스도의 십자가 구속의 은혜를 믿음으로 받아들이는 것을 말합니다. 성찬의 떡과 포도주는 구원의 필수적인 것이 아니라 구원을 강화시켜주는 것입니다. 그런데 요한복음 6장에서 예수님은 "인자의 살을 먹지 아니하고 인자의 피를 마시지 아니하면 너희 속에 생명이 없느니라"고 말씀하심으로, 그리스도의 살과 피가 구원을 위하여 반드시 필요한 요소라고 교훈하셨습니다. 즉 인자의 살과 피는 성찬의 떡과 포도주를 직접적으로 가리키는 것이 아니라 성찬의 떡과 포도주로 상징이 되는 그리스도의 십자가 구속의 은혜를 가리키는 것입니다. 따라서 천주교회의 화체설은 잘못된 것입니다. 주님께서 십자가 구속의 은혜를 살을 먹고 피를 마시는 것과 같은 비유로 말씀하신 것은 그 비유를 통하여 떡과 포도주가 육신의 생명을 유지시켜 주는 것과 같이 주님의 구속의 은혜만이 우리의 영생을 위한 유일한 길임을 나타내기 위한 것입니다.

요리문답 80문항은 개혁파가 고백하는 성경적인 성찬의 이해가 천주교회의 미사와 어떻게 다른지를 교훈합니다. 이 80문항은 초판(1562년 12월)에는 없었으나 2판(1563년)부터 나타납니다. 그 까닭은 천주교회가 종교개혁에 대한 반동으로 트렌트 공의회를 열어 화체설에 따른 미사에 대한 교리를 강조하고 이를 어기는 자들에 대해 저주를 선언함으로 말미암아(1562년 9월) 나타날 악영향에 대한 경계심이 높아졌기 때문입니다.

천주교회가 말하는 미사란 하나님께 드리는 거룩한 제사로 미사 성제를 줄여 말한 것입니다. 이 용어는 라틴어의 Missa에서 유래한 것으로 설명합니다. 한국어로 미사라 하는 것은 한국 발음을 그대로 딴 것입니다. 라틴어 Missa와 관련하여서는 여러 가지 설들이 있지만 가장 공식적인 설명은 'Mittere'(보내다, 파견하다)라는 동사에서 파생된 말로 이해하는 것입니다. 로마 시대에 재판이 끝나거나 황제나 제후 등의 알현이 끝났을 때 "가라, 이제 떠나도 좋다"(Ite, Missa est)라고 알린 관습을 따라 이제 미사가 다 끝났다고 알리는 것에서 비롯한 것이라고 합니다. 아울러 이에 덧붙여 Missa라는 동사의 어원에 파견한다는 의미가 있다고 지적하면서 구원의 소식을 전파하기 위하여 파송된다는 뜻도 있다고 설명합니다. 이 말은 5세기쯤부터 교회에서 사용되면서 7세기경에 성체성사를 나타내는 용어로 굳어져 오늘에 이르렀다고 합니다.

　천주교회에서 미사는 가장 거룩하며 근간을 이루는 중심 의식이며 또한 제사입니다. 천주교회는 예수님의 최후의 만찬이 최초의 미사이며, 십자가 위에서 자신을 희생물로 드린 제사가 가장 완전한 미사라고 말합니다. 하지만 십자가 희생 제물은 한 번 드림으로 그치지만, 미사를 통해서 십자가 희생 제사가 영속된다고 주장합니다. 말하자면 오늘날 천주교회가 행하는 미사는 십자가 위에서 드린 그리스도의 희생 제사를 재현하는 것이라고 말합니다. 따라서 오늘 드리는 미사

성제는 곧 그리스도의 수난과 죽으심에 교인들이 참여하는 희생 제사이며 그 가치는 십자가 상의 제사와 동일하며, 단지 십자가의 제사에는 피가 흐르는 반면에 미사의 제사에는 피가 흐르지 않는다는 점만 다를 뿐이라고 말합니다.

천주교회의 미사의 심각한 오류는 성찬의 떡과 포도주를 그리스도의 실제 살과 피로 여기는 화체설을 기반으로 사제들에 의하여 살아 있는 자들은 물론 죽은 자들을 위해서도 미사를 통한 그리스도의 희생 제사가 매일 드려지지 않으면 그리스도의 고난을 통한 죄의 용서를 받지 못한다는 데에 있습니다. 이것은 성경의 교훈을 정면으로 거스르는 그릇된 것입니다. 히브리서 9장에 이르기를 "그리스도께서는 참 것의 그림자인 성소에 들어가지 아니하시고 바로 그 하늘에 들어가사 이제 우리를 위하여 하나님 앞에 나타나시고 대제사장이 해마다 다른 것의 피로써 성소에 들어가는 것 같이 자주 자기를 드리려고 아니하실지니 그리하면 그가 세상을 창조한 때부터 자주 고난을 받았어야 할 것이로되 이제 자기를 단번에 제물로 드려 죄를 없이 하시려고 세상 끝에 나타나셨느니라"(24~26절)고 하셨습니다. 이 말씀은 그리스도께서 드린 단 한 번의 십자가 희생 제사는 그것으로 이미 완전하며 그것 이외에 다른 제사들을 되풀이하여 드릴 필요가 없다고 교훈합니다.

또한 히브리서 10장은 우리가 거룩함을 얻는 일이 예수 그리스도께서 자신의 몸을 단번에 드리심으로 말미암아 이루어지고(10절), 그리스도께서 우리의 죄를 속하기 위하여 드린 제사는 오직 하나의 영원한 제사이며(12절), 그 단 한 번의 제사로 그가 거룩하게 하신 자들을 또한 영원히 온전케 하신다(14절)고 분명하게 밝힙니다. 따라서 성찬의 떡과 포도주로 살아 있는 자가 죄 용서를 받기 위하여 그리스도의 제사를 반복하여 드릴 이유가 없으며 그렇게 제사를 드릴 수도 없습니다.

덧붙여 요리문답이 지적하는 미사의 오류는 화체설에 따라 떡과 포도주가 실제 그리스도의 살과 피로 변하였으므로 떡과 포도주 속에 계신 그리스도를 경배하여야 한다는 주장입니다. 미사를 드릴 때 사제들은 자신들의 축성을 통하여 그리스도의 살과 피로 변화하였다고 믿는 밀떡과 포도주, 곧 성체와 성혈을 높이 들어 신자들에게 보여주며 이들로 하여금 이것을 흠숭하고 감사와 찬미의 정신으로 "내 주시여, 내 천주시로소이다"라고 속으로 고백하며 경배하게 합니다. 천주교회는 미사를 드릴 때뿐 아니라 성체를 모시고 있는 감실과 미사를 드리는 제대를 향하여 절하도록 가르칩니다.

그러나 이러한 행위는 성경적으로 지지 받지를 못합니다. 우리 주 예수 그리스도께서는 떡과 포도주와 같은 것 속에 자리를 하고 계시지 않으시며, 부활하신 후 승천하시어 하나님 아버지의 오른 편에 계십니다(요 20:17; 행 7:55~56; 히 1:3; 8:1~2). 그리스도께서는 떡과 포도주의 성찬 예식을 통하여 자신의 죽으심을 기념하고 복음을 믿어 영적 생명을 누리도록 하셨습니다. 즉 우리로 하여금 성찬에 참여함으로써 성령으로 우리 가운데 임재하시는 것입니다. 우리가 그리스도에게 접붙임을 받는 것은 그리스도의 실제 살과 피를 먹고 마심으로 되는 것이 아니라 성령으로 말미암아 믿음 안에서 되는 것입니다(고전 6:17; 10:16~17).

이런 까닭에 요리문답은 천주교회의 미사는 결과적으로 예수 그리스도께서 십자가에서 영 단번에 드린 제사를 부정하는 것과 같으며, 더 나아가 떡과 포도주를 향하여 절하고 그것을 높이 들어 경배함으로써 우상숭배의 악을 범하는 것이라고 단호하게 교훈합니다. 천주교회는 자신들이 떡과 포도주를 향해 절을 하는 것이 아니며, 자신들이 믿는 바대로 떡과 포도주가 이미 그리스도의 실제 살과 피이므로 그리스도를 경배하는 것이라고 주장하겠지만, 그리스도는 하늘에 계시며 성령을 따라 드리는 예배를 받으시기 때문에 떡과 포도주의 형체를 두고 그리스도를 예배한다는 것은 저주받을 가증스러운 우상숭배의 죄악이 됩니다.

이제 어떤 사람들이 성찬에 참여할 수 있는 것인지에 대하여 살펴보도록 합니다. 성찬은 그리스도께서 제정하신 것이며 그의 제자들에게 주신 것이고 또한 주님께서 말씀하신 바대로 주님의 죽으심과 그로 인한 영적 은혜를 더욱 더 확고히 하기 위한 것이기 때문에 아무나 임의로 참여하도록 허용하지 않습니다. 요리문답은 다음의 세 가지 조건들을 살펴 돌아보아야 한다고 교훈합니다.

첫째는 자신들이 범한 죄를 고백하고 이로 인해 참으로 애통해 하여야 합니다. 둘째는 자신들의 죄가 오직 예수 그리스도를 향한 믿음으로 말미암아 용서를 받았음을 믿고 확신하여야 합니다. 셋째는 성찬에 참여함으로써 자신들의 믿음이 더욱 확고하게 되고 그리스도의 형상을 더욱 거룩하게 닮아가기를 소망하여야 합니다. 다시 말해서 그리스도를 향한 참된 믿음과 회개를 하는 자들이라야 성찬에 참여할 자격이 있습니다.

그런데 이러한 조건에 일치되는 사람임을 어떻게 가려낼 수 있겠습니까? 일반적으로 교회에서는 세례를 받은 교인들만 참여하도록 제한하는 방식으로 성찬 예식을 거행합니다. 적어도 세례를 받은 교인이라면 자신의 죄를 회개하며 그리스도의 복음을 분명하게 알고 믿을뿐더러 신앙의 성숙을 소망하는 자들일 것으로 간주할만하기 때문입니다.

하지만 그들 가운데 형식적으로 믿을 뿐이며 아직은 신실한 믿음을 가지고 있지 않은 자들이 있다면 어떻게 되겠습니까? 성경에 이르기를 "사람이 자기를 살피고 그 후에야 이 떡을 먹고 이 잔을 마실지니"(고전 11:28)라고 하신 바에 따라 최종적인 분별은 각각의 참여자가 스스로 하여야 합니다. 예를 들어, 성경에 언급되고 있는 바처럼(고전 11:17~34) 주님의 이름으로 모일 때에 형제의 형편을 살펴 돌아보는 공동체적 배려와 사랑이 없이 성찬에 참여하는 자들은 주님의 몸을 분별하지 못하고 먹고 마시는 죄를 범하게 됩니다. 마찬가지로 교회 공동체 안에서 그리스도의 지체들과 불화하고 반목하면서 회개함이 없이 성찬에 참여하는 것은 성찬을 더럽히는 것이며 자신들이 받을 죄를 먹고 마시게 될 따름입니다.

그렇다면 온전한 자가 없으므로 성찬에 참여하는 것이 오히려 죄가 될까봐 두려워하여 참여하지 않는 것이 더 낫지 않을까요? 결코 그렇지 않습니다. 교훈의 초점은 믿음과 회개로 나와야 한다는 데 있습니다. 주님은 상한 갈대를 꺾지 않으시고 꺼져가는 등불을 끄지 않으시는 분이시며(사 42:3), 가난하고 심령에 통회하는 자를 긍휼히 여기시며 돌보시는 분(사 66:2)이시기 때문에, 선한 양심으로 복음을 믿는 사람은 불필요한 두려움을 가질 필요가 없으며, 도리어 더욱 더 성찬의 은혜를 사모하여야 합니다.

교회는 단지 믿음이 없는 자들이나 경건치 않은 자들에게 성찬을 허락해서는 안 됩니다. 이것은 하나님의 언약을 모욕하는 것이며, 하나님의 진노가 교회 전 회중에게 임하는 일을 초래할 수도 있게 되기 때문입니다. 교회는 이들이 진실한 믿음과 회개로 변화될 때까지 천국 열쇠를 사용하여 성찬에 참여하는 일을 허용하지 않아야 합니다.

...생각 나누기

되짚는 질문

1_ 천주교회가 믿는 성찬에 대한 이해는 무엇입니까?

2_ 천주교회가 성찬의 떡과 포도주를 비유적이 아닌 문자적으로 믿는 성경의 근거와 이에 대한 설명은 무엇입니까?

3_ 요한복음 6장에서 예수님의 살과 피를 먹는다는 것이 뜻하는 바를 바르게 설명해 보시기 바랍니다.

새로운 질문

4_ 천주교회에서 행하여지는 미사라는 용어의 유래에 대해 설명하시기 바랍니다.

5_ 천주교회가 제사로서 미사에 부여하는 의미는 어떠합니까?

6_ 천주교회 미사의 심각한 오류들을 지적해 보시기 바랍니다.

7_ 천주교회 미사가 성경적으로 지지를 받지 못하는 까닭을 설명하시기 바랍니다.

8_ 일반적으로 교회에서 오직 세례를 받은 사람에게만 성찬에 참여할 수 있도록 하는 이유에 대해 설명해 보시기 바랍니다.

33. 천국의 열쇠

제31주일 | 83~85문

질문 83 **천국 열쇠란 무엇입니까?**

답 천국 열쇠란 거룩한 복음의 강설, 그리고 회개로 이끄는 교회의 권징을 가리켜 말합니다. 이 두 가지에 의하여, 천국이 믿는 자들에게는 열리고, 믿지 않는 자들에게는 닫힙니다(마 16:19; 요 20:22-23).

질문 84 **천국이 어떻게 거룩한 복음의 강설에 의하여 열리고 닫힙니까?**

답 그리스도의 명령에 의하여 다음과 같은 일이 이루어질 때 그렇게 됩니다. 하나님께서는 그리스도께서 행하신 일로 인하여 신자들이 참된 믿음으로 복음의 약속을 받아들일 때마다 그들의 모든 죄를 진실로 용서하신다는 것을 거룩한 복음이 그들 모두에게 그리고 그들 각각에게 선포하고 공적으로 선언을 함으로써 천국은 열립니다.

질문 85 **천국이 어떻게 교회의 권징에 의하여 닫히고 열립니까?**

답 그리스도의 명령에 의하여 다음과 같은 일이 이루어질 때 그렇게 됩니다. 기독교인들이라는 이름을 가지고 있으면서도 그 이름에 어긋나는 교리나 생활을 하면서, 이로부터 돌이키도록 형제에게서 사랑의 권면을 거듭 받은 후에도 자신들의 잘못들과 악한 삶의 행태를 돌이키지 않으려 하고, 교회와 교회에 의해 임명이 된 사람들에게 보고되고 교회가 권고하였으나 이를 멸시한다면, 교회는 이러한 사람들을 성례에 참여하지 못하도록 하며, 그렇게 함으로써 이들을 교회로부터 분리합니다. 그러할 때 하나님께서도 친히 이들을 그리스도의 나라에서 제외할 것입니다(마 18:15-20; 고전 5:3-5, 11-13; 살후 3:14-15).

그러나 그들이 진정으로 돌이켜 달라지기를 약속하고 그것을 증거한다면 그들을 그리스도와 그의 교회의 회원으로 다시 받아들입니다(눅 15:20-24; 고후 2:6-11).

── 그리스도의 성찬과 관련한 성경의 교훈은 결코 천주교회가 행하는 미사를 인정하지 않습니다. 미사는 천주교회의 모든 종교 의식의 중심을 이루고 있는 제사입니다. 천주교회는 사제의 축성에 의하여 떡과 포도주가 그리스도의 살과 피로 변화한다고 믿습니다. 그리고 그렇게 변화를 한 성체와 성혈에 그리스도의 십자가 희생 제사와 동일한 원리와 의미를 부여하며 이르기를 미사는 십자가 위에서 드린 그리스도의 제사를 현재화하여 재현하는 것이며, 미사가 십자가 제사와 다른 점은 단지 피가 흐르지 않고 있다는 점일 뿐이라고 주장합니다.

개혁파는 이러한 천주교회의 오류에 대해 성경의 교훈에

어긋나는 것임을 분명하게 지적합니다. 성경에 따르면 그리스도는 십자가 위에서 죽으심으로 단 한 번으로 영원한 제사를 드렸습니다(히 9:24~26; 10:10, 12, 14). 그리고 그것은 완전하여 다시 제사를 드리는 일을 되풀이할 이유가 없을 뿐더러 그렇게 하여서도 안 됩니다. 더구나 미사를 드리며 밀떡과 포도주가 성체와 성혈로 변화하였으므로 그것을 향하여 "내 주시여, 내 천주시로소이다"라고 마음으로 고백하며 경배하도록 하는 것은 우상숭배의 악을 범하는 것이라 할 수 있습니다. 우리 주 그리스도께서는 성찬 예식을 통해 밀떡과 포도주에 영적으로 임하여 계신 것일 뿐이며, 실제의 몸은 하늘에 오르사 하나님 우편에 계시기 때문입니다.

그리스도께서 제정하신 성찬은 죄를 애통해 하고 그리스도의 의를 바라며 용서를 구할 때 죄 사함을 받았음을 확신하고 거룩한 성도의 삶을 살기로 결심하는 자에게 참여가 허락됩니다. 그렇지 못한 자는 주님의 성찬을 모독하는 죄를 범하는 것입니다. 우리 가운데 온전한 자는 없기 때문에 혹시라도 자신의 연약한 믿음으로 인하여 성찬을 더럽히는 죄를 범할까 두려운 마음을 가질 필요는 없습니다. 성찬은 연약한 믿음을 더욱 더 굳게 하기 위하여 예수님께서 세우신 은혜의 규례이기 때문입니다. 그리스도와 복음을 향한 믿음을 분명히 하고 성찬을 사모하며 나오는 자들은 모두 주님께서 약속하신 은혜를 누리게 될 것입니다. 다만 불경건한 자들이 자의로 성찬에 참여하여 죄를 범하는 일이 없도록 교회는 주의를 기울여 책임 있게 성찬을 거행하여야 합니다.

그리스도께서 교회로 하여금 이와 같은 일을 감당할 수 있도록 천국 열쇠의 권세를 부여하셨습니다. 천국 열쇠의 소유자는 그리스도이십니다. "…거룩하고 진실하사 다윗의 열쇠를 가지신 이 곧 열면 닫을 사람이 없고 닫으면 열 사람이 없는 그가 이르시되"(계 3:7)라는 말씀에서 보듯이 예수 그리스도만이 천국을 여시거나 닫으실 수 있습니다. 십자가에서 죽으시고 죽은 자들 가운데 부활하여 하늘에 오르사 보좌에 계신 그리스도만이 천국의 열쇠의 권세를 가지신 분이십니다. 우리 주님께서는 이 권세를 교회를 통하여 시행하시며, 이를 위하여 교회의 직원인 목사들에게 이 권세를 위임하셨습니다. 주님께서 베드로에게 "내가 천국 열쇠를 네게 주리니"(마 16:19)라고 말씀하시고 또 제자들에게 "진실로 너희에게 이르노니 무엇이든지 너희가 땅에서 매면 하늘에서도 매일 것이요 무엇이든지 땅에서 풀면 하늘에서도 풀리리라"(마 18:18)는 말씀들은 바로 이러한 영적 사실을 가리킵니다.

교회는 천국 열쇠의 권세를 어떻게 행합니까? 교회는 복음 선포와 같은 말씀 사역이나 출교 등을 통한 권징을 통하여 행사합니다. 즉 그리스도의 공로로 인하여 죄 사함을 받는 은혜의 복음을 공적으로 선포할 때, 자신의 죄를 인정하고 그리스도의 약속을 겸손히 믿고 구원의 은혜를 구하는 자에게는 천국이 열리게 되는 것이며, 교회는 이로써 천국 열쇠의 여는 권세를 행하게 됩니다.

반면에 회개를 하지 않는 자들 위에 하나님의 진노와 영원한 정죄가 놓이게 된다는 공적으로 선포된 말씀을 듣고도 그리스도를 믿지 아니하고 회개하지 않는 자에게는 천국의 문이 닫히게 되며, 교회는 이로써 천국 열쇠의 닫는 권세를 행하게 됩니다. 또한 교회는 악인들이나 경건치 않은 자들에게 성찬에 참여하지 못하도록 하거나, 그들이 교회의 참 신자들과 섞여 있을 때 그들을 출교하는 것과 같은 권징의 권세를 행사함으로써 천국을 닫는 천국 열쇠의 권세를 행사합니다. 바로 이것이 그리스도께서 "너희가 누구의 죄든지 사하면 사하여질 것이요 누구의 죄든지 그대로 두면 그대로 있으리라"(요 20:23)고 말씀하신 바의 교훈입니다.

교회는 무엇이 복음인지 무엇이 복음이 아닌지를 판단할 뿐만 아니라, 그 복음에 대하여 순종하는 자와 불순종하는 자를 가려냅니다. 그리하여 순종하는 자의 믿음을 격려하고 천국의 기쁨을 소망하게 하며, 불순종하는 자를 징계하여 이들로 하여금 회개에 이르도록 하고 교회 공동체를 거룩하게 보존합니다.

요컨대 교회에 주어진 천국 열쇠란 거룩한 복음의 강설, 그리고 회개를 이끄는 권징이라고 할 수 있습니다. 복음의 강설과 권징은 각각 천국을 열기도 하도 닫기도 합니다. 이를테면 복음을 듣고 반응을 어떻게 보이는가에 따라서 천국이 열리기도 하고 닫히기도 하는 것이며, 또한 교회의 권징을 받으므로 교회에서 제외될 때면 천국이 닫히지만 권징으로 말미암아 구원에 이르는 회개가 이루어질 때면 다시 천국이 열리기도 하는 것입니다. 물론 교회가 온전하지 못하여 그릇된 판단을 할 수가 있기 때문에, 교회에서 출교된다고 하여 하나님 나라에서 반드시 제외된다고 할 수는 없습니다. 그러나 교회가 복음 위에 올바르게 서 있는 한, 그 복음에 불순종한 자들에게 출교를 명하는 외적인 선언은 하나님께서 그를 천국에서 제외하는 내적 인준이라고 믿어야 합니다.

이제 이러한 천국 열쇠를 행사하는 권한이 교회에 있다고 할 때, 교회의 누구에게 주어져 있는 것일까요? 우선 죄에 대한 하나님의 진노를 알리고 예수 그리스도의 구원의 은혜를 선포하는 복음의 강설 사역은 교회의 목사들에게 맡겨져 있습니다. 그리스도의 교회의 직원인 목사들은 회개치 않고 그리스도를 믿지 않는 자들이 하나님 나라에서 제외될 것이며, 어떤 죄인이라도 회개하고 그리스도를 믿으면 구원을 받아 하나님 나라에 속하게 될 것이라는 사실을 그리스도의 복음을 강설함으로써 선포하여야 합니다.

하지만 권징의 권세는 목사에게만 속한 것이 아니며 장로들과 함께 행하도록 되어 있습니다. 목사라도 혼자의 결정으로 시행하여서는 안 되며, 교회의 공적 기관의 결의에 따라서 시행해야 합니다. 대체로 권징의 권세는 당회를 통하여 행사됩니다. 당회는 그리스도께서 "네 형제가 죄를 범하거든 가서 너와 그 사람과만 상대하여 권고하라 만일 들으면 네가 네 형제를 얻을 것이요"(마 18:15)라고 말씀하신 것과 "만일 그들의 말도 듣지 않거든 교회에 말하라"(마 18:17)고 말씀하신 것에 따라서 몇 가지 단계들을 따라서 권징을 시행합니다. 사사로운 과실을 범한 경우에는 형제로서 한 사람이 권고하며, 그 사람이 돌이키지 않으면 두 세 사람이 함께 권고를 합니다. 하지만 심각한 과실의 경우에는 교회에 알려서 교회의 장로들을 통하여 공적인 권위로 권고를 합니다. 만일 그럼에도 불구하고 완악하여 회개를 거부한다면 온 교회의 거룩함과 영적 순결을 위하여 죄인을 교정하기 위한 마지막 조치로 주님께서 교훈하신 바대로 출교를 명하는 단계를 행합니다. "교회의 말도 듣지 않거든 이방인과 세리 같이 여기라"(마 18:17).

물론 교회는 출교를 받는 자들에게 그들이 범한 잘못들이 무엇인지를 반드시 알려주고 권면해야 하며 그럼에도 불구하고 이들이 여전히 악행을 고집할 때에 이들이 하나님 나라의 바깥에 있는 사람들로 간주하는 의미에서 공적으로 징계를 합니다. 이때 잊지 말아야 하는 것은 권징은 죄인을 멸망시키기 위함이 아니라 구원하기 위함이라는 사실입니다. 저들로 하여금 권징을 받을 때에 하나님의 심판에 대한 두려움을 환기시키고 권징 받는 일이 심히 부끄러운 일인 줄을 깨달아 그리스도 앞으로 다시 나아오게 하기 위함입니다.

어떤 이들은 사람으로서는 사람의 속을 들여다 볼 수가 없으므로 교회가 경건한 자와 그렇지 않은 자를 구별하여 권징을 행사하는 것은 옳지 못하다고 주장합니다. 물론 교회가 각 사람의 마음속에 감추어져 있는 생각을 판단할 수는 없습니다. 하지만 겉으로 드러나는 생활과 고백들은 판단할 수가 있으므로, 그러한 범위 내에서 범죄한 자가 회개를 표명하고 돌이켜 악행을 그치는 경우에는 징계를 해벌하고, 겉으론 회개한 자 같으나 악행을 여전히 행하는 자에게는 권징을 실시할 수 있으며, 또한 그것을 행하는 것은 다른 성도들을 보호하기 위한 교회의 책임이기도 합니다.

한편 천주교회는 천국 열쇠와 관련한 성경을 그릇 해석하여 천국 열쇠가 베드로 사도에게 주어진 것이며 그 권한은 베드로 사도의 법적 후계자인 교황에게 이어져 오고 있다고 잘못된 주장을 합니다. 마태복음 16장을 보면 "너희는 나를 누구라 하느냐"(15절)고 물으신 예수님의 질문에 베드로가 "주는 그리스도시요 살아계신 하나님의 아들이시니이다"(16절)라고 답을 하였습니다. 이에 예수님께서 베드로에게 그 고백을 하게 하신 이는 하나님 아버지이시니 베드로가 복을 받은 자라 말씀하시고 베드로를 가리켜 "베드로"라는 이름으로 불러주십니다. 이것은 주님께서 이름을 새롭게 붙여주신 것이 아닙니다. 시몬의 아들 베드로는 아버지의 이름을 따라 시몬이라 일컬어지는데 주님께서 돌 또는 바위의 뜻을 지닌 베드로라는 이름을 전에 만났을 때 이미 붙여주신 적이 있기 때문입니다(막 3:16). 예수님께서는 베드로를 향하여 장차 "게바"라 하리라 하셨던(요 1:42) 일이 있었습니다. "게바"라는 말은 '바위 또는 반석'을 뜻하는 말입니다. 베드로가 주님의 질문에 교회의 반석이 되시는 예수님에 대한 고백을 바르고 정확하게 하자 베드로의 신앙고백을 계기로 삼아 자신의 교회를 세우실 반석을 언급하시면서 베드로의 이름이 돌 또는 반석이라는 뜻이 있음을 들어 너는 베드로라고 이름을 불러주신 것입니다. 말하자면 장차 게바라 하리라는 말씀이 베드로의 신앙고백을 계기로 확정해 주신 셈입니다.

요컨대 예수님은 베드로의 고백을 받으신 후에 과연 베드로라는 이름대로 베드로가 교회를 세울 반석이 되는 고백을 하였다고 칭찬하시고, 이어 주님께서 형식적으로는 이 신앙고백 위에, 그리고 실체적으로는 신앙고백의 대상이신 자신을 반석으로 삼아 주님의 교회를 세우시겠다고 말씀하신 것입니다. 따라서 천주교회가 오해하고 있는 바처럼 주님께서는 베드로라는 한 개인 사도 위에 교회를 세우신 것이 아니라 그의 신앙고백과 그 신앙고백이 가리키는 그리스도 자신 위에 교회를 세우신 것임을 바르게 이해하여야 합니다.

끝으로 천국 열쇠와 관련하여 주의를 기울여야 할 사실은 교회가 행하는 권징의 치리는 시민사회의 세속적 권세와 기본 원리에 있어 서로 다르다는 점입니다. 교회에 맡겨진 권징의 권한은 어떤 경우에도 시민법적 권한처럼 신체를 가두거나 해하는 등의 세속적 형벌을 강제로 주어 다스리는 방식으로 사용될 수 없습니다. 흔히 중세의 십자군 전쟁이나 마녀 사냥과 같은 일들은 이러한 점에서 과격하며 도를 넘어선 매우 잘못된 일들이었습니다.

교회의 교권을 세속권과 혼동할 경우에 교회의 치리가 세속적 형벌의 형식으로 주어질 수가 있습니다. 하지만 교회의 권력은 오직 영적일 뿐이며 어떤 의미에서도 세속적이지 않다는 사실을 유념해 두어야 합니다. 교회에게 위임된 천국 열쇠의 권한은 하나님의 말씀에 따라서 회개하지 않는 죄인들에게 하나님의 심판을 선언하며 악한 자의 양심을 일깨워 오직 그들을 돌이키게 할 목적에 맞도록 사용해야 합니다. 그리고 죄인이 회개하였다고 보이는 증거가 확인되면 교회는 권징의 결정을 취소하고 징벌을 거두어야 합니다. 따라서 세속의 정부가 정한 기준에 따르면 여전히 형벌을 받아야 하는 죄인이라 할지라도, 그가 자신의 잘못을 회개하고 돌이키면 교회는 그를 복음의 이치에 따라서 의인으로 받아줄 수 있는 것입니다. 십자가에 달린 강도를 낙원으로 받아 주신 예수님의 은혜가 바로 천국 열쇠의 권한의 본질에 대한 교훈을 예시하여 줍니다. 샬롬!

... 생각 나누기

되짚는 질문

1_ 주의 성찬을 통해 우리가 확인하는 교훈의 내용들은 무엇입니까?

2_ 천주교회의 미사가 주장하는 바는 무엇이며, 미사가 성경에 어긋나는 것으로 비판을 받아야 하는 까닭은 무엇입니까?

3_ 주의 성찬에 참여하는 사람이 가져야 할 영적 자세는 어떠해야 합니까?

새로운 질문

4_ 그리스도께서 교회에 부여하신 천국 열쇠의 권세란 무엇을 뜻합니까?

5_ 교회가 천국 열쇠의 권세를 어떻게 행할 수 있습니까?

6_ 교회에 부여된 천국 열쇠의 권세는 구체적으로 교회의 누구에게 주어진 것입니까?

7_ 천국 열쇠의 권세와 관련하여 천주교회가 범하고 있는 오류를 설명하시기 바랍니다.

8_ 일반 세상의 권세와 비교하여 교회의 권세는 어떠한 형식에 따라 행사되어야 합니까?

제 3 부

우리의 **감사**에 대하여

34. 선행의 필요성

제32주일 | 86~87문

질문 86 우리가 우리의 비참함에서 구원을 받은 것은 우리가 수고한 공로로 인한 것이 아니라, 오직 하나님의 은혜로 그리스도로 말미암아 얻은 것일 뿐인데, 어찌하여 우리는 여전히 선을 행하여야만 하는 것입니까?

답 진실로 그리스도께서는 그의 보혈로 우리를 구속하셨습니다. 그러나 그리스도께서는 또한 그의 성령으로 우리를 새롭게 하시어 그를 닮도록 하시기 때문입니다.

그리하여 우리는 모든 생활을 통해서 하나님께서 우리에게 행하신 모든 은택에 대해 감사를 표현하며(롬 6:13; 12:1-2; 벧전 2:5-10) 하나님께서는 우리를 통해 찬양을 받으십니다(마 5:16; 고전 6:19-20; 벧전2:12).

아울러 우리 각 사람은 선행의 열매를 통해 자신의 믿음을 확신케 되고(마 7:17-18; 갈 5:22-24; 벧후 1:10-11),

우리의 이웃들도 또한 우리의 경건한 삶으로 인하여 그리스도에게로 인도함을 받게 됩니다(마 5:14-16; 롬 14:17-19; 벧전 2:12; 3:1-2).

질문 87 그렇다면 감사하지도 않으며 회개의 삶을 살지도 않은 채 하나님께로 돌이키지 않는 사람들은 구원받을 수 없는 것입니까?

답 결코 구원을 받을 수 없습니다. 음란한 자, 우상 숭배자, 간음하는 자, 도둑질하는 자, 탐욕을 부리는 자, 술 취하는 자, 모욕하는 자, 강도질하는 자와 그와 같은 일을 하는 자들은 하나님 나라를 유업으로 받지 못할 것임을 성경은 선언하고 있기 때문입니다(고전 6:9–10; 갈 5:19–21; 엡 5:1–20; 요일 3:14).

─ 그리스도께서 교회에 천국 열쇠의 권세를 주신 까닭은 그리스도를 믿는 신자들이 참된 믿음으로 복음을 받아들이며 진정한 회개를 통해 자신들의 모든 죄가 용서받았음을 고백하고 복음에 합당한 생활을 함으로써 천국의 백성이 될 수 있도록 하기 위함입니다.

교회는 자신의 죄를 겸손히 인정하며 구원의 은혜를 구하는 자에게 천국이 열릴 것이라는 복음을 선포함으로써 천국을 여는 천국 열쇠의 권세를 행사합니다. 또한 공적으로 선포된 복음을 듣고도 그리스도를 믿지 않거나 복음의 교훈에 불순종하는 교회의 회원들에게 권징을 행함으로써 천국을 닫으며 권징을 통해 회개에 이르도록 함으로써 다시 천국을 여는 천국 열쇠의 권세를 행사합니다.

이처럼 교회가 지닌 천국 열쇠의 권세란 교회가 복음의 강설과 권징의 책임을 잘 수행함으로써 교회의 회원들로 하여금 복음의 은혜에 합당한 열매를 맺고 천국 백성으로 견고히 설

수 있도록 돕는 섬김의 활동이라 할 것입니다. 즉 천국 열쇠의 권세를 통해 교회는 교인들로 하여금 복음에 순종하는 믿음을 갖도록 격려하고 천국의 기쁨을 소망토록 하며, 또한 불순종하는 자를 징계하고 이들로 하여금 회개에 이르게 하여 교회 공동체를 거룩하게 보존하게 됩니다. 이러한 교회의 권세는 사람들이 복음의 은혜를 오해하여 범하는 영적인 잘못들을 방지하고 교인들로 하여금 복음에 합당한 선행의 열매를 맺도록 이끌어 갑니다.

타락한 아담의 후손들인 사람들은 죄의 비참함에 종노릇하는 죄인들일 뿐이며 스스로의 선행의 노력을 통해 하나님의 거룩함에 이를 수가 없습니다. 성경은 이에 대하여 "모든 사람이 죄를 범하였으매 하나님의 영광에 이르지 못하더니"(롬 3:23)라고 말씀합니다. 사람이 구원을 얻기 위해서는 사람의 밖에서 구원이 주어져야만 합니다. 사람은 심령이 부패하여 죄를 샘솟듯 생산하는 죄인이기에(막 7:20~23), 마치 늪에 빠진 사람이 스스로 헤어 나올 수 없는 것처럼 사람은 스스로를 구원할 수가 없습니다. 오직 누군가가 늪 밖에서 구원의 줄을 던져주어야 하듯이 누군가의 도움을 받아야만 구원을 얻을 수 있습니다. 그러한 도움을 주실 수 있는 분은 참 하나님이시며 또한 참 사람이신 오직 그리스도 예수뿐입니다.

타락한 아담의 후손은 본성상 하나님에 대해 적대감을 가지고 있습니다. 그렇기 때문에 결코 하나님의 법에 순종하기를 원하지 않으며 또한 실행의 능력도 가지고 있지 못합니다. 예수 그리스도께서는 이러한 죄인들 가운데 자신의 백성들을 구원하기 위하여 죄의 형벌을 대신 받으셨습니다. 곧 자신의 피를 흘려 자기 백성들의 죗값을 대신 치루시고 그들에게 오직 그리스도를 믿음으로 구원을 얻는 길을 열어 주셨습니다. 그렇기 때문에 누구든지 그리스도를 믿으면 구원을 얻는 이 놀라운 복음은 은혜로 주어집니다. "너희는 그 은혜에 의하여 믿음으로 말미암아 구원을 받았으니 이것은 너희에게서 난 것이 아니요 하나님의 선물이라 행위에서 난 것이 아니니 이는 누구든지 자랑하지 못하게 함이라"(엡 2:8~9).

어차피 사람은 구원에 이를만한 선행을 할 능력이 없고, 그렇기 때문에 그리스도의 속죄의 은혜를 믿음으로만 구원을 얻을 수 있다면, 그리스도인들이 선행을 하기에 힘을 써야 할 까닭이 무엇일까요? 첫째로, 선행이 그리스도의 구원의 목적들 가운데 하나이기 때문입니다. 그리스도께서는 그리스도인들로 하여금 자유롭게 죄를 지을 수 있게 하기 위하여 십자가에서 피를 흘리신 것이 아닙니다. 그러기는 커녕 그리스도께서 보혈을 흘리신 것은 자기 백성들이 선한 일을 행하는 자들이 되도록 하기 위한 것입니다. "우리는 그가 만드신 바라 그리스도 예수 안에서 선한 일을 위하여 지으심을 받은 자니 이 일은 하나님이 전에 예비하사 우리로 그 가운데서 행하게 하려 하심이니라"(엡 2:10). 즉 그리스도의 구속은 죄를 지을 자유를 주는 것이 아니라 오히려 선행을 가능케 하며 또한 행하도록 하는 토대임을 기억하여야 합니다.

둘째로, 그리스도께서는 구원을 베푸실 때, 성령으로 우리를 새롭게 하시고 그 결과 그리스도를 닮도록 하시기 때문에 우리는 선을 행하여야 합니다. 우리 주님께서는 스스로를 낮추시어 십자가에서 죽으셨을 뿐만 아니라, 부활하신 후에는 하늘에 오르시어 약속하신 보혜사 성령님을 우리들 각각에게 보내셨습니다. 성령님께서는 그리스도께서 피 흘려 값을 치르고 산 자들을 새롭게 하시며, 그리스도 안에서 새로운 피조물이 되도록 하십니다.

 이치가 이러하므로 심령이 새롭게 된 새로운 피조물인 그리스도인들이 죄 범하는 일을 어떻게 행할 수가 있겠습니까? 성령님으로 말미암아 거듭남의 은혜를 입은 사람들은 반드시 선행을 행하여야만 합니다. 이 영적 이치를 거슬리는 예외는 없습니다. 우리들에게 마음대로 죄를 지어도 괜찮노록 하기 위해 하나님께서 전적 은혜로 구원을 베푸신 것이 아니라는 너무나도 단순하며 지극히 명확한 사실을 생각해보면 이 영적 사실을 이해하는 데에 아무런 장애가 없을 것입니다.

 그럼에도 불구하고 어떤 이들은 은혜를 빙자하여 죄를 짓는 일에 대해 거리낌이 없습니다. 자신은 그리스도의 은혜로 구원을 이미 받았기 때문에 자신이 행하는 어떤 죄의 행위도 자신의 구원과는 상관이 없으며, 은혜로 인하여 율법이 폐기가 되었으므로 굳이 악을 피하고 선을 행하기 위해 애쓸 필요가 없다고 주장합니다. 교회는 이러한 자들의 오류를 가리켜 반(反)율법주의라고 이름을 붙였습니다.

반율법주의의 잘못과 관련하여 바울 사도는 "선을 이루기 위하여 악을 행하자" 해서는 안 되며(롬 3:8), 또한 "은혜를 더하게 하려고 죄에 거하는" 일은 결코 있을 수 없다고 선언합니다(롬 6:1~2). 왜냐하면 예수 그리스도를 구주로 고백하고 회개하고 세례를 받은 사람은 그가 십자가에서 죽으셨을 때 이미 죄에 대한 심판을 받은 것이며, 또한 그가 살아나신 것처럼 그도 또한 새 생명 가운데 살아난 자가 되었기 때문입니다(롬 6:3~4).

여기서 거룩하게 되는 성화와 의롭게 되는 칭의가 서로 어떻게 구별되는가를 이해하여야 합니다. 그리스도 안에서 죄인들을 향한 하나님의 구원의 은혜는 칭의와 성화라는 두 가지 측면으로 이해할 수 있습니다. 회개하고 그리스도를 믿는 죄인을 그리스도의 공로에 의하여 하나님의 자녀로 일컬을 만한 충분한 의를 지닌 자로 인정하시는 은혜를 가리켜 말하는 칭의는 어떤 의미에서도 죄인들에게 선행을 먼저 필요조건으로 요구하지 않습니다. 칭의를 받는 일은 우리의 행위와는 아무런 상관이 없으며 오직 그리스도의 의만을 바라며 의지하는 믿음에 의하여 이루어집니다. 이 점에 있어서 개신교회는 의롭다함을 받기 위하여 선행의 필요성을 주장하는 천주교회의 주장에 대하여 성경에 어긋난 것이라고 분명하게 비판합니다.

하지만 그리스도의 구속의 은혜에 의하여 성령께서 새롭게 하시는 성화의 은혜와 관련해서는 개신교회 또한 선행의 필요성을 강조합니다. 그리스도로 말미암아 의롭게 된 자들을 거룩하게 빚어가시는 성령님의 성화의 은혜는 선행과 분리되지 않기 때문입니다. 칭의와 성화는 모두가 성령님의 은혜입니다. 그리스도를 의지하는 믿음으로 의롭게 되는 은혜를 베푸시는 성령님께서 또한 하나님의 자녀가 된 자들을 거룩하게 하시는 성화의 은혜를 베푸십니다. 그래서 칭의와 성화를 가리켜 성령님의 이중 은총이라고 말합니다. 만일 의롭게 되는 것은 어차피 은혜로 되는 것이므로 의롭게 된 그리스도인들은 선행을 행할 의무에 묶일 필요가 없다고 말한다면, 그것은 마치 성령 하나님께서 의롭게 하는 일을 하신 이후에 거룩케 하는 일은 태만히 하신다는 것과 같은 말이 됩니다. 매우 잘못된 주장입니다. 하나님께서는 "의롭다 하신 그들을 또한 영화롭게" 하십니다(롬 8:30b).

셋째로, 우리가 우리의 선한 행위로 인하여서가 아니라 오직 은혜로 구원을 받았으나 선행을 반드시 행하여야만 하는 까닭은 모든 생활을 통해서 하나님께서 베푸신 구원의 은택들에 대하여 감사하고 하나님께 찬양을 드려야 마땅하기 때문입니다. "그러므로 내가 하나님의 모든 자비하심으로 너희를 권하노니 너희 몸을 하나님이 기뻐하시는 거룩한 산 제물로 드리라 이는 너희가 드릴 영적 예배니라"(롬 12:1). 하나님께서 베푸신 자비의 은총, 곧 그리스도로 말미암아 하나님의 자녀가 되어 영원한 생명을 누리는 자가 되었은즉 거룩하신 하나님을 따라 거룩한 마음과 행실로 거룩한 교훈에 순종하여야 마땅합니다. 이러한 믿음의 순종과 헌신이야말로 진정한 의미에서 감사를 드리는 영적인 예배라 할 수 있습니다.

우리는 본래 부패한 본성을 가진 자들로서 우리 자신은 어떠한 영적인 선들도 가지고 있지 않습니다. 만일 그러한 것들이 우리에게서 발견된다면 그것은 하나님께서 주신 선물입니다. 우리를 그리스도 안에서 의롭다 하시고 하나님의 자녀라는 영적 은택을 베풀어 주신 것에 대해서 우리는 감사와 찬양을 드려야 마땅합니다. 그리하여 모든 생활에 있어서 선한 일을 행함으로 우리에게 이러한 놀라운 변화를 주신 하나님께 사람들로 하여금 영광을 드리게 하는 것이 마땅합니다. 다음의 말씀을 마음에 깊이 새기시기를 바랍니다. "이같이 너희 빛이 사람 앞에 비치게 하여 그들로 너희 착한 행실을 보고 하늘에 계신 너희 아버지께 영광을 돌리게 하라"(마 5:16).

넷째로, 선을 행해야 되는 까닭은 바로 우리 자신을 위한 것과 관련이 있습니다. 우리가 구원을 받을 만한 믿음을 가진 자라는 사실을 어떻게 확인을 할 수 있을까요? 이 질문에 대한 성경의 대답 가운데 하나는 우리가 선행을 하는지를 살피라는 것입니다. 이를테면 "이와 같이 좋은 나무마다 아름다운 열매를 맺고 못된 나무가 나쁜 열매를 맺나니 좋은 나무가 나쁜 열매를 맺을 수 없고 못된 나무가 아름다운 열매를 맺을 수 없느니라"(마 7:17~18)는 말씀이 그것입니다. 이 말씀은 양의 옷을 입고 노략질 하러 오는 이리와 같은 거짓 선지자를 올바르게 분별할 수 있도록 지침으로 주신 예수님의 교훈입니다. 예수 그리스도의 구속의 은혜에 대한 영적 각성을 진실하게 가지고 있는 사람이라면 나무가 좋은 것이고, 그러한 자라면 필연적으로 좋은 나무에 따른 좋은 열매를 맺을 수밖에 없다는 간명한 이치입니다.

여기서 좋은 나무에 따른 좋은 열매란 나무에 맺힌 여러 열매들 가운데 잘 익은 열매를 가리켜 말하는 것이 아니라 나무의 종류에 따라 맺는 열매를 가리켜 말하는 것입니다. 즉 포도나무는 포도를, 무화과나무는 무화과를 맺는 법이며, 가시나무가 포도를, 엉겅퀴가 무화과를 맺지 못하듯, 좋은 열매는 좋은 나무에서 맺는 법이므로 과연 그 나무가 좋은지를 알려면 어떠한 열매를 맺었는지 보면 그 나무의 종류를 알 수 있다는 말씀입니다.

이러한 이치와 같이 진정한 그리스도인이라면 누구라도 그가 참으로 그러한 사람임을 드러내는 열매로써 선행을 행하지 않을 수 없는 법입니다. 그리스도를 의지하는 믿음은 결코 단순한 심리적 작용에만 그치는 것이 아닙니다. 참된 믿음은 그 믿음과 더불어 기쁨으로 그 믿음에 합당한 순종을 통해 주님의 교훈을 실행하는 인격을 필연적으로 동반하기 마련입니다. 이러한 영적 원리를 가리켜 성경은 믿음은 사랑이라는 열매를 맺는 법(갈 5:6)이라고 교훈하며, 또한 "영혼 없는 몸이 죽은 것 같이 행함이 없는 믿음은 죽은 것"(약 2:26)이라고 교훈합니다.

그렇다면 우리가 구원받은 그리스도인인지를 확신하고자 할 때 선행은 그 확신을 위한 근거가 됩니다. 선행은 과연 자신이 그리스도를 참으로 믿고 있는지 아닌지를 틀림없이 확인시켜 줍니다. 그러할 때 우리의 신앙의 대상이신 그리스도로 말미암는 구원이 자신에게도 견고하게 주어짐을 확신하게 되는 것입니다.

이제 마지막으로 다섯째 우리가 오직 믿음으로만 구원을 얻을 수 있음에도 불구하고 그리스도인들이 선행을 하기에 힘을 써야 할 까닭은 이웃들로 하여금 우리의 경건한 삶을 통해 그리스도에게로 인도함을 받게 하기 위함입니다. 이것은 소위 말하는 생활 전도이며, 한국 교회에 가장 절실하게 필요한 영적 요구입니다.

그리스도 안에 참되게 거하는 자는 또한 주님의 말씀이 그 사람 안에 거하기 때문에 열매를 맺으며 과연 그리스도의 제자로 참된 자태를 드러냅니다. 그것은 다름 아니라 사랑의 열매입니다. "내 계명은 곧 내가 너희를 사랑한 것 같이 너희도 서로 사랑하라 하는 이것이니라"(요 15:12). 주님의 계명을 지키는 것은 결과적으로 세상을 향해 복음을 증거하는 결과를 가져옵니다. "새 계명을 너희에게 주노니 서로 사랑하라 내가 너희를 사랑한 것 같이 너희도 서로 사랑하라 너희가 서로 사랑하면 이로써 모든 사람이 너희가 내 제자인 줄 알리라"(요 13:34~35).

예수님께서 교회에 주신 명령이 있습니다. 이른바 지상명령이라 일컬어지는 것입니다. "그러므로 너희는 가서 모든 민족을 제자로 삼아 아버지와 아들의 이름으로 세례를 베풀고 내가 너희에게 분부한 모든 것을 가르쳐 지키게 하라 내가 세상 끝날까지 너희와 항상 함께 있으리라"(마 28:19~20). 제자를 삼으라는 명령은 먼저 제자가 된 사람들에게 주는 것입니다. 그리스도의 제자로서 제자를 삼는 일을 감당할 제자는 어떠한 자들이겠습니까? 바로 그리스도의 복음을 듣고 은혜를 받은 자들로 선행과 사랑을 나누는 자들이어야 할 것입니다. 따라서 그리스도인이 은혜로 구원을 받으나 선을 행해야 하는 것은 제자로서 제자를 낳는 전도의 사명을 감당하기 위해서 마땅한 바 입니다.

지금까지의 설명을 기초로 다음의 질문에 대한 여러분의 답은 어떠합니까? 하나님께 감사하지도 않고 회개의 삶을 살지도 않은 채 하나님께로 돌이키지 않는 사람들이 구원을 받겠습니까? 성경의 말씀을 통해 답을 찾아봅니다. "불의한 자가 하나님의 나라를 유업으로 받지 못할 줄을 알지 못하느냐 미혹을 받지 말라 음행하는 자나 우상 숭배하는 자나 간음하는 자나 탐색하는 자나 남색하는 자나 도적이나 탐욕을 부리는 자나 술 취하는 자나 모욕하는 자나 속여 빼앗는 자들은 하나님의 나라를 유업으로 받지 못하리라"(고전 6:9~10; 참조 갈 5:19~21; 엡 5:1~20; 요일 3:14).

이러한 악행들은 육체의 열매들이며 그리스도의 은혜를 믿음으로 의지하는 것에서는 나올 수 없는 것들입니다. 이러한 악행들을 행하되 하나님의 사랑에 대한 감사의 표현을 하지 않으며 또한 참된 믿음의 증거를 선행을 통해 나타내지 않는 사람이라면 하나님 나라를 유업으로 받게 될 참된 회심을 한 사람이라 말할 수 없습니다.

···생각 나누기

되짚는 질문

1_ 그리스도께서 교회에 주신 천국의 열쇠란 무엇입니까?

2_ 그리스도께서 교회에 천국의 열쇠를 주신 까닭은 무엇입니까?

3_ 교회는 천국을 여는 천국 열쇠의 권세를 어떻게 행사합니까?

새로운 질문

4_ 그리스도인들이 자신의 선한 행위로가 아니라 오직 은혜로 구원을 받았으나 선행을 반드시 행하여야만 하는 다섯 가지의 까닭들을 제시하여 봅시다.

5_ 반(反)율법주의의 오류가 무엇인지를 말해 봅시다.

6_ 의롭게 되는 칭의와 거룩하게 되는 성화에 있어서 각각 선행의 역할이 어떠한지를 설명하시기 바랍니다.

7_ 그리스도인들은 하나님께 대해서 감사와 찬양을 어떻게 드려야 합니까?

8_ 그리스도를 믿는 믿음이 과연 참되다는 것을 어떻게 확신할 수 있습니까?

35. 참된 회개

제33주일 | 88~91문

질문 88 **어떤 일들이 있음으로 참된 회개가 이루어집니까?**

답 두 가지 일들이 있어야 합니다. 옛 사람을 죽이는 일과 새 사람을 살리는 일입니다(롬 6:1-11; 고전 5:7; 고후 5:17; 엡 4:22-24; 골 3:5-10).

질문 89 **옛 사람을 죽인다는 것은 무엇을 행하는 것입니까?**

답 하나님을 진노케 하였던 죄로 인하여 참으로 죄송한 마음을 가지고 슬퍼하며, 더욱 더 그것을 미워하고, 그것을 피하여 떠나는 것입니다(시 51:3-4, 17; 욜 2:12-13; 롬 8:12-13; 고후 7:10).

질문 90 **새 사람을 살린다는 것은 무엇을 행하는 것입니까?**

답 그리스도로 인하여 하나님을 전심으로 기뻐하며(시 51:8, 12; 사 57:15; 롬 5:1; 14:17), 즐거운 마음으로 하나님이 원하시는 바대로 각양의 모든 선을 행하는 것입니다(롬 6:10-11; 갈 2:20).

질문 91 **그런데 선행이란 어떤 것입니까?**

답 참된 믿음에서 비롯되는 것이며(요 15:5; 히 11:6),
하나님의 율법에 일치하고(레 18:4; 삼상 15:22; 엡 2:10),
하나님의 영광을 위하여(고전 10:31) 행해진 일들만이 선행입니다. 우리들 생각에 옳은 것이나 인간이 고안한 일들에 근거한 것과 같은 일들은 선행이 아닙니다(신 12:32; 사 29:13; 겔 20:18-19; 마 15:7-9).

　어떤 이들은 주장하기를, 사람은 구원을 얻을 만한 선행을 할 능력이 없으며, 그렇기 때문에 그리스도의 은혜로 인하여 오직 믿음으로 구원을 받을 뿐이니, 선행을 하려고 애를 쓸 필요나 의무가 없다고 말합니다. 얼핏 들으면 그럴 듯하게 보일지 모르나, 이것은 성경의 교훈에 어긋난 매우 잘못된 주장입니다. 그리스도인들은 선행을 하려고 노력해야 합니다. 그들에게 있어서 선행을 행하는 것은 경건의 의무입니다.

　성경에 따르면 선행을 하는 것은 그리스도인들을 향한 하나님의 목적 가운데 하나입니다. 하나님께서는 그리스도 안에서 선한 일을 하도록 하기 위하여 죄인들 가운데 그리스도인들을 택하여 구원을 베푸셨습니다(엡 2:10). 그리스도인들은 성령님의 은혜로 거듭남을 받고 성령 안에서 거룩한 자로 살아가도록 성화의 요구를 받습니다. 부패한 자로서 스스로는 구원을 받을 소망이 없기 때문에 누구도 선행을 행하여 받을 수는 없습니다. 칭의의 은혜는 선행이 아니라 오직 믿음으로 받는 것입니다.

하지만 거룩한 하나님의 자녀로 살아야 하는 성화의 요구를 이루기 위하여 모든 그리스도인들은 반드시 선행을 행해야 합니다. 이 점에 있어서 칭의와 성화는 서로 구별됩니다. 이와 동시에 칭의와 성화는 성령님의 사역과 관련하여 서로 분리되지 않습니다. 의롭다함을 받도록 믿음을 주시는 분도 성령님이시며 또한 거룩한 하나님의 백성으로 살도록 이끄시는 분도 성령님이십니다. 그러므로 성령님께서는 의롭다함을 받기에 합당한 믿음을 주어 하나님의 자녀가 되도록 하신 자들을 도와 주시며, 그들로 하여금 선행을 하도록 하는 일 또한 신실히 행한다는 점에서 칭의와 성화는 성령님의 이중 은총이라는 점에서 서로 분리되지 않습니다.

그리스도인들이 선행을 행해야 하는 또 다른 이유는 구원의 은혜를 주신 하나님께 마땅히 감사를 드려야만 한다는 사실에서 비롯됩니다. 어떻게 감사를 드리겠습니까? 그것은 거룩하신 하나님을 따라 거룩한 마음과 행실로 거룩한 교훈에 순종함으로 드립니다. 그리고 착한 행실을 통해 사람들로 하여금 하나님 아버지께 영광을 돌리게 하는 것입니다(마 5:16).

선행을 행하는 것은 선행을 행하는 자의 믿음이 과연 진실한 믿음인지를 말해주는 증거이기도 합니다. 진실한 믿음을 지닌 자가 좋은 나무라 한다면, 좋은 나무는 그 나무가 좋은 나무임을 드러내는 좋은 열매를 맺는 이치에 따라, 필연적으로 선행을 행할 것이기 때문입니다. 선행이 우리를 의롭게 하는 것은 아니지만 그리스도를 향한 우리의 믿음이 진정한 것인지를 확인하게 하여 주는 근거가 됩니다. 그러므로 선행을 통해 그리스도인은 역으로 자신의 믿음이 참되다는 것을 확인하며 그로 인하여 그리스도를 참으로 믿는 자에게 주시는 구원에 대해서도 확신을 가질 수 있습니다.

그리스도인은 전도의 사명을 감당하기 위하여 선행을 행해야만 합니다. 그리스도께서는 모든 제자들에게 제자를 낳는 전도의 사명을 주셨습니다. 그리고 그 사명은 선행을 행하지 않고는 결코 행할 수 없는 사명입니다. 왜냐하면 먼저 제자가 되지 않고는 제자를 낳을 수 없는 법이고, 그리스도의 제자는 서로 사랑하는 선행을 통하여 비로소 인정을 받기 때문입니다.

이 모든 이치들을 생각할 때 만일 하나님께 감사치도 아니하며 회개의 삶을 살지도 아니하며 선행을 행치 아니하고 다만 악을 행하는 자들이 구원을 받지 못하리라는 것은 명백하게 이해될 것입니다. 하나님 나라를 유업으로 상속받는 하나님의 자녀들은 진실히 회개를 한 자들이어야 합니다.

그렇다면 참된 회개란 어떻게 하여야 되는 것일까요? 진실된 회개를 하기 위하여서는 두 가지 일이 이루어져야 합니다. 하나는 옛 사람을 죽이는 일이며, 또 다른 하나는 새 사람을 살리는 일입니다. 이제 이 두 가지가 각각 무엇을 뜻하는지 알아보겠습니다. 먼저 옛 사람이란 모든 사람들이 나면서부터 가지고 있는 부패한 본성을 따라 살아가는 사람을 말합니다. 성경에서 종종 "육신" 또는 "육체"로 번역된 말들은 옛 사람의 본성을 가리키는 경우가 많습니다. "육신의 생각은 하나님과 원수가 되나니 이는 하나님의 법에 굴복하지 아니할 뿐 아니라 할 수도 없음이라 육신에 있는 자들은 하나님을 기쁘시게 할 수 없느니라"(롬 8:7~8).

옛 사람은 말 그대로 오래 된 '옛' 사람입니다. 아담이 타락한 이후로부터 시작된 것이기 때문입니다. 그 이후로 모든 인간들은 본질상 죄 가운데 잉태하고 태어납니다. 옛 사람의 본성 안에 도무지 지울 수 없는 죄의 성향, 죄의 생각, 죄의 욕망들이 깊이 뿌리를 내리고 있습니다. 이 세상에 있는 모든 것들은 육신의 정욕과 안목의 정욕과 이생의 자랑인데 이러한 것들은 세상으로부터 온 것입니다(요일 2:16). 이 말씀은 바로 옛 본성에 따라 사는 옛 사람의 삶을 그리고 있는 교훈입니다.

이와 달리 새 사람이란 옛 사람의 본성, 곧 죄의 부패성으로부터 벗어나기 시작한 중생한 사람의 본성을 따라 사는 사람입니다. 성경에 '마음' 또는 '심령' 등으로 언급된 말은 영적이며 윤리적인 관점에서 볼 때 바로 인간 전 존재의 중심입니다. 이 마음이 부패한 사람은 성령님의 은혜로 새로운 마음을 가진 자로 거듭나야 합니다. 즉 모든 생각과 욕망 그리고 성향들이 옛 본성의 것과는 다른 것으로 새롭게 된 새 사람입니다. "너희는 유혹의 욕심을 따라 썩어져 가는 구습을 따르는 옛 사람을 버리고 오직 너희의 심령이 새롭게 되어 하나님을 따라 의와 진리의 거룩함으로 지으심을 받은 새 사람을 입으라"(엡 4:22~24; 참조 골 3:5~10).

그렇다면 그리스도인들은 옛 사람입니까 아니면 새 사람입니까? 먼저 알 것은 그리스도인들은 중생한 사람들이라는 사실입니다. 그렇기 때문에 그리스도인들은 근본적인 의미에서 두 가지의 마음을 가진 자들이 아닙니다. 어떤 이들은 마치 그리스도인들이 두 가지 인격들을 가지고 있는 듯이 말합니다. 그래서 옛 사람과 중생한 새 사람이 그리스도인 안에 두 인격체로 있으면서 죄를 짓는 것으로 말합니다. 그러나 이것은 잘못된 생각입니다. 그리스도인은 성령님께서 생각과 말과 행실과 같은 인격 전 영역을 새롭게 하신 새 사람이며 단 하나의 마음을 가진 한 인격체입니다.

하지만 옛 사람의 흔적이 그리스도인들의 새로워진 인격의 전 영역에 아직도 여전히 남아 있는 것도 사실입니다. 말하자면 중생한 그리스도인들에게도 생각과 정서와 의지 가운데 죄의 부패성이 남아 있는 것입니다. 분명히 그리스도인들은 그리스도 안에서 "하나님의 형상을 따라 지식에까지 새롭게 하심을 입은 자"임에도 불구하고, 그리스도인들은 여전히 죄의 욕망이 자신 안에 역사하고 있음을 느끼게 됩니다.

그렇다면 옛 사람을 죽인다는 말이 뜻하는 바가 자연스럽게 이해가 될 것입니다. 그것은 죄와의 싸움을 의미합니다. 곧 하나님이 진노하시는 죄를 범했던 일을 참으로 깊이 뉘우치고 슬퍼하며, 죄를 더욱 미워하고, 이로부터 떠나는 것입니다. "주의 진노로 말미암아 내 살에 성한 곳이 없사오며 나의 죄로 말미암아 내 뼈에 평안함이 없나이다 내 죄악이 내 머리에 넘쳐서 무거운 짐 같으니 내가 감당할 수 없나이다 내 상처가 썩어 악취가 나오니 내가 우매한 까닭이로소이다 내가 아프고 심히 구부러졌으며 종일토록 슬픔 중에 다니나이다"(시 38:3~6).

하나님을 진노케 하였던 죄로 인하여 죄송한 마음을 진실히 표할 때, 그것이 일시에 행했던 것이든 혹은 점진적으로 드러나고 있는 것이든 상관없이, 그 사람의 회개는 참된 것으로 인정할 수 있습니다. 자신의 회개가 참된 것인지를 스스로 확인하고자 한다면, 자신이 진실로 죄로 인해 하나님께 죄송하며 아픈 마음을 지니고 있는지를 검증하면 됩니다. 이것은 하나님을 사랑하는 자가 사랑하는 하나님의 뜻에 거슬러 행한 일로 인하여 나타나는 마음의 아픔입니다. "무릇 나는 내 죄과를 아오니 내 죄가 항상 내 앞에 있나이다 내가 주께만 범죄하여 주의 목전에 악을 행하였사오니 주께서 말씀하실 때에 의로우시다 하고 주께서 심판하실 때에 순전하시다 하리이다"(시 51:4). 이것은 단지 죄로 인한 고통스러운 결과만을 피하고 싶어 하는 후회의 마음이 아닙니다.

만일 어떤 사람이 죄를 진실히 슬퍼하고 단지 죄의 악한 결과만을 피하고 싶어 하는 것이 아니라면, 그는 죄를 더욱 더 미워하고 그것을 피하려고 애쓸 것입니다. 이러한 영적 모습이야말로 그의 회개가 참된 것임을 보증하여 줍니다. 만일 죄를 미워하지 않는다면 죄에 대한 슬픔은 진실한 것으로 받기가 어려우며, 또한 죄에 대하여 싸우고 죄를 피하려고 하지 않는다면, 죄를 미워하는 것도 진실한 것으로 보증하기가 어렵습니다.

회개는 옛 사람을 죽이는 것과 같은 소극적인 것으로 충분하지 않습니다. 참된 회개는 적극적으로 새 사람을 살리는 일을 포함합니다. 새 사람을 살리는 것은 그리스도로 인하여 하나님을 진심으로 기뻐하며 즐거운 마음으로 하나님이 원하시는 바대로 각양의 모든 선을 행하는 것을 뜻합니다. "이와 같이 너희도 너희 자신을 죄에 대하여는 죽은 자요 그리스도 예수 안에서 하나님께 대하여는 살아 있는 자로 여길지어다"(롬 6:11). "또한 너희 지체를 불의의 무기로 죄에게 내어 주지 말고 오직 너희 자신을 죽은 자 가운데서 다시 살아난 자 같이 하나님께 드리라"(롬 6:13).

새 사람을 살리는 일은 무엇보다도 먼저 그리스도를 통해 나타내신 하나님의 긍휼을 깨달아 알고, 그리스도로 말미암아 하나님과 화목되었다는 사실을 감격해 하며 그로 인해 큰 기쁨을 누리고, 이제는 더 이상 죄를 범하지 않고 생애 전체를 통해 하나님의 교훈에 순종하고 하나님만을 사랑하고자 하는 갈망을 통해 이루어집니다. "내가 그리스도와 함께 십자가에 못 박혔나니 그런즉 이제는 내가 산 것이 아니요 오직 내 안에 그리스도께서 사는 것이라 이제 내가 육체 가운데 사는 것은 나를 사랑하사 나를 위하여 자기 자신을 버리신 하나님의 아들을 믿는 믿음 안에서 사는 것이라"(갈 2:20).

옛 사람을 죽이고 새 사람을 살리는 회개의 삶은 단번에 이루어지지 않습니다. 이 세상 사는 동안에 평생에 걸쳐서 완전한 상태에 이르기까지 계속해서 진전해 나갑니다. "육체의 소욕은 성령을 거스르고 성령은 육체를 거스르나니 이 둘이 서로 대적함으로 너희가 원하는 것을 하지 못하게 하려 함이니라"(갈 5:17). 성도들은 육체의 정욕과 싸움을 계속해서 할 뿐만 아니라 이 싸움에서 패하여 하나님의 교훈을 거스르고 죄를 범할 때가 많습니다. 그러나 성도들은 이러한 상황에서도 죄를 정당화하지 않고 죄를 미워하며 죄를 범하지 않으려고 애를 쓰는 회개를 행합니다. 또한 성령의 지배를 받아 하나님을 사랑하며 그의 교훈대로 선을 바라며 행합니다.

평생 계속되는 회개의 삶을 통해서 그리스도인들이 얻는 영적 유익은 무엇일까요? 우선 자신의 교만을 버리고 겸손케 되며 믿음과 인내와 기도의 훈련을 받습니다. 아울러 완전한 회개에 이르기를 바라며 하나님의 도우심을 간절히 사모하고 하늘의 영광을 깊이 사모하게 됩니다. "사랑하는 자들아 우리가 지금은 하나님의 자녀라 장래에 어떻게 될지는 아직 나타나지 아니하였으나 그가 나타나시면 우리가 그와 같을 줄을 아는 것은 그의 참모습 그대로 볼 것이기 때문이니 주를 향하여 이 소망을 가진 자마다 그의 깨끗하심과 같이 자기를 깨끗하게 하느니라"(요일 3:2~3).

회개가 죄를 슬퍼하고 미워하며 행하기를 삼가고 하나님을 즐거워하며 하나님이 원하시는 각양의 모든 선을 행하는 것이라면 이제 그 선행이 무엇인지 살펴보도록 하겠습니다. 선행이라는 것은 신자나 불신자나 모두가 아는 당연한 것이거늘 굳이 선행이 무엇인지를 말하는 것이 왜 필요하겠는가라고 반문할 수 있겠습니다. 하지만 하나님이 인정하시고 기뻐하시는 선행이란 좀 더 구체적인 다음의 몇 가지 요소를 담고 있어야 합니다.

하나님이 인정하시는 선행이란 근본적으로 하나님께서 베푸신 은혜의 열매입니다. 그리스도 안에 있지 않은 사람들도 일정한 수준에서의 도덕적이며 자연적인 선행을 행합니다. 하지만 그것은 죄를 미워하며 하나님께로 돌이켜 하나님의 교훈에 순종하는 회개의 선행, 곧 영적 의미에서의 선행과는 구분됩니다. 참된 믿음에서 비롯된 것이며, 하나님의 율법에 일치하고, 하나님의 영광을 위하여 행한 일들이라야 영적 의미에서의 선행으로 인정됩니다. 많은 사람들의 생각에 옳다고 여겨지는 것이 선한 것은 아닙니다. 무엇이 회개에 합당한 선한 일인지를 결정하는 것은 사람이 아니라 하나님께서 하는 것임을 잊지 말아야 합니다. 요컨대 선행의 뿌리는 믿음이며, 선행의 규칙은 율법이고, 선행의 목적은 하나님의 영광이어야 합니다.

영적 의미에서의 선행이 참된 믿음에서 비롯되어야 하는 까닭은 그리스도의 구원의 은혜를 바르게 깨닫지 못하면 하나님의 사랑에 바르게 반응하여 하나님께 감사하고 그를 사랑할 수가 없기 때문입니다. 그리스도의 대속의 은혜와 순종의 공로로 구원을 받는다는 복음에 대한 믿음이 없이는 참된 회개의 선행을 행할 수 없는 것입니다. "믿음을 따라 하지 아니하는 것은 다 죄"(롬 14:23b)이며, "믿음이 없이는 하나님을 기쁘시게 하지 못함"(히 11:6a)을 기억해야 합니다. 하나님과의 믿음의 교통이 선행의 뿌리입니다.

그런데 하나님을 기쁘시게 하겠다는 동기가 아무리 좋아도 만일 하나님이 율법에 정하신 바와 일치하지 않은 채 사람들이 임의로 정하여 행하는 것은 영적 의미에서의 선행일 수가 없습니다. 천주교회에서 그러하듯 고해성사와 죄를 갚기 위한 보속의 노력을 행하는 것이나 마리아의 중보를 의지하며 기도하는 등의 것들은 제 아무리 경건한 종교성을 가장하여도 하나님 보시기에 선한 것일 수가 없습니다. 성경의 교훈을 읽습니다. "나는 여호와 너희 하나님이라 너희는 나의 율례를 따르며 나의 규례를 지켜 행하라"(겔 20:19). 또한 예수님께서는 바리새인들과 서기관들의 외식을 지적하시며 "사람의 계명으로 교훈을 삼아 가르치니 나를 헛되이 경배하는도다"(마 15:9)라고 책망하셨습니다.

또한 회개에 합당한 영적 의미의 선행은 하나님의 영광을 목적으로 하는 것이어야 합니다. 하늘에 계신 하나님 아버지께 영광을 돌리기 위하여 행하는 것이 아니면 참된 의미에서의 선이라 할 수 없습니다. 예를 들어 어떤 사람이 생업에서

고객들을 속이지 않고 정직하게 행한다고 합시다. 그 사람이 그것을 행한 까닭이 마음을 다해 하나님을 섬기며 그로 인하여 하나님을 영화롭게 하기 위한 것이라면 그것은 회개에 합당한 선행입니다. 그런데 그가 정직은 반드시 보답을 받는다는 신념을 가지고 사업의 성공을 위하여 그렇게 행하는 것이라면 그것은 영적 의미에서의 선행은 아닙니다. "무엇을 하든지 다 하나님의 영광을 위하여 하라"(고전 10:31)는 성경의 교훈을 기억해야 할 것입니다.

비록 이 세상에서의 마지막 호흡을 내쉴 때까지 죄를 슬퍼하고 미워하고 멀리하며 옛 사람을 벗는 일에, 그리고 하나님의 은혜를 믿고 하나님의 영광을 위하여 하나님의 뜻에 따라 행하며 새 사람을 살리는 아름다운 신앙의 삶을 가능케 하는 하나님의 은혜와 도우심을 찬양해야겠습니다. 샬롬.

...생각 나누기

되짚는 질문

1_ 그리스도께서는 은혜로 구원을 주시므로, 하나님께 감사치도 않고 회개의 삶을 살지도 않으며 선행을 행치 않고 악행을 행하는 사람이라도 구원을 받습니까?

새로운 질문

2_ 회개가 참되게 이루어지기 위하여 행해야 할 두 가지 일들은 무엇입니까?

3_ 옛 사람이란 무엇이며 옛 사람을 죽이는 것은 어떠한 것인지를 설명하시기 바랍니다.

4_ 새 사람이란 무엇이며 새 사람을 살린다는 것은 어떠한 것인지 설명하시기 바랍니다.

5_ 회개에 합당한 선행이 되기 위하여 충족할 조건들은 무엇입니까?

36. 율법과 제1계명

제34주일 | 92~95문

질문 92 하나님께서는 그의 율법에서 무엇을 말씀하셨습니까?

답 하나님께서는 다음과 같이 말씀하셨습니다(출 20:1-17; 신 5:6-21).
"나는 너를 애굽 땅, 종 되었던 집에서 인도하여 낸 네 하나님 여호와니라."

제1계명: "너는 나 외에는 다른 신들을 네게 두지 말라."

제2계명: "너를 위하여 새긴 우상을 만들지 말고 또 위로 하늘에 있는 것이나 아래로 땅에 있는 것이나 땅 아래 물 속에 있는 것의 어떤 형상도 만들지 말며 그것들에게 절하지 말며 그것들을 섬기지 말라 나 네 하나님 여호와는 질투하는 하나님인즉 나를 미워하는 자의 죄를 갚되 아버지로부터 아들에게로 삼사 대까지 이르게 하거니와 나를 사랑하고 내 계명을 지키는 자에게는 천 대까지 은혜를 베푸느니라."

제3계명: "너는 네 하나님 여호와의 이름을 망령되게 부르지 말라 여호와는 그의 이름을 망령되게 부르는 자를 죄 없다 하지 아니하리라."

제4계명: "안식일을 기억하여 거룩하게 지키라 엿새 동안은 힘써 네 모든 일을 행할 것이나 일곱째 날은 네 하나님 여호와의 안식일인즉 너나 네 아들이나 네 딸이나 네 남종이나 네 여종이나 네 가축이나 네 문 안에 머무는 객이라도 아무 일도 하지 말라 이는 엿새 동안에 나 여호와가 하늘과 땅과 바다와 그 가운데 모든 것을 만들고 일곱째 날에 쉬었음이라 그러므로 나 여호와가 안식일을 복되게 하여 그 날을 거룩하게 하였느니라."

제5계명: "네 부모를 공경하라 그리하면 네 하나님 여호와가 네게 준 땅에서 네 생명이 길리라."

제6계명: "살인하지 말라."

제7계명: "간음하지 말라."

제8계명: "도둑질하지 말라."

제9계명: "네 이웃에 대하여 거짓 증거하지 말라."

제10계명: "네 이웃의 집을 탐내지 말라 네 이웃의 아내나 그의 남종이나 그의 여종이나 그의 소나 그의 나귀나 무릇 네 이웃의 소유를 탐내지 말라."

질문 93 이러한 계명들은 어떻게 구분됩니까?

답 두 부분으로 구분됩니다. 첫째 부분은 네 계명들로 우리가 하나님과의 관계를 어떻게 하여야 하는지를 교훈합니다. 둘째 부분은 여섯 계명들로 이루어져 있는데, 이것들은 우리가 이웃에 대하여 무엇을 해야 마땅한지를 가르쳐 줍니다 (마 22:37-39).

질문 94 하나님께서 제1계명으로 요구하시는 바는 무엇입니까?

답 나의 영혼의 구원을 신실히 바라고 그것을 위태롭게 하지 않도록 하기 위하여, 내 자신이 모든 우상숭배(고전 6:9-10; 10:5-14; 요일 5:21),

마술, 미신적인 의식들(레 19:31; 신 18:9-12),

성인들이나 다른 피조물들에게 기도하는 것들(마 4:10; 계 19:10; 22:8-9)을 삼가고 멀리해야 합니다.

또한 유일하고 참되신 하나님만을 진실히 인정하고(호 6:3; 요 17:3), 그 분만을 의지하고(렘 17:5, 7), 겸손히(벧전 5:5-6) 그리고 인내로(골 1:11; 히 10:36) 그 분에게 순종을 하며, 각종의 모든 선한 것들을 그분에게만 바라고(시 104:27-28; 약 1:17), 온 마음을 다하여 그분을 사랑하고(신 6:5; 마 22:37), 경외하며(잠 9:10; 벧전 1:17) 공경해야 합니다(신 6:13; 마 4:10). 그리하여 지극히 작은 일이라 할지라도 그분의 뜻에 어긋나는 것을 행하기보다는 차라리 모든 피조물들을 버리고 포기합니다(마 5:29-30; 10:37-39).

질문 95 우상숭배란 무엇입니까?

답 우상숭배란 말씀으로 자신을 계시하신 유일하며 참되신 하나님이 아닌 어떤 것을, 혹은 그분과 더불어 어떤 것을, 믿고 의지하는 대상으로 소유하거나 만들어 내는 것입니다(대상 16:26; 사 44:15-17; 마 6:24; 갈 4:8-9; 엡 5:5; 빌 3:19).

—   하나님 나라를 유업으로 상속받는 하나님의 자녀들은 진실한 회개를 하는 사람들입니다. 그리스도 안에 속한 자들은 그리스도의 속죄의 은혜를 믿고 죄 사함을 받은 것에 감사하며 회개의 생활을 합니다. 회개는 단순히 악행을 한 것으로 인한 비애의 표현이 아닙니다. 악행으로 인하여 초래된 형벌이 두려워서 후회하는 것은 성도의 회개와 다릅니다.

이를테면 "내 죄벌이 지기가 너무 무거우니이다 주께서 오늘 이 지면에서 나를 쫓아내시온즉 내가 주의 낯을 뵈옵지 못하리니 내가 땅에서 피하며 유리하는 자가 될지라 무릇 나를 만나는 자마다 나를 죽이겠나이다"(창 4:13~14)라고 한 가인의 호소는 참된 회개가 아닙니다. 가인은 자신이 범한 악행의 형벌로 인하여 자신에게 미칠 두려움과 고통을 호소할 따름입니다.

이와 달리 다윗의 고백은 참된 회개가 어떠해야 하는지를 잘 드러내 줍니다. "하나님이여 주의 인자를 따라 내게 은혜를 베푸시며 주의 많은 긍휼을 따라 내 죄악을 지워주소서 나의 죄악을 말갛게 씻으시며 나의 죄를 깨끗이 제하소서 무릇 나는 내 죄과를 아오니 내 죄가 항상 내 앞에 있나이다 내가 주께만 범죄하여 주의 목전에 악을 행하였사오니 주께서 말씀하실 때에 의로우시다 하고 주께서 심판하실 때에 순전하시다 하리이다"(시 51:1~4). 다윗은 선악간의 심판의 권세가 오직 하나님께 있다고 고백하면서 자신이 행한 모든 죄가 바로 하나님께 범죄한 것임을 통절히 고백하고 하나님의 인자와 긍휼만을 바라며 용서를 구합니다. 죄를 하나님 앞에 범하였다고 인정하고 하나님의 긍휼이 아니면 살 수 없는 자임을 고백하며 하나님의 용서를 구하고 의와 순전함을 사모하는 믿음의 태도가 바로 성도의 회개입니다.

이러한 참된 회개는 옛 사람을 죽이고 새 사람을 살리는 것으로 표현됩니다. 옛 사람이란 죄의 부패성으로 오염된 마음을 따라 사는 사람을 말합니다. 옛 사람을 죽인다는 것은 범죄함으로 하나님의 진노를 일으킴에 대하여 심히 슬퍼하고 죄를 미워하며 죄를 행하기를 그치는 영적 태도를 말합니다. 자신이 범한 죄를 슬퍼하며 하나님께 실로 죄송한 마음을 표하고, 하나님의 뜻에 거슬려 한 일로 인하여 마음에 아픔을 갖고, 죄를 더욱 더 미워하고 피하려고 진실히 노력할 때, 옛 사람을 죽이는 회개를 한다고 말합니다.

반면에 새 사람이란 옛 사람의 본성, 곧 죄의 부패성에서 벗어나기 시작한 중생의 마음을 따라 사는 사람입니다. 새 사람을 살리는 것은 그리스도의 은혜로 인하여 하나님을 즐거워하며 그의 교훈을 따라 모든 선을 행하는 것을 뜻합니다. 즉 진정한 회개의 선행을 하는 것입니다.

회개에 합당한 선행이란 그리스도의 은혜를 모르는 사람들도 행하는 도덕적이며 자연적인 선행을 가리키는 것이 아닙니다. 하나님께서 인정하시며 기뻐하시는 선행이란 구원의 은혜를 깊이 깨닫고 하나님의 사랑에 감사로 반응하는 믿음에서 비롯되는 영적 의미의 선행입니다. 그것은 또한 하나님께서 정하신 율법에 일치하는 것이어야 하며 무엇보다도 하나님의 영광을 목적으로 하는 선행이어야 합니다. 사람들이 임의로 정한 것이 사람들 보기에 유익한 것은 영적 의미에서의 선행일 수가 없습니다. 또한 하나님이 주신 양심에 따라 행하는 선행도 그것이 참 믿음에서 비롯된 것이 아니며 하나님의 영광을 목적으로 하는 것이 아니므로 새 사람을 살리는 선행이 아닙니다.

그렇다면 하나님께서 주신 율법이란 무엇이며, 그 율법을 통해 무엇을 말씀하셨는지 살펴보도록 하지요. 성경에서는 율법이라는 말이 여러 가지 방식으로 사용되고 있습니다. 하나님의 말씀을 전체적으로 가리키거나(시 1:2; 19:7,8), 구약의 모든 책들을 가리키거나(요 10:34; 고전 14:21), 시편이나 선지서 등을 제외한 창세기, 출애굽기, 레위기, 민수기, 신명기라는 모세 오경을 가리키거나(눅 24:44; 롬 3:21) 또는 신약 시대와 대비하여 구약 시대의 구원의 경륜(히 7:12; 요 1:17)을 가리키기도 합니다. 이처럼 일정한 범위의 차이로 인하여 그 의미가 달라지는 경우 이외에, 율법은 하나님께서 이성 있는 피조물, 곧 사람에게 상벌의 규정에 따라서 행할 것과 삼가야 할 것을 명하신 규칙이라고 정의할 수 있습니다.

하나님께서 이성이 있는 피조물에게 순종을 요구하시며 명하신 규범으로서의 이와 같은 율법은 자연법과 모세의 법으로 구별됩니다. 그런데 이러한 구별과 상관없이 모세의 법만을 가리켜 율법이라고 하는 경우를 자주 봅니다. 그것은 앞서 말한 것처럼 성경에서 율법을 말할 때 그것은 구약 전체 또는 모세 오경 등을 가리켜 말하는 경우가 많고 흔히들 이스라엘 백성들에 주어진 것으로서의 율법을 가리키기 때문입니다. 그럴 경우 하나님이 이성 있는 피조물이 행할 규범으로 주신 넓은 의미에서의 율법이라는 자연법이 있고, 좁은 의미에서의 율법, 곧 모세의 율법이 있습니다. 이렇게 둘로 구별됩니다.

자연법이란 사람이 본래 순종하도록 정해져 있는 도덕상의 의무들을 담고 있는 규칙을 말합니다. "하나님의 진노가 불의로 진리를 막는 사람들의 모든 경건하지 않음과 불의에 대하여 하늘로부터 나타나나니 이는 하나님을 알 만한 것이 그들 속에 보임이라 하나님께서 이를 그들에게 보이셨느니라"(롬 1:18~19). 하나님께서 불의를 행하는 사람들과 진리를 막는 사람들에게 진노를 행하실 때, 그 근거가 이미 이들로 하여금 하나님을 알 만한 것들을 보이신 것에 있다고 할 때, 그 근거는 무엇일까요? 그것은 사람이 마땅히 행해야 할 규범과 그에 따른 상벌의 원리입니다. 이에 대해서 성경은 다음과 같이 설명합니다. "율법 없는 이방인이 본성으로 율법의 일을 행할 때에는 이 사람은 율법이 없어도 자기가 자기에게 율법이 되나니 이런 이들은 그 양심이 증거가 되어 그 생각들이 서로 혹은 고발하며 혹은 변명하여 그 마음에 새긴 율법의 행위를 나타내느니라"(롬 2:14~15). 이스라엘 백성들이 아닌 이방인들은 본성에 따른 율법을 마음에 새기고 있습니다. 자연법이란 이 마음에 새겨진 본성에 따른 율법, 곧 양심을 가리켜 말합니다.

이러한 자연법과 구별하여 모세를 통해 이스라엘에게 주신 도덕법은 십계명으로 대표됩니다. 십계명을 가리켜 가장 좁은 의미에서의 율법이라고 말하기도 합니다. 모세의 율법은 도덕법 이외에도 구약 시대의 이스라엘이 하나님께 절기를 지키고 제사를 드리며 예배하였던 종교 공동체로서 지켜야 할 의식법이 있고, 그리고 하나의 국가를 이루며 살기 위해 지켜야 할 시민법이 있습니다. 하지만 여기서 우리는 십계명을 중심으로 하는 도덕법만을 다루기로 하겠습니다.

아담이 타락하기 전, 창조의 원형 그대로 인간의 본성이 순전하고 흠이 없었을 때에는 양심의 자연법과 십계명의 도덕법은 사실 동일한 것이었습니다. 그러나 타락한 이후에 인간의 본성이 부패하게 되고 인간의 양심에 새겨진 자연법이 점차 흐릿하게 되고 심지어 상실하는 경우에까지 이르게 되었습니다. 다소 길지만 성경을 읽도록 하지요. "창세로부터 그의 보이지 아니하는 것들 곧 그의 영원하신 능력과 신성이 그가 만드신 만물에 분명히 보여 알려졌나니 그러므로 그들이 핑계하지 못할지니라 하나님을 알되 하나님을 영화롭게도 아니하며 감사하지도 아니하고 오히려 그 생각이 허망하여지며 미련한 마음이 어두워졌나니 스스로 지혜 있다 하나 어리석게 되어 썩어지지 아니하는 하나님의 영광을 썩어질 사람과 새와 짐승과 기어 다니는 동물 모양의 우상으로 바꾸었느니라"(롬 1:20~23).

그리하여 인간에게는 하나님을 예배하고 사랑하며 이웃을 사랑해야 하는 규범들이 다시금 확인되고 강조되어야 할 필요가 있게 되었습니다. 이러한 맥락에서 십계명은 자연법을 새롭게 하여 다시 명확한 표현으로 강화하여 주신 것이라고 할 수 있습니다. 십계명은 구약성경 출애굽기 20장과 신명기 5장에 기록되어 있습니다. 출애굽기의 십계명과 신명기의 십계명은 제4계명인 안식일을 거룩히 지켜야 할 이유와 관련해서 그 설명에서 약간 차이가 납니다. 출애굽기의 경우에는 하나님의 창조 사역(출 20:11)과 관련을 짓는 데 반하여, 신명기는 하나님께서 애굽에서 이끌어 내신 구원 사역(신 5: 15)과 관련을 짓습니다. 그러나 이러한 차이는 출애굽기와 신명기 모두 "나는 너를 애굽 땅, 종 되었던 집에서 인도하여 낸 네 하나님 여호와(니)라"(출 20:2; 신 5:6)고 말씀한 십계명을 주신 배경 설명에서 해소가 됩니다. 출애굽의 구원 사건은 타락하여 상실한 안식을 다시금 회복하는 하나님의 은혜의 역사이므로 안식일을 지켜야 할 이유가 한편으로는 창조 사역에 근거를 두고 있으며, 다른 한편으로는 구속 사역에 근거를 두고 있기도 한 것입니다.

십계명은 말 그대로 모두 열 개의 계명들로 구성되어 있습니다. 그것은 다시 처음 네 계명들과 이어지는 여섯 계명들로 구별됩니다. 처음 네 계명들은 하나님께 대한 예배와 사랑의 의무들을 말하며, 다음 여섯 계명들은 이웃들에 대한 사랑의 의무들을 말합니다. 이러한 구별은 마태복음 19장 18~19절의 예수님의 말씀이나 에베소서 6장 2절의 바울 서신에서도 확인됩니다.

흥미롭게도 십계명이 열 개의 계명들을 가리킨다는 것은 누구나 아는 일이지만, 그 열 개의 계명들이 무엇인가를 말함에 있어서 천주교회는 개신교회와 다른 견해를 말합니다. 개신교회는 하나님께 대한 계명들을 네 가지로 이해합니다. 제1계명은 "너는 나 이외에 다른 신들을 네게 두지 말라." 제

2계명은 "너를 위하여 새긴 우상을 만들지 말고…그것들을 섬기지 말라." 제3계명은 "너는 네 하나님 여호와의 이름을 망령되게 부르지 말라." 제4계명은 "안식일을 기억하여 거룩하게 지키라."입니다. 반면에 천주교회는 제1계명 안에 우상을 만들지 말라는 계명을 포함시킵니다. 그리하여 하나님께 대한 예배와 사랑의 의무를 담고 있는 계명을 세 계명들로 구분합니다. 이를테면, 제1계명은 "하나이신 천주를 흠숭하라." 제2계명은 "천주의 이름을 헛되이 부르지 말라." 제3계명은 "주일을 거룩히 지내라."입니다.

이러한 차이는 당연히 이웃들에 대한 계명을 이해함에 있어서 차이를 가져옵니다. 개신교회는 제5계명은 "부모를 공경하라." 제6계명은 "살인하지 말라." 제7계명은 "간음하지 말라." 제8계명은 "도둑질 하지 말라." 제9계명은 "네 이웃에 대하여 거짓 증거하지 말라." 제10계명은 "네 이웃의 집을 탐내지 말라." 모두 여섯 계명이라고 고백합니다. 하지만 하나님께 대한 계명들을 네 계명으로 보는 개신교회와 비교하여 한 계명이 적은 천주교회의 십계명은 이제 사람들에 대한 계명들을 일곱 계명으로 해서 개신교회보다 한 계명을 더 늘립니다. 그것은 개신교회의 제10계명인 "네 이웃의 집을 탐내지 말라"를 둘로 나누는 것입니다. 그리하여 제4계명은 "부모에게 효도하라." 제5계명은 "사람을 죽이지 말라." 제6계명은 "간음하지 말라." 제7계명은 "도둑질 하지 말라." 제8계명은 "거짓 증언을 하지 말라." 제9계명은 "남의 아내를 탐내지 말라." 제10계명은 "남의 재물을 탐내지 말라."로 나눕니다.

그러나 천주교회의 이러한 구분은 개신교회와 다를 뿐만 아니라 동방정교회와도 다르며 유대인들의 구분과도 다릅니다. 천주교회의 구분은 다음 몇 가지 점에서 잘못을 범하고 있습니다. 먼저 천주교회가 제1계명인 "하나이신 천주를 흠숭하라."에 포함된 개신교회의 제2계명인 "너를 위하여 새긴 우상을 만들지 말고…그것들을 섬기지 말라."는 제1계명인 "너는 나 이외에 다른 신들을 네게 두지 말라."와는 의미와 순서에서 서로 다른 계명들입니다. 먼저 의미를 말하자면, 제1계명은 예배의 대상이 오직 참된 한 분이신 여호와 하나님뿐임을 명하는 반면에, 제2계명은 그 하나님을 예배하는 방식과 관련하여 새긴 우상을 만들어 섬기지 말아야 할 것을 명하고 있습니다. 따라서 이 두 계명은 어느 한 계명은 지키면서도 다른 계명은 범할 수 있는 서로 구분되는 계명들입니다. 예를 들어 참된 하나님을 예배하는 어떤 이가 형상을 새기어 예배를 한다면, 그가 비록 예배 대상에 있어서는 잘못을 범한 것이 아니라 할지라도 예배를 드리는 방식에 있어서는 잘못을 범한 것이 됩니다. 이스라엘이 광야에서 금송아지를 만들어 예배하면서 그 금송아지 형상을 가리켜 여호와라 일컬었을 때에 범한 잘못이 바로 그것입니다(출 32장).

뿐만 아니라 개신교회의 제10계명인 "네 이웃의 집을 탐내지 말라"를 "남의 아내를 탐내지 말라"와 "남의 재물을 탐내지 말라"로 나누어 각각 제9계명과 제10계명으로 구분하는 것도 정당하지 못합니다. 이것은 탐심이 범하는 죄를 지적하고 그것을 금하고 있는 같은 종류의 계명입니다. 이것이 구분될 수 없는 한 계명이라는 것은 출애굽기에서는 탐하지 말아야 할 대상으로 "네 이웃의 아내"보다 "네 이웃의 집"이 먼저 언급되는 반면에, 신명기에서는 "네 이웃의 집"보다 "네 이웃의 아내"가 먼저 나오고 있다는 사실로 확증됩니다. 이 둘이 서로 다른 계명이라면 그렇게 할 필요가 없는 것입니다. 바울 사도 또한 "율법이 탐내지 말라 하지 아니하였더라면…"(롬 7:7)이라고 말함으로써 두 계명들이 아니라 한 계명으로 이해하고 있음을 보여줍니다.

그러면 "너는 나 이외에 다른 신들을 네게 두지 말라."는 제1계명은 무엇을 교훈합니까? 제1계명은 하나님 자신이 여호와이심을 선언하고 있습니다. 그 이름을 밝히심으로써 모든 피조물은 물론이거니와, 사람들이 섬기는 어떤 우상들이나 귀신들, 또는 어떤 성자의 유골들이나 심지어는 무신론 사상까지 그 어떤 것도 예배나 섬김의 대상이 될 수 없다고 명하십니다. 여호와 하나님만이 스스로 존재하시며 만물에게 생명을 주시고 그것들을 존재케 하며 특별히 인간에게 율법을 주시어 마땅히 행할 바를 명하시고 다스리시는 최고의 권위를 지니신 유일한 참 하나님이심을 천명하십니다.

아울러 "나는 너를 애굽 땅, 종 되었던 집에서 인도하여 낸 네 하나님 여호와니라."고 말씀하심으로 두 가지 사실을 확정해 줍니다.

하나는 십계명을 받는 우리가 하나님의 은혜로 구원을 입어 이제는 마치 이스라엘이 애굽의 종살이에서 벗어난 것처럼 우리도 마귀와 죄의 권세에서 벗어나 구원을 받은 하나님의 백성이라는 사실입니다. 다른 하나는 그러한 구원을 베푸신 하나님께 예배와 존귀와 모든 순종을 드려야 마땅하다는 사실입니다.

여호와 하나님 이외에 다른 어떤 것을 섬기거나, 혹은 여호와 하나님을 믿는다고 말하면서 그와 더불어 믿고 의지하는 어떤 것을 섬긴다면 그것은 제1계명을 범하는 죄를 짓게 되는 것입니다. 제1계명은 예배의 대상이 오직 유일하신 참 하나님 여호와이시라는 사실뿐 아니라 예배를 드릴 때 예배 대상이신 참 하나님을 진실히 인정하고 그분만을 의지하며 겸손히 그리고 인내로 그분의 뜻에 순종하며, 모든 선한 것이 그분에게서만 나옴을 믿고 바라며, 온 마음을 다하여 그분을 사랑하고, 경외하며, 공경하라는 것을 교훈합니다. 그리하여 아무리 사소한 일이라 할지라도 하나님의 뜻에 어긋나는 일을 하지 않도록 하는 믿음의 내적 자세가 있어야 함을 잊지 말아야 합니다.

...생각 나누기

되짚는 질문

1_ 성도의 회개는 불경건한 자들이 자신들이 행한 악행에 대하여 슬퍼하는 것과 어떻게 다릅니까?

2_ 옛 사람을 죽이고 새 사람을 살리는 참된 회개에 대하여 설명하시기 바랍니다.

3_ 회개에 합당한 선행은 일반 도덕적 선행과는 어떻게 다릅니까?

새로운 질문

4_ 자연법과 십계명을 각각 어떻게 정의를 내릴 수 있습니까?

5_ 자연법이란 무엇이며 그것의 성경적 근거를 제시하시기 바랍니다.

6_ 십계명과 같은 도덕법이나 자연법이 서로에 대하여 갖는 공통점과 차이점은 무엇인지 설명하시기 바랍니다.

7_ 개신교회와 천주교회의 십계명은 어떻게 다르며, 그 까닭은 무엇입니까?

8_ 제1계명이 교훈하는 바를 풀어서 정리해보시기 바랍니다.

37. 제2계명

제35주일 | 96~98문

질문 96 하나님께서 제2계명으로 요구하시는 바는 무엇입니까?

답 어떤 식으로든지 절대로 하나님을 형상화하지 말아야 하며(신 4:15-19; 사 40:18-25; 행 17:29; 롬 1:22-23), 하나님께서 말씀으로 명하신 방식 이외에 다른 식으로 하나님을 예배하지 않아야 합니다(레 10:1-7; 삼상 15:22-23; 요 4:23-24).

질문 97 도무지 어떤 형상이라도 전혀 만들지 말아야 합니까?

답 하나님은 어떤 식으로든지 눈에 보이는 형상으로 표현될 수 없으며, 그렇게 표현을 해서도 안 됩니다(사 40:25). 피조물들을 형상으로 표현하는 것은 해도 되는 일이지만, 그것들을 예배하려 하거나 또는 그것들을 통해서 하나님을 섬기려고 그것들을 만들거나 소유하는 일을 금하십니다(출 23:24; 34:13-14, 17; 민 33:52; 신 7:5; 12:3; 16:21; 왕하 18:4-5).

질문 98 그렇다면 '일반 성도를 위한 책'과 같이 일종의 교육 보조재로 교회 안에서 형상들을 사용하는 일도 허용되지 않아야 합니까?

답 허용되어서는 안 됩니다. 우리는 하나님보다 더 지혜로운 체해서는 안 됩니다. 하나님께서는 그의 백성들이 말조차 하지 못하는 우상들을 통해서가 아니라(렘 10:8; 합 2:18-20) 그의 살아있는 말씀의 강론을 통해서(롬 10:14-15, 17; 딤후 3:16-17; 벧후 1:19) 교육 받기를 바라십니다.

— 하나님께서는 인간으로 하여금 순종하며 살아야 할 마땅한 규범을 주셨습니다. 이것을 율법이라고 합니다. 이러한 율법은 크게 모든 인류에게 주신 자연법과 모세를 통하여 이스라엘에게 주신 율법으로 구별됩니다. 이 가운데 자연법은 모든 인류의 마음에 기록된 본성의 법, 곧 양심이며, 특별히 모세를 통하여 이스라엘에게 주신 율법은 돌판에 기록된 법입니다. 그리하여 율법은 인류에게 주신 하나님의 규범이라는 넓은 의미와 모세를 통해 이스라엘에게 주신 법이라는 좁은 의미로 구별됩니다. 하지만 이 둘 가운데 모세의 율법만을 자연법과 구별하여 특별히 율법이라고 일컫는 일이 일반화되어 있습니다. 그 까닭은 성경에서 율법을 가리켜 말할 때 구약 전체 또는 모세 오경을 의미하는 경우가 많기 때문입니다.

모세의 율법은 신앙 공동체로서의 이스라엘이 지켜야 할 종교적 의식법과 국가로서의 이스라엘이 지켜야 하는 시민법, 그리고 십계명과 같은 도덕법 등을 포함합니다. 이 중에서 십계명은 인간이 타락하여 자연법이 흐릿하게 됨으로써 인간이 마땅히 지켜야 할 도덕 규범을 다시금 확인하고 강조하기 위하여 주어진 것으로 자연법과 사실 동일한 내용을 담고 있습니다. 즉 십계명은 다만 이스라엘뿐만 아니라 모든 인류가 지켜야 하는 도덕적 규범입니다.

십계명은 크게 두 부분으로 구성됩니다. 하나는 하나님께 대한 예배와 사랑의 의무를 담은 1~4계명이며, 다른 하나는 이웃들에 대한 사랑의 의미를 명하고 있는 5~10계명입니다. 천주교회는 모세의 도덕법이 열 개의 계명들로 되어 있다는 점에서는 동의하면서도 개신교회를 비롯한 동방정교회 또는 유대교의 구분과는 달리 하나님께 대한 의무를 1~3계명으로, 이웃에 대한 의무를 4~10계명으로 구별합니다. 천주교회는 개신교회의 십계명에서 "너를 위하여 새긴 우상을 만들지 말고…그것들을 섬기지 말라"는 제2계명을 "나 이외에 다른 신을 네게 두지 말라"는 제1계명 안에 포함시킵니다. 그리고 개신교회의 제10계명인 "네 이웃의 집을 탐내지 말라 네 이웃의 아내나 그의 남종이나 여종이나 그의 소나 그의 나귀나 무릇 네 이웃의 소유를 탐내지 말라"를 둘로 나누어 "남의 아내를 탐내지 말라"와 "남의 재물을 탐내지 말라"로 구분하고 각각 제9계명과 제10계명으로 이해합니다.

그러나 "나 이외에 다른 신을 네게 두지 말라"는 계명은 예배의 대상에 관한 명령이며, "너를 위하여 새긴 우상을 두지 말라"는 계명은 예배의 방식에 대한 명령으로 서로 구분되는 계명입니다. 또한 "남의 아내를 탐내지 말라"는 명령과 "남의 재물을 탐내지 말라"는 명령은 모두 탐심을 금하는 명령으로 서로 구분될 이유가 없는 "네 이웃의 소유를 탐내지 말라"는 하나의 계명일 뿐입니다. 따라서 천주교회의 구분은 올바른 십계명의 구분이라고 할 수 없습니다.

"나 이외에 다른 신들을 네게 두지 말라"는 제1계명이 명령하는 바는 무엇입니까? 무엇보다도 예배의 대상은 여호와 하나님 한 분이시며, 그분 이외에 어떤 우상이나 귀신들이나 성자의 유골 등을 포함하여 다른 어떤 피조물도 예배해서는 안 된다는 것을 명령합니다. 여호와 하나님만을 예배한다고 하면서도, 하나님과 더불어 다른 어떤 것을 예배하거나 의지한다면 그것은 제1계명에 불순종하는 것입니다. 제1계명은 오직 여호와 하나님만이 참 예배의 대상임을 고백하고 그분에게서만 선한 것을 바라며 그분의 뜻에 어긋나는 것을 행하지 않는 믿음의 내면을 요구합니다.

여호와 하나님만이 참 예배의 대상임을 밝힌 이후에 성경은 하나님께 드리는 예배의 방식에 대해서도 명령합니다. 그것이 제2계명입니다. "너를 위하여 새긴 우상을 만들지 말고…그것들을 섬기지 말라"는 제2계명은 하나님을 어떤 형상이나 모양으로 나타내지 말 것과, 또 그 만들어진 형상을 예배하는 것도 하지 말아야 한다고 명령합니다. 다른 신을 형상화하여 섬기는 것은 이미 제1계명에 어긋나는 것이기 때문에 잘못된 것은 두말할 필요가 없습니다. 설령 예배하는 대상이 여호와 하나님임을 확실하게 강조한다고 하더라도 하나님의 형상을 만들거나 그 형상을 예배하는 것은 하나님께서 결코 용납하지 않는 잘못된 예배의 방식입니다.

이러한 예배 방식은 얼핏 생각하면 문제가 없을 듯이 여겨질 수 있습니다. 다른 신을 섬기기 위한 것이 아니라는 예배를 드리는 자들의 진정성을 고려할 때, 충분히 이해될 수 있는 것이 아니지 않느냐라고 곧잘 반문합니다. 즉 이들이 형상을 통해 예배할 때 오직 하나님만을 존귀하게 여기는 것 이외에 다른 의도를 가지고 있지 않으며, 또한 형상 자체를 섬기는 것이 아니라 형상을 통해 하나님을 바라보는 것이므로 이러한 의도를 가지고 드리는 예배는 비록 형상을 통해 예배한다고 해도 용납될 수 있는 것 아니냐고 주장합니다.

그러나 다른 신이 아니라 여호와 하나님을 예배하기 위하여 형상을 만든 것이라고 하더라도 하나님께서는 그것을 우상숭배의 죄로 다스리십니다. 우선 하나님의 형상을 만든다는 것은 그 자체로 이미 신성모독의 죄를 범하는 것입니다. 하나님은 만물을 창조하신 하나님이시며 또한 거룩한 영이시기 때문에 피조물을 제 아무리 변형을 한다 하더라도 하나님을 나타낼 수가 없습니다. 피조물을 재료로 삼아 피조물의 상상력으로 형상을 만들어 하나님의 형상이라 하는 것은 한편으로는 하나님을 피조물로 격하시키는 것이며, 다른 한편으로는 그렇게 만들어진 형상을 신격화하는 것입니다. 하나님은 이러한 것을 금하셨으며, 죄로 다스리십니다. "그런즉 너희가 하나님을 누구와 같다 하겠으며 무슨 형상을 그에게 비기겠느냐 우상은 장인이 부어 만들었고 장색이 금으로 입혔고 또 은 사슬을 만든 것이니라……거룩하신 이가 이르시되 그런즉 너희가 나를 누구에게 비교하여 나를 그와 동등하게 하겠느냐 하시니라"(사 40:18,19,25).

따라서 하나님을 형상화하는 신성모독의 죄를 범하면서 말하기를, 그 형상을 통해 하나님을 예배한다고 하는 말은 형상 자체를 섬기기 위한 것에 있지 아니하고 단지 그 형상을 통해 하나님을 존귀하게 여기며 예배하기 위한 것이라고 말하는 변명은 궤변에 불과합니다. 그것은 참되신 하나님과는 다른 하나님을 상상하는 것이며, 그리하여 참 하나님을 예배하는 것이 아니라 자신들이 상상 가운데 꾸며놓은 것을 하나님이라 부르며 그에게 예배하는 것에 불과합니다. 우상숭배의 죄를 범하는 것입니다. 어떤 방식으로든지 하나님을 형상화하는 일은 절대로 하지 말아야 하며, 또 하나님께서 말씀하신 방식 이외에 임의로 옳다고 여기고서 형상을 예배하는 식으로 하나님을 예배하지 않도록 하여야 합니다.

만일 어떤 형상이 하나님을 예배하는 일에 적절한 방식으로 사용되려면, 그 형상에 대하여 그 형상이 표하는 하나님을 섬기는 마음으로 존귀함을 표하는 것이 허용되려면, 오직 단 하나의 조건이 충족되어야 합니다. 그것은 예배를 홀로 받으시며 예배 방식을 정하시는 권한을 가지신 창조주 하나님께서 직접 그것을 명하시는 경우에만 허용됩니다. 그러나 제2계명을 통해서 하나님은 하나님 자신을 위하여 형상을 만들지 말 것과, 또한 피조물의 형상을 만들어 그 앞에서 예배를 표하는 일을 금하셨습니다. 제2계명을 거스르는 형상을 만들어 예배를 드리면서도 그 방식을 옳다 말할 수 있는 자가 있다면 그는 스스로를 하나님보다 지혜롭다 말하는 죄를 범하는 것에 지나지 않습니다.

제2계명은 어떤 형상이라도 도무지 만들지 말아야 함을 명령하는 것은 아닙니다. 하나의 예술적인 활동으로 그림이나 조각을 만드는 것은 아름다움을 창조하는 미적 은사를 활용하는 것이며 하나님께서 금하신 것이 아닙니다. 이러한 것들은 인간의 삶과 생활에 유익을 주는 것으로 선한 기능을 하는 범위 안에서 자유롭게 할 수 있습니다. 실제로 하나님께서 명하신 식양대로 지은 성전에는 그룹들과 종려나무들과 그 꽃들의 형상들이 아로새겨져 있었으며(왕상 6:23~36) 솔로몬의 보좌 팔걸이 좌우에는 사자의 형상이, 그리고 보좌에 있는 여섯 층계에는 좌우에 사자 상이 각각 여섯 개씩 서 있었습니다(왕상 10:19. 20). 또 동전에 새긴 로마 황제의 형상을 예배하지 않는 한 그것을 보고 우상숭배의 죄를 범한다고 말하지는 않습니다.

제2계명이 금하는 것은 피조물의 형상을 만드는 행위 자체에 있지 않습니다. 미적 창조와 감상을 위한 예술적 활동을 하기 위하여, 형상을 그리고 새기며 만드는 행위들은 전혀 문제가 되지 않습니다. 문제가 되는 것은 그러한 형상들을 예배의 대상으로 혹은 예배의 수단으로 사용하는 데 있습니다. 성전에 새겨 놓은 여러 형상들이라 할지라도 그것들을 이스라엘 백성들이 예배의 대상으로 섬기었다면 그것 또한 하나님을 진노케 하는 일이었을 것입니다. 그것은 형상을 남용하는 것으로 죄를 범하는 일입니다.

만일 형상을 직접적으로 예배하지 않는다고 하더라도 그것을 통해서 하나님을 섬기려한다면 그것 또한 형상을 남용하는 것입니다. 사람이나 동물 등 피조물의 형상을 그리거나 새기는 활동이 예술적 활동으로서 선용된 것인지, 혹은 그것이 우상숭배로 남용의 죄를 범하는 것인지에 대한 구분은 간단합니다. 그것을 예배의 대상으로 삼거나 혹은 교회당 내에 배치하여 신성하게 여기며 그것을 예배의 수단으로 삼는다면 남용의 죄를 범하는 것으로 제2계명을 어기는 것이 됩니다. 그런데 그 형상들을 단지 일반적인 기념을 위하여 또는 미적 장식을 도모하기 위하여 교회당이 아닌 곳에 두는 경우에는 예술 활동의 일환으로 인정될 수 있습니다. 예를 들어 위대한 믿음의 스승들의 조각상을 새기어 그들의 신앙의 헌신을 기억하고 경의를 표하는 것은 가능한 일입니다. 그러나 만일 이러한 것들을 교회당 안팎에 두고 그것들에게 예배를 드리거나 아니면 섬김의 경의를 표하는 것은 우상숭배의 죄에 해당합니다.

흔히들 천주교회는 형상에 대한 것은 하나님을 예배를 드리는 것과 달리 단지 섬김의 경의를 표하는 것이라 말하며 형상을 통한 예배 방식을 정당화하려고 하지만 인정할 수가 없습니다. 실제로 형상들 앞에 엎드려 절하고, 그것들의 이름으로 맹세를 하며, 그것들에 입을 맞추고, 그것들에게 분향을 드리고, 제단을 세우고, 기도를 하며, 또한 그것들을 위한 축제의 날을 정하는 등의 행태들은 예배와 다를 것이 없기 때문입니다. 중세의 유명한 한 신학자는 십자가를 향해 예수님께 드리듯 경배를 드려야 한다고 가르쳤습니다. 그의 생각에 따르면 그리스도의 형상도 또한 그리스도와 마찬가지로 마땅히 경배를 받아야 하기 때문입니다.

그렇지만 혹시라도 일반 성도들을 교육하기 위하여 일종의 책과 같은 교육 보조재로 교회 안에서 여러 모양의 형상들을 만들어 사용하는 일은 허용될 수 있지 않을까요? 이 질문에 대한 답은 "결코 허용이 되어서는 안 된다"입니다. 그 이유는 무엇보다도 미신화에 있습니다. 교회에 형상을 세워서 그것에 경의를 표하기 시작하면 거의 예외 없이 미신화의 오류를 범하게 됩니다. 이를테면 이스라엘 백성들의 놋뱀 숭배의 경우입니다. 애굽에서 나온 후 광야에서 하나님과 모세를 향하여 원망하는 이스라엘 백성들에게 하나님께서는 불뱀들을 보내어 물려 죽도록 벌을 내리셨습니다. 하지만 모세의 기도를 들으시고 장대 위에다 놋뱀을 만들어 그것을 보는 자마다 불뱀에 물린 자들이 생명을 건질 수 있도록 하셨습니다(민 21장).

그 이후에 이스라엘 백성들이 그 놋뱀을 유다 왕 히스기야가 개혁을 일으켜 부술 때까지 약 700여 년 동안 분향을 하며 숭배하는 악행을 계속해왔던 것입니다(왕하 18:4).

사사기에 보면 블레셋 사람들과의 전쟁에서 패하자 이스라엘 백성들이 하나님의 언약궤를 전쟁터로 가져옵니다. 그들은 여호와의 언약궤가 있으면 그것으로 전쟁의 승리가 보장될 것이라는 미신적인 믿음을 가졌기 때문입니다. 하나님께서는 이들로 하여금 전쟁에서 패하게 하여 그들이 믿었던 언약궤를 블레셋에게 빼앗기게 하심으로 이들로 하여금 미신적 신앙에서 벗어나게 하셨습니다(삼상 4장).

어떤 이들은 이러한 형상들이 남용된 사례가 있다고 해서 형상 그 자체를 폐기하거나 올바른 사용 자체를 부정하는 것은 지나친 주장이라고 반박합니다. 하지만 먼저 유의하여야 할 것은 하나님의 형상이나 성인들의 형상들을 만들어 교회 내에 두고 그것을 향하여 경배를 표하는 것은 그것 자체가 이미 제2계명에서 하나님께서 금하신 악행이라는 사실입니다. 그것이 옳은 것일지라도 우상숭배의 위험성이 있으면 삼가야 하는 것이 마땅하거늘, 하물며 그 자체가 이미 악한 것이라면 얼마나 더 금하여야 마땅하겠는지를 생각해 보는 것은 어려운 일이 아닐 것입니다. 게다가 그 악한 일이 필연적으로 미신화나 우상숭배의 참담한 결과를 낳는다고 할 때, 선용할 수도 있지 않느냐의 주장은 아무런 설득력도 갖지를 못합니다.

또 어떤 이들은 교회의 예술적 장식물들로 형상들이나 주상들을 인정할 수 있다고 주장합니다. 그러나 교회 내에 하나님의 형상을 두는 것은 그것 자체가 금해진 명령입니다.

그러나 성인들과 같은 형상을 두는 것은 그것에게 경배를 하지 않도록 하지 않으면 되지 않겠느냐고 말할지 모르지만 역사상 교회 내에 둔 모든 형상들은 다 경배의 섬김을 받아 왔으며, 그러기 위하여 세워져 왔습니다. 하지만 교회의 참된 장식물은 순전한 진리인 복음의 말씀, 성례의 거룩한 시행, 그리고 하나님의 교훈에 합당한 예배와 기도와 찬양과 헌신의 섬김, 그리고 성도들의 신령한 교제 등이지 외적으로 세워진 형상들에 있지 않음을 유념해야 할 것입니다.

하나님께서는 제1계명과 제2계명을 주시는 끝마디에 "나 네 하나님 여호와는 질투하는 하나님인즉 나를 미워하는 자의 죄를 갚되, 아버지로부터 아들에게로 삼사 대까지 이르게 하거니와 나를 사랑하고 내 계명을 지키는 자에게는 천 대까지 은혜를 베푸느니라"(출 20:5b~6)고 덧붙이셨습니다. 하나님께서는 자신을 질투하는 하나님으로 말씀하심으로써 하나님만을 예배할 것과, 하나님의 형상을 만들며 우상숭배의 죄에 빠지는 악을 삼가도록 교훈하십니다. 그리고 한편 하나님을 미워하는 자의 죄악에 대한 죗값을 삼사 대까지 이르러 갚도록 하시겠다는 경고를 통해 삼사 대까지 이어지는 증조부와 할아버지와 아버지의 죄악을 결코 본받지 말 것이며, 신속히 그리고 결연히 끊어야 한다고 교훈하시는 사랑을 담고 있습니다. 다른 한편, 그 계명을 지키는 자에게는 천 대까지 은혜를 베풀겠다고 말씀하시므로 하나님께서 계명을 지키는 것을 얼마나 기뻐하시는지를 보이십니다. 신앙의 모범은 대대로 천 대에 이르기까지 선한 영향을 미칠 것이며, 또 잊지 말고 천 대까지라도 기억하여 조상의 신앙 모범을 배우고 존경하며 따라야 할 것이라고 교훈하십니다.

오직 참 하나님이신 여호와 하나님께만 예배를 드리고, 그에게 합당한 방식으로 예배를 드릴 것이며, 형상을 만들어 경배를 드리는 것과 우상숭배의 악행을 범하지 않도록 우리의 예배를 돌아보아야 하겠습니다. 오직 복음의 바른 말씀, 성례에 대한 바른 시행, 경건한 헌신과 섬김, 말씀에 합당한 예배와 기도, 성도의 교통을 이루어 진정한 교회의 표지를 나타내며 하나님을 합당하게 예배하여야 하겠습니다. 샬롬!

...생각 나누기

되짚는 질문

1_ 모세의 율법 안에 있는 세 가지 법들은 무엇입니까?

2_ 십계명을 크게 두 부분으로 구분하여 보시기 바랍니다.

3_ 천주교회의 십계명이 개신교회를 비롯한 동방교회 그리고 유대교의 십계명과 어떻게 다른지를 설명하시기 바랍니다.

새로운 질문

4_ 제2계명이 금하는 바가 무엇인지를 말하여 보시기 바랍니다.

5_ 하나님을 예배하기 위하여 형상을 만드는 것도 제2계명에 어긋나는 것입니까? 그 까닭은 무엇입니까?

6_ 제2계명은 어떤 형상이라도 도무지 만들지 말아야 할 것을 명하는 것입니까?

7_ 하나님의 형상을 향하는 것은 단지 섬김의 경의일 뿐 예배와 같은 경배 드리는 것이 아니라는 주장에 대한 여러분의 생각은 어떠합니까?

8_ 신앙이 미숙한 성도를 교육하기 위하여 교육 보조재로 형상을 만들어 사용하는 것은 허용될 만한 일입니까?

38. 제3계명

제36주일 | 99~100문

질문 99   하나님께서 제3계명으로 요구하시는 바는 무엇입니까?

답   저주(레 24:10-17)나 거짓 증거(레 19:12) 또는 불필요한 맹세(마 5:37; 약 5:12)를 하면서 하나님의 이름을 욕되게 하거나 잘못 사용하지 않아야 하며, 또한 그와 같이 무서운 죄를 범하는 일을 침묵 가운데 그저 바라보는 방관자가 됨으로써(레 5:1; 잠 29:24) 그러한 죄에 함께 참여하지 않아야 합니다. 요컨대 하나님의 거룩하신 이름은 반드시 두려움과 경외심으로 높여드리는 일이 아니면 사용하지를 말아야 하며(시 99:1-5; 사 45:23; 렘 4:2) 그리하여 하나님을 올바르게 고백을 하고(마 10:32-33; 롬 10:9-10), 그를 예배하며(시 50:14-15; 딤전 2:8), 모든 말과 행위 가운데 그를 영화롭게 하여야 합니다(롬 2:24; 엡 4:29; 골 3:17).

질문100   맹세를 하거나 저주를 함으로써 하나님의 이름을 모독하는 일이, 그것을 막거나 금하기 위하여 최선을 다하지 않은 사람들에게 조차도 하나님께서 노하실 만큼 그렇게 심각한 죄입니까?

답   예. 정말로 그렇습니다(레 5:1).
하나님의 이름을 모독하는 것보다 더 큰 죄는 없으며, 그것보다 더 하나님을 노하게 하는 죄는 없습니다. 그렇기 때문에 하나님께서는 그러한 죄에 대하여 사형을 명하셨습니다(레 24:10-17).

━ 형상을 만들되 그 형상을 통해 다른 신을 경배하는 것이 아니라면, "나 이외에 다른 신을 네게 두지 말라"는 제1계명에 어긋나는 것이 아니므로, 하나님의 형상을 만들어 예배하는 일도 허용되는 것이 아닐까요? 사람들은 종종 그렇게 생각합니다. 형상은 단지 그 형상이 가리키는 하나님을 경배하기 위한 수단일 뿐이기 때문에 제1계명에 어긋나는 것이 아니라고 강조합니다.

그런데 하나님께서는 "나 이외에 다른 신을 네게 두지 말라"는 계명에 덧붙여서 "너를 위하여 새긴 우상을 만들지 말고…그것들을 섬기지 말라"는 계명을 주셨습니다. 이것은 하나님만이 예배의 참된 대상임을 명하신 이후에 그 하나님께 어떻게 예배를 드리는 것이 합당한 것인지와 관련하여 밝혀주신 명령입니다. 하나님을 예배한다는 명목으로 하나님을 어떤 형상으로 만들어서는 안 되며, 그 형상이 하나님을 가리킨다는 명목 아래 그 형상을 섬기는 것이 허용될 수 없다고 밝히신 것입니다.

이러한 하나님의 명령은 어떤 변명도 받아들일 수 없을 만큼 너무나도 분명합니다. 형상을 만들어 예배하려는 자의 의도는 결코 그 형상 자체를 섬기는 것이 아니라 그 형상을 통해서 하나님을 예배하기 위함이었다고 말해도 소용이 없습니다. 하나님의 형상을 만드는 것 자체가 이미 한편으로는 하나님을 피조물의 물질과 형상으로 표현하고자 하는 것으로서 신성모독의 죄를 범하는 것이며, 다른 한편으로는 피조물을 하나님의 형상이라 칭함으로써 피조물을 신격화하는 죄를 범하는 것임을 유의하여야 합니다.

물론 제2계명이 어떠한 형상이든지 다 금하는 것은 아닙니다. 제2계명은 하나님을 형상화하는 것을 절대로 금하고 있지만, 다른 피조물들의 형상을 만드는 것 자체는 금하지 않고 있습니다. 예술적 목적을 위하여 어떤 조각상을 만들거나 회화적인 표현을 하는 것은 아무런 문제가 없습니다. 그러나 이러한 것들이라도 만일 그것들에 종교적 의미를 부여하고 그것을 섬기는 활동을 하는 것은 제2계명이 결코 허용하지를 않습니다. 따라서 하나님을 형상화한 것이 아니라, 단지 어떤 성인들과 같은 사람들을 형상화한 것이라 할지라도 그것들을 교회 내에 두고 그것에 입 맞추고 그것에 절하며 그것에 경의를 표하는 종교적 활동을 하는 것은 역시 제2계명이 금하는 것들임을 잘 새겨 두어야 합니다.

이러한 교훈이 뜻하는 바는, 흔히들 그릇되게 말하는 것과 달리, 형상이 하나의 신앙교육을 위한 교보재일 뿐이라는 주장 또한 용납되지 않는다는 사실입니다. 그 까닭은 교회 내에 두고 섬김의 대상으로 지시되는 형상들을 가리켜 명목상으로는 신앙교육을 위한 교보재라고 하지만, 교회 내에 두고 섬김의 대상으로 지시되는 형상들은 결국에는 필연적으로 우상숭배의 미신적 행위를 조장하는 악을 범하게 하기 때문입니다.

하나님만을 예배하며 그를 형상화하지 않도록 명령을 주신 하나님은 자신을 질투하는 하나님이라 말씀하시고 이러한 죄를 범하는 자들에게 그들의 죗값을 삼사 대까지에 걸쳐서라도 철저히 묻겠다고 경고하십니다. 죄악의 영향력은 삼사 대에 걸쳐서 나타날 만큼 강하므로, 죄악의 행위와 습관을 신속히 그리고 결연히 끊어내라고 교훈하십니다. 하나님은 또한 계명을 지키는 자들에게 은혜를 천 대까지라도 베푸시겠다고 약속하십니다. 계명을 지키는 선한 행위를 하나님은 몹시 기뻐하십니다. 따라서 천 대에 이르는 긴 기간 동안에라도 신앙의 모범을 그 후손들이 끝까지 잊지 않고 지킬 것을 권하시며, 후손들에게 그러한 은혜를 베푸시겠다고 약속하십니다.

하나님은 참된 예배의 대상이실 뿐만 아니라, 또한 함부로 형상을 만드는 등 사람들이 임의로 경배의 방식을 정하고 나갈 수 있는 분이 아닙니다. 실로 하나님은 존귀와 영광과 경배를 홀로 받기에 합당하신 창조주 하나님이십니다. 그렇기 때문에 하나님의 계명은 하나님의 이름을 부르는 일 또한 함부로 하지 않도록 주의를 주고 있습니다. "너는 네 하나님 여호와의 이름을 망령되게 부르지 말라"는 제3계명이 그것입니다. 하나님 이름을 부르는 것 자체를 금하신 것이 아닙니다. 하나님께서 제3계명을 통해 금하신 것은 하나님의 이름을 두려움과 경외심을 가지고 높여 드리지 않은 채 하나님의 거룩하신 이름을 사용하는 모든 행위들입니다. 동시에 제3계명을 통해서 하나님께서 명하시는 적극적인 교훈은 하나님의 이름을 거룩히 여기며 그를 두려워하며 섬기라는 것입니다. "만군의 여호와 그를 너희가 거룩하다 하고 그를 너희가 두려워하며 무서워 할 자로 섬기라"(사 8:13).

존귀하게 여겨야 마땅하며 망령되이 일컫지 말아야 할 '하나님의 이름'이란 하나님께서 자신을 알리시는 모든 것을 포함합니다. 예를 들어, 그의 이름뿐 아니라, 그의 속성들, 교훈들, 행하신 일들을 다 포함합니다. 마치 하나님께서 바울을 가리켜 "내 이름을 이방인과 임금들과 이스라엘 자손들에게 전하기 위하여 택한 나의 그릇"이라(행 9:15) 했을 때, 바울의 전할 내용을 '내 이름'이라 하셨으나 그것에는 단지 이름만이 아니라 하나님의 속성, 교훈, 행하신 일들 모두를 망라하여 포함되는 것과 같은 이치입니다. 그러므로 하나님의 이름을 망령되이 일컫지 말라는 말은 하나님의 이름을 사용하는 것만이 아니라, 하나님의 속성을 가리키거나 그의 교훈 등을 가르칠 때에도 망령되이 일컫지 않도록 해야 할 것을 교훈합니다.

어떤 경우가 '망령되이' 일컫는 것이겠습니까? 그것은 신성모독을 하고 거짓으로 하나님을 욕하며 업신여기며 저주하고, 또한 하나님께 대하여 불평하는 모든 일들을 망라합니다. 예를 들어 "유대인들이 그 무리를 보고 시기가 가득하여 바울이 말한 것을 반박하고 비방한"(행 13:45) 경우나, 또는 앗수르의 장수 랍사게가 이스라엘을 조롱하며 "이 열방의 신들 중에 어떤 신이 자기의 나라를 내 손에서 건져냈기에 여호와가 능히 예루살렘을 내 손에서 건지겠느냐"(사 36:20)고 한 말 등이 하나님의 이름을 망령되이 모독한 일이 됩니다.

하나님께서 행하신 일들을 두루 선포하며 하나님께 찬송과 영광을 돌리기 위하여 하나님의 이름을 부르는 것은 성도가 행하여야 할 마땅한 일입니다. "내가 주의 이름을 형제에게 선포하고 회중 가운데에서 주를 찬송하리이다"(시 22:22). 그러나 하나님을 영화롭게 하지 않으며 오히려 하나님을 저주하는 것은 제3계명이 금하는 바입니다. "너는 이스라엘 자손에게 말하여 이르라 누구든지 그의 하나님을 저주하면 죄를 담당할 것이요 여호와의 이름을 모독하면 그를 반드시 죽일지니 온 회중이 돌로 그를 칠 것이니라 거류민이든지 본토인이든지 여호와의 이름을 모독하면 그를 죽일지니라"(레 24:15).

또한 거룩하고 복된 하나님의 교훈들을 전하고 가르치기 위하여 하나님의 이름을 사용하는 일은 마땅합니다. 그런데 오히려 하나님의 이름으로 거짓을 말하거나 가르친다면 그것은 제3계명을 어기는 것이 됩니다. "여호와께서 내게 이르시되 선지자들이 내 이름으로 거짓 예언을 하도다 나는 그들을 보내지 아니하였고 그들에게 명령하거나 이르지 아니하였거늘 그들이 거짓 계시와 점술과 헛된 것과 자기 마음의 거짓으로 너희에게 예언하는도다"(렘 14:14).

뿐만 아니라 직접적으로 하나님의 이름을 모독하거나 저주하는 것이 아니라 할지라도, 외적인 신앙고백에 어긋나는 악행을 행하는 것도 하나님의 이름을 모독하는 행위입니다. "그들이 하나님을 시인하나 행위로는 부인하니 가증한 자요 복종하지 아니하는 자요 모든 선한 일을 버리는 자니라"(딛 1:16). 경건의 모양은 있으나 경건의 능력을 부인하는 자들은 하나님의 이름을 모독하는 자들입니다(딤후 3:5). 비록 겉으로는 하나님의 교훈을 자랑하지만 실제로는 그것을 부인하는 자들로 인하여 하나님의 이름은 모독을 받습니다. "기록된 바와 같이 하나님의 이름이 너희 때문에 이방인 중에서 모독을 받는도다"(롬 2:24).

덧붙여 알아야 할 것은 하나님께 드려야 할 기도나 간구를 천사나 죽은 성인들에게 하거나, 우상숭배를 하듯이 어떤 형상이나 그림 앞에서 하는 것, 그리고 하나님의 분명한 명령이나 지시가 없을 경우에도 어떤 특정한 장소나 물건에 하나님의 임재가 있을 것으로 여겨 그것을 신성하게 여기는 것들이나, 중언부언의 기도를 하는 것 등도 제3계명을 어기는 것이라는 사실입니다. 하나님께 드려야 하는 것은 오직 하나님께만 드려야 합니다. 그렇지 아니하면 하나님을 욕되게 하는 것이 됩니다. "나는 여호와이니 이는 내 이름이라 나는 내 영광을 다른 자에게 내 찬송을 우상에게 주지 아니하리라"(사 42:8).

천주교회는 죽은 성인들이나 천사들에게 간구하는 신앙 행위를 올바른 것으로 가르칩니다. 그들은 말하기를 "여호와께서 내게 이르시되 모세와 사무엘이 내 앞에 섰다 할지라도 내 마음은 이 백성을 향할 수 없나니 그들을 내 앞에서 쫓아 내보

내라"(렘 15:1)는 말씀을 볼 때 모세와 사무엘 같은 성인들이 하나님 앞에서 우리를 위해 간구함이 분명하므로 이들에게 기도하는 것이 옳다고 주장합니다. 그러나 이것은 매우 잘못된 해석입니다. 성인들이 우리를 위해 간구한다고 해도 그들에게 기도해야 하는 것은 결코 아닙니다. 여기서 말하는 모세와 사무엘은 이미 죽은 자들인데, 이들을 기억하며 이들이 살아 있을 때 이스라엘을 위하여 간구한 것처럼 이들이 지금 다시 살아나 너희를 위하여 간구하더라도 하나님께서 듣지 않겠다는 말씀입니다.

천사와 관련하여 천주교회는 말하기를 "여호와의 천사가 대답하여 이르되 만군의 여호와여 여호와께서 언제까지 예루살렘과 유다 성읍들을 불쌍히 여기지 아니하시려 하나이까 이를 노하신 지 칠십 년이 되었나이다"(슥 1:12)는 말씀을 들어 천사들이 예루살렘과 유다 백성들의 환난과 고통을 미리 알고 하나님께 간구하고 있으므로 천사들에게 기도하는 것이 옳다고 가르칩니다. 그러나 이것을 매우 그릇된 해석입니다. 우선 예루살렘에 있던 이스라엘 백성들이 환난 가운데 있다는 사실은 비단 천사들만이 아니라 당시 사람들에게도 잘 알려진 것이었습니다. 하나님께서 천사들을 부리는 종으로 삼아 사용하시기 때문에 교회가 보살핌과 보호를 받아야 하는 형편들을 알 수는 있지만 그렇다고 하여 이러한 사실이 천사들에게 기도해야 한다는 근거를 제공하지는 못합니다.

죽은 성인들이나 천사들에게 기도하라는 천주교회의 교훈은 외경에서 그 예를 찾을 수 있을 뿐입니다. "죽은 이스라엘 사람들과 그들의 후손들이 드리는 기도를 들어주소서"(바룩 3:4). 그러나 66권의 정경과 달리, 외경을 근거로 주장하는 교리는 어떤 것도 인정할 수가 없습니다. 오직 정경만이 신앙과 행위에 있어 무오한 권위를 갖는 하나님의 영감된 말씀으로 인정하고 고백하기 때문입니다.

제3계명을 어기는 또 다른 흔한 예는 사람들이 저주나 거짓 증거 또는 불필요한 맹세를 하면서 하나님의 이름을 욕되게 하거나 잘못 사용하는 일들입니다. 사람이 맹세를 할 때 하나님께서 자신이 맹세하는 바에 대하여 증인이 되시기를 바라며, 또 자신이 맹세하는 내용이 다른 이를 속이기 위한 것이 아님을 밝히고 만일 그렇지 않다면 하나님께 벌을 받을 것을 바라는 경우에는 하나님의 이름으로 맹세를 할 수 있습니다. 그러나 고의로 속이기 위하여 맹세를 하는 것은 하나님의 이름을 모독하는 것입니다. 또한 정당한 맹세임에도 불구하고 지키지 않는 경우도 역시 하나님의 이름을 망령되이 일컫는 것입니다.

하나님께서는 하나님의 이름을 사용하여 거짓 맹세나 저주를 하는 사람들에게 사형을 명하십니다(레 24:15~16). 하나님의 이름을 모독하는 것은 그렇게 큰 죄입니다. 그런데 여기서 알아야 할 것은 비단 하나님의 이름을 사용하여 거짓 맹세를 하고 저주를 함으로 하나님의 이름을 망령되이 일컬은 자뿐 아니라 이들의 악행을 막기 위하여 최선을 다하지 않은 사람들에게조차도 하나님께서 진노하신다는 사실입니다. 하나님께서는 하나님의 이름을 모독하는 자들의 행위에 대하여 침묵이나 방관의 태도로 묵인하고 지나감으로써 은연중에 그들의 태도에 동의하거나 그들의 죄를 가볍게 여기는 것도 큰 죄임을 기억하여야 합니다. 그러한 죄에 대하여 그것이 옳지 않다고 말할 수 있어야 합니다. 하지만 이러한 죄악의 지적에도 불구하고 더 이상 듣지 않는다면 거룩한 것을 개에게 주지 말며 진주를 돼지 앞에 던지지 말아야 하듯이(마 7:6) 이들에 대하여 이미 충분히 경고를 한 이후이므로 대응하지 않는 것이 더 지혜로운 행동일 수 있습니다.

아무쪼록 그리스도의 사랑에 감격하면서 옛 본성의 흔적과 싸워가며, 하나님의 거룩하신 이름은 합당한 경외심으로 높여 드리고, 하나님을 올바르게 고백하며, 모든 말과 행위로써 영화롭게 하여 제3계명을 좀 더 충실히 지켜 나가는 은혜를 구하는 성도가 되기를 바랍니다.

...생각 나누기

되짚는 질문

1_ 형상 자체를 섬기는 것이 아니라 형상을 통해 하나님을 예배하기 위함일 경우에도 형상을 만드는 것이 잘못된 일이겠습니까?

2_ 신앙의 모범이 되는 성인들의 형상을 교회 내에 두고 그것에 합당한 경의를 표하거나 신앙교육을 위해 사용하는 것은 어떠하겠습니까?

3_ 하나님께서 계명을 범하는 자에게 경고하신 형벌과 또 하나님의 계명을 지킨 자에게 약속하신 복을 설명하시기 바랍니다.

새로운 질문

4_ 하나님께서 계명을 범하는 자에게 경고하신 형벌과 또 하나님의 계명을 지킨 자에게 약속하신 복을 설명하시기 바랍니다.

5_ 망령되이 일컫지 말아야 할 '하나님의 이름'이란 무엇을 뜻합니까?

6_ '망령되이' 일컫는 경우들이란 어떤 것인지 설명하시기 바랍니다.

7_ 하나님의 이름을 직접적으로 사용하지 않으면 제3계명을 준수하는 것이라고 말할 수 있습니까? 그렇지 않다면 그 까닭은 무엇입니까?

8_ 천사나 죽은 성인들에게 기도하는 것에 대해 여러분의 판단이 무엇입니까?

39. 맹세

제37주일 | 101~102문

질문 101 **그렇다면, 하나님의 이름으로 경건하게 맹세할 수는 있습니까?**

답 그렇습니다. 정부가 그렇게 하도록 명령을 하거나 또는 하나님의 영광과 이웃의 유익을 위하여 진실과 신뢰를 유지하고 증진하기 위하여 그렇게 하여야 할 필요가 있게 되면 맹세할 수가 있습니다. 그러한 맹세는 성경의 말씀에 근거한 것이며(신 6:13; 10:20; 렘 4:1-2; 히 6:16), 구약과 신약의 성도들에 의하여 올바르게 사용이 되었습니다(창 21:24; 수 9:15; 왕상 1:29-30; 롬 1:9; 고후 1:23).

질문 102 **성인들이나 다른 피조물로 맹세해도 됩니까?**

답 안 됩니다. 올바른 맹세란 마음을 아시는 오직 유일한 분으로 하나님을 불러 의지하여 자신의 진실성에 대하여 증인이 되어 주시고 만일 자신이 거짓으로 맹세를 한다면 벌하여 주시기를 청하는 것입니다(롬 9:1; 고후 1:23). 어떤 피조물도 이러한 영예를 받기에 합당하지 않습니다(마 5:34-37; 23:16-22; 약 5:12).

━   하나님은 실로 높으신 분입니다. 그는 창조주이십니다. 우리가 아는 모든 만물을 만드신 분이시라는 사실 하나를 바르게 깨닫기만 한다면 그 누구라도 요한계시록에 나타나 있는 대로 하나님을 두려움과 경외심으로 경배하지 않을 수 없습니다. "…그들이 밤낮 쉬지 않고 이르기를 거룩하다 거룩하다 거룩하다 주 하나님 곧 전능하신 이여 전에도 계셨고 이제도 계시고 장차 오실 이시라 하고…우리 주 하나님이여 영광과 존귀와 권능을 받으시는 것이 합당하오니 주께서 만물을 지으신지라 만물이 주의 뜻대로 있었고 또 지으심을 받았나이다 하더라"(계 4:8b,11).

그러기에 하나님께서 "하나님의 이름을 망령되이 일컫지 말라"는 명령을 주신 것은 마땅한 일이며 합당한 일입니다. 이때 '하나님의 이름'이라는 말은 단지 이름만이 아니라 하나님의 속성과 교훈과 행하신 일 등 하나님과 관련한 모든 것을 망라하여 말합니다. 하나님과 관련한 어떤 것이든지 그것을 모독하고 욕하고 불평하고 저주하는 일은 다 망령되이 일컫는 죄를 범하는 것입니다.

성도는 하나님께서 행하신 일을 찬송하고 영광을 돌려야 하며, 거룩하고 복된 하나님의 교훈을 전하고 가르치기 위하여 하나님의 이름을 사용할 뿐이지 결코 거짓을 말하기 위하여 하나님의 이름을 사용해서는 안 됩니다. 뿐만 아니라 입술로는 하나님을 경배한다고 말하면서도 신앙의 도리에서 어긋나는 악행을 행한다면 그것도 역시 하나님의 이름을 망령되이 일컫는 것입니다. 즉, 겉으로는 하나님의 교훈을 자랑하면서도 경건의 모양만 지녔을 뿐 경건의 능력을 부인하는 모든 행위들이 바로 그러한 죄악을 행하는 것이 됩니다.

아울러 주의하여야 할 사실들이 있습니다. 비록 하나님과 직접적으로 관련하여 하나님의 이름을 사용한 것은 아니면서도 하나님의 이름을 망령되이 일컫는 죄악의 행위들이 있습니다. 예를 들어 천사들이나 죽은 성인들을 향하여 기도를 드리는 행위, 또 어떤 형상이나 그림 앞에 촛불을 켜 놓고 절을 하는 행위 등이 그러합니다.

기도는 오직 천지만물을 창조하시고 다스리시는 하나님의 주권과 통치를 찬송하면서 하나님께만 선한 도움이 있음을 믿고 하나님의 뜻을 의지하여 드리는 종교적 행위입니다. 이러한 종교적 행위를 천사들이나 죽은 성인들을 향하여 하는 것은 이들을 하나님으로 높이는 우상숭배의 죄를 범하는 것이며, 동시에 오직 홀로 경배와 찬송을 받으셔야만 하는 하나님을 욕되게 하는 죄를 범하는 게 됩니다. 형상이나 그림 앞에 절을 하는 행위들도 오직 하나님께만 드려야 하는 종교적 의미에서의 모든 경배를 모독하는 죄를 범하는 것입니다.

저주나 거짓 증거를 내세우기 위하여 하나님의 이름으로 맹세를 하는 경우들도 하나님의 이름을 망령되이 일컫는 죄가 됩니다. 자신의 말이 진실하지 않을 경우에라도 다른 사람으로 하여금 진실한 것으로 믿도록 하기 위하여 하나님의 이름을 빌어 사용한다면 그것 또한 하나님의 이름을 모독하는 사악한 것입니다.

이러한 죄에 대하여 성도는 어떠한 태도를 취하여야 할까요? 성도 스스로 하나님의 이름을 망령되이 일컫는 죄를 범하지 않도록 하여야 할 뿐만 아니라, 이러한 죄악을 방관하거나 묵인하는 일이 없이, 이러한 것들이 죄임을 지적하고 금하도록 하여야 합니다. 그럼에도 불구하고 듣지 않는다면 더 이상의 대응을 자제하고 하나님의 심판 앞에 맡겨야 합니다.

그렇다면 어떤 맹세도 하나님의 이름으로 해서는 안 되는 것일까요? 그렇지 않습니다. 만일 맹세가 경건한 것이라면 하나님의 이름으로 행할 수 있습니다. 성경을 통해서 그러한 예를 찾아 보는 일을 매우 쉽습니다. 무엇보다도 우리 주 예수님께서도 "진실로 진실로 네게 이르노니 … "(요 1:51; 3:3,5,11; 5:19,24,25; 6:26,47,53; 8:34,51,58; 10:1,7; 12:24; 13:20,21,38; 14:12; 16:20,23;21:18)와 같은 맹세의 형식을 사용하여 말씀하셨습니다. 바울 사도가 "내가 그의 아들의 복음 안에서 내 심령으로 섬기는 하나님이 나의 증인이 되시거니와 … "(롬 1:9)에서 하나님을 자신의 증인으로 삼은 경우나 "내가 그리스도 안에서 참말을 하고 거짓말을 아니하노라 나에게 큰 근심이 있는 것과 마음에 그치지 않는 고통이 있는 것을 내 양심이 성령 안에서 나와 더불어 증언하노니"(롬 9:1~2; 참조 고후 11:31, 빌 1:8, 살전 2:10)라고 말한 경우들은 모두 하나님의 이름으로 맹세하는 일이 허용이 되고 있음을 말해줍니다.

이러한 사례들은 신약에만 나타나는 것이 아니라, 이미 구약에서도 나타나고 있으며, 하나님께서 친히 자신의 이름으로 맹세를 하시기도 하셨습니다. 예를 들어, 여호와 하나님께서 에스겔 선지자에게 이스라엘의 회개를 촉구하도록 하기 위하여 말씀을 주실 때에 자신의 삶을 두고 맹세를 하셨습니다. "너는 그들에게 말하라 주 여호와의 말씀이니라 나의 삶을 두고 맹세하노니 나는 악인이 죽는 것을 기뻐하지 아니하고 악인이 그의 길에서 돌이켜 떠나 사는 것을 기뻐하노라 이스라엘 족속아 돌이키고 돌이키라 너희 악한 길에서 떠나라 어찌 죽고자 하느냐 하셨다 하라."(겔 33:11) 또한 신약의 히브리서가 증언하는 바처럼 하나님은 아브라함에게 아브라함의 복이 실현될 것임을 맹세로 약속하셨습니다. "하나님이 아브라함에게 약속하실 때에 가리켜 맹세할 자가 자기보다 더 큰 이가 없으므로 자기를 가리켜 맹세하여 이르시되 내가 반드시 너에게 복 주고 복 주며 너를 번성하게 하고 번성하게 하리라 하셨더니."(히 6:13~14)

하나님께서 스스로 맹세를 하셨다는 사실은 또한 자연스럽게 구약의 성도들로 하여금 생활 속에서 진실을 확인할 때 맹세를 하도록 하였던 율법의 가르침에 반영이 되어 나타납니다. "사람이 나귀나 소나 양이나 다른 짐승을 이웃에게 맡겨 지키게 하였다가 죽거나 상하거나 끌려가도 본 사람이 없으면 두 사람 사이에 맡은 자가 이웃의 것에 손을 대지 아니하였다고 여호와께 맹세할 것이요 그 임자는 그대로 믿을 것이며 그 사람은 배상하지 아니하려니와."(출 22:10~11) 율법이 있기 이전에 아브라함이 그의 종을 보내 이삭의 아내를 구하도록 할 때에도 하나님의 이름으로 맹세를 시킨 일이 성경에 기록되어 있습니다. "아브라함이 자기 집 모든 소유를 맡은 늙은 종에게 이르되 청하건대 내 허벅지 밑에 네 손을 넣으라 내가 너에게 하늘의 하나님, 땅의 하나님이신 여호와를 가리켜 맹세하게 하노니 너는 내가 거주하는 이 지방 가나안 족속의 딸 중에서 내 아들을 위하여 아내를 택하지 말고 내 고향 내 족속에게로 가서 내 아들 이삭을 위하여 아내를 택하라."(창 24:2~4)

이렇듯이 성경은 하나님의 이름으로 하든 그렇지 않든 맹세 자체가 경건하며 진실된 경우라면 행하여진 경우가 많음을 보여줍니다. 그러므로 요리문답은 정부가 명령을 하거나 또는 하나님의 영광과 이웃의 유익을 위하여 진실을 드러내고 신뢰를 높이기 위하여 필요한 경우에는 맹세를 할 수가 있음을 교훈합니다.

그런데 이러한 교훈에 대하여 재세례파 퀘이커 교도들 또는 이단인 여호와 증인들과 같은 이들은 다음과 같은 성경의 구절들을 들어 반대를 합니다. "또 옛 사람에게 말한 바 헛맹세를 하지 말고 네 맹세한 것을 주께 지키라 하였다는 것을 너희가 들었으나 나는 너희에게 이르노니 도무지 맹세하지 말지니 하늘로도 하지 말라 이는 하나님의 보좌임이요 땅으로도 하지 말라 이는 하나님의 발등상임이요 예루살렘으로도 하지 말라 이는 큰 임금의 성임이요 네 머리로도 하지 말라 이는 네가 한 터럭도 희고 검게 할 수 없음이라 오직 너희 말은 옳다 옳다, 아니라 아니라 하라 이에서 지나는 것은 악으로부터 나느니라."(마 5:33~37) 예수님의 교훈이 맹세를 금하고 있는 것이 분명하다는 주장은 다른 성경 야고보서의 인용으로 힘을 더합니다. "내 형제들아 무엇보다도 맹세하지 말지니 하늘로다 땅으로나 아무 다른 것으로도 맹세하지 말고 오직 너희가 그렇다고 생각하는 것은 그렇다 하고 아니라고 생각하는 것은 아니라 하여 정죄 받음을 면하라."(약 5:12)

만일 예수님과 야고보 사도의 교훈이 어떠한 맹세라도 무조건 금하는 것이라면 그것은 앞서 살펴보았던 성경의 많은 사례들과 분명히 충돌을 일으키는 것이 분명합니다. 여기서 비록 두 인용들이 언뜻 보기에 맹세를 금하는 듯이 보이지만, 실제로는 맹세 자체를 금지하는 것이 아니며, 다만 맹세를 함으로써 맹세의 의미를 오히려 퇴색하게 하거나 부정하는 경솔한 또는 거짓된 맹세를 금하는 것임을 이해할 필요가 있습니다.

본래 맹세란 진실을 분명히 하기 위한 것입니다. 그런데 바리새인들은 하나님의 이름을 불러내어 헛되이 맹세를 하는 것은 잘못이지만 하나님의 이름 이외의 다른 것들에 근거하여 맹세를 하는 경우에는 그 맹세를 지키지 않아도 된다고 그릇된 주장을 하였습니다. 그리하여 주장하기를 맹세를 하여도 지키지 않을 수 있는 맹세를 구별하여, 하늘, 땅, 예루살렘, 머리 등과 같은 것으로 맹세를 한 경우에는 지키지 않아도 거리껴 할 필요가 없다고 하였던 것입니다.

이에 대하여 주님께서는 하늘은 하나님의 보좌이며, 땅은 하나님의 발등상이고, 예루살렘은 큰 임금의 성이요, 네 머리는 네 소유가 아니라 본래 하나님께 속한 것이니, 이 가운데 그 어떤 것으로 맹세를 하더라도 그것은 다 하나님의 이름으로 맹세하는 것과 다를 바가 없음을 지적하셨습니다. 교훈의 초점은 맹세는 그 어떤 것으로 하던지 오직 진실하여야 한다는 것입니다. 그러므로 모든 일에 옳으면 옳다, 아니면 아니라 할 것이며, 이것에서 벗어나는 것은 다 죄임을 일깨워 주셨습니다.

예수님께서 바리새인들에게 맹세와 관련하여 주신 교훈은 결국 그들이 내면에 탐욕을 가지고 그것을 맹세라는 종교적 경건으로 감추면서 맹세 가운데 지키지 않아도 되는 맹세를 구별하고 있음을 간파하시고 정녕 진실을 말하기 위한 정직한 결심으로 맹세를 하는 경우가 아니라면 어떤 경우라도 도무지 맹세를 하지 말라고 경계합니다. 그러나 맹세 자체를 절대적으로 금하신 것은 결코 아닙니다.

뿐만 아니라 어떤 이들은 공적인 맹세의 경우에는 허용이 되지만 사적인 맹세는 행하여질 수 없다고 주장을 하는데, 그것 또한 성경의 지지를 받지 못하는 근거없는 주장입니다. 실제로 야곱과 그의 외삼촌 라반이 서로 해하지 않을 것임을 하나님과 이삭을 두고 행한 맹세(창 31:53)나, 보아스가 룻에게 기업무르는 것에 관하여 우선적으로 책임을 지어야 할 자가 그 책임을 감당하지 않을 경우 자신이 기업무를 자의 책임을 이행할 것이라고 여호와의 살아계심을 두고 행한 맹세(룻 3:13) 등은 사적인 것이기 때문입니다.

그러므로 요리문답은 하나님의 이름으로 경건하게 하는 것이라면 맹세는 가능하며, 특별히 정부가 명령을 하거나, 하나님의 영광과 이웃의 유익이 도모가 된다면 진실과 신뢰를 증진하기 위하여 필요할 경우 맹세를 할 수 있음을 교훈합니다. 이러한 맹세는 성경의 교훈에 일치하며 올바른 맹세의 사용의 예들을 구약과 신약의 성도들에게서 찾아볼 수 있음을 지적합니다.

요리문답의 교훈에 담긴 맹세의 승인은 또한 제한을 담고 있기도 합니다. 그것은 하나님의 영광과 이웃의 유익을 도모하기 위한 것이어야 한다는 점입니다. 하나님의 교훈에 어긋나며, 진리가 아니며, 신뢰를 깨뜨리며, 불확실한 것 등에 대해서 맹세를 하는 것은 맹세의 참된 의미와 목적을 배반하는 것이므로 잘못된 일입니다.

특별히 불확실한 일에 대한 맹세에 대해서 주의가 요청됩니다. 맹세란 대체로 과거의 일에 대한 일 뿐만 아니라 경우에 따라서는 미래에 있을 어떤 것과 관련하여 실행이 됩니다. 그럴 때 미래는 본래 하나님께 속한 것이지 사람이 통제할 수 있는 것이 아니기 때문에 맹세는 하지 말아야 하는 것이라고 생각할 수도 있을 것입니다. 옳습니다. 미래에 나타날 일에 대해서 사람이 자신이 그것을 이룰 수 있는 것처럼 맹세를 하는 것은 잘못된 일입니다. 하지만 미래의 일과 관련하여서도 그것이 정당하고 올바른 일일 경우, 그것이 하나님의 영광과 이웃에게 유익이 되는 일일 경우 그것의 목적과 의의에 대해서 사람 자신이 충실하여야 할 의무가 있음을 확실히 한다는 의미로 맹세를 하는 것은 정당한 일입니다.

끝으로 요리문답은 맹세를 누구의 이름으로 할 것인가에 대해서 교훈을 합니다. 하나님의 이름이 아니라 성인들이나 다른 피조물로 맹세하는 것은 어떨까요? 요리문답은 그러한 것이 허용이 되어서는 안 된다고 판단을 합니다. 그 까닭이 무엇일까요? 맹세란 진실성을 위한 것이며, 그 진실성의 증인으로 하나님께 맹세를 하는 것입니다. 그런데 누가 진실성의 증인이 되어주실 수 있겠습니까? 오직 하나님 한 분이십니다. 하나님 한 분 이외에 진실성의 증인이 되시며, 거짓으로 맹세할 경우 심판을 하실 수 있는 분이 누가 있겠습니까? 어떤 피조물도 그러한 영예를 누릴 수가 없으므로 맹세는 오직 하나님 한 분의 이름으로만 되어야 합니다.

모든 진실함의 증인이시며 거짓 맹세를 판단하시는 주권자이신 하나님의 이름으로 사람이 마땅히 행하여야 하며 또한 행할 수 있는 범위의 일에 대해서 올바르게 행하여진 맹세는 반드시 지켜져야 합니다. 하나님의 이름으로 맹세를 한 것은 맹세하는 사람이 자의로 하나님을 불러 증인이 되어줄 것을 요청하면서 맹세의 내용을 지킬 의무를 자신에게 부여한 것이므로 그것을 고의나 변덕의 마음으로 깨뜨린다면 거짓 맹세의 죄를 범하게 됩니다.

그런데 만일 행하여서는 안 될 일을 맹세하였거나, 본래 사람이 감당할 수 없는 능력 밖의 일을 맹세하였거나, 양심에 어긋나는 일을 맹세하였다면, 또 실수나 연약함으로 인하여 맹세를 하였다면, 곧바로 진실한 마음으로 회개를 통해 용서를 구하고 맹세를 취소하여야 합니다. 맹세는 "해로울지라도 변하지 아니하며"(시 15:4) 지켜야 하는 것이기 때문에, 감당할 수 없는 맹세를 하였다면 회개를 하여야 하며 취소하여야 합니다. 그렇지 않고 회개도 없이 그대로 잘못된 맹세를 지키지도 않은 채 그냥 지나치는 것은 죄를 더하는 것이 됩니다.

특별히 하나님의 교훈과 양심에 어긋나는 일을 행하기로 맹세를 하였다면 그것은 맹세를 지키는 것이 맹세를 지키지 않는 것보다 더 악한 것임을 주의하여야 합니다. 예를 들어 헤롯이 무엇이든지 달라는 대로 다 주겠다는 맹세를 지키기 위하여 요한의 목을 구하는 헤로디아의 딸의 요구를 들어주는 것(마 14:9)은 거절하는 것보다 더 악한 일입니다. 이와 달리 다윗은 나발과 그에게 속한 모든 남자들을 다 남겨두지 않겠다는 맹세를 아비가일의 말을 듣고 취소를 하였습니다. 다윗의 취소는 아비가일의 설득이 하나님의 교훈을 반영하고 있으므로 하나님을 거짓 증인으로 만드는 것이 아니며 옳지 않은 처사라고 말할 수가 없습니다.

만일 정당하며 옳은 맹세라 할지라도 억지로 한 것이라면 어떻겠습니까? 지켜야 할까요? 그렇습니다. 맹세가 정당하며 시행가능한 것이라면 비록 억지로 한 경우라도 지키는 것이 마땅합니다. 그렇기 때문에 지킬 수가 없게 될 경우가 발생한다면 회개하고 취소를 하여야 합니다. 그러나 잘못된 맹세는 하지 말아야 하지만, 두려움이나 연약함으로 인하여 잘못된 맹세를 억지로 한 경우에는 그것을 지켜야 할 이유가 없습니다. 따라서 그러한 맹세는 잘못된 맹세를 하였음을 회개하고 취소해야 합니다.

모든 맹세는 진실성에 있습니다. 하나님의 이름으로 맹세를 하는 것은 하나님만이 진실의 주인이시기 때문이라는 사실을 기억하고 요리문답의 교훈을 통해 여러분의 신앙 생활 속에서의 맹세와 관련하여 올바른 인도를 받으시기를 바랍니다. 샬롬!

...생각 나누기

되짚는 질문

1_ "하나님의 이름을 망령되이 일컫지 말라"는 명령에서 "하나님의 이름"이라는 말을 생각할 때 이 명령이 뜻하는 바는 무엇입니까?

2_ 제3계명을 생각할 때 성도가 마땅히 행하여 할 바와 금하여야 할 바를 정리해 보도록 합시다.

3_ 하나님의 이름을 사용하지 않는 경우에도 제3계명에 어긋날 수가 있습니까?

새로운 질문

4_ 제3계명은 하나님의 이름으로 맹세하는 일도 또한 금합니까?

5_ 하나님의 이름으로 맹세를 한 성경의 사례들이 있습니까?

6_ 성경이 맹세를 금한다고 주장을 하는 이들의 근거는 무엇입니까?

7_ 성경이 맹세를 금한다는 주장에 대해 반론을 펴시기 바랍니다.

8_ 맹세를 성인이나 피조물의 이름으로 하여도 무방합니까?

9_ 위협에 의해 억지로 맹세한 경우에도 맹세를 지켜야 합니까?

40. 제4계명

제38주일 | 103문

질문 103 하나님께서 제4계명으로 요구하시는 바는 무엇입니까?

답 첫째, 복음 사역과 이를 위한 교육이 지속되기를 바라십니다.(신 6:4-9, 20-25; 고전 9:13-14; 딤전 5:17; 딤후 2:2; 3:13-17; 딛 1:5)
특별히 안식의 날인 주일에 내가 부지런히 정기적으로 하나님의 교회에 출석을 하여(신 12:5-12; 시 40:9-10; 68:26; 행 2:42-47; 히 10:23-25), 하나님의 말씀이 교훈하는 것을 배우고, (롬 10:14-17; 고전 14:31-32; 딤전 4:13) 성례에 참여하며(고전 11:23-25), 하나님을 공적으로 부르며 기도하고(골 3:16; 딤전 2:1), 가난한 자들에게 기독교인으로서의 구제를 베풀 것을 (신 15:11; 시 50:14; 고전 16:2; 고후 8, 9장) 원하십니다.

둘째, 내가 평생에 날마다 악한 일을 그치고, 주님께서 성령으로 말미암아 내 안에서 일하시도록 하기를 원하십니다. 그리하여 이 세상에서 영원한 안식을 누리는 일이 이미 시작되기를 원하십니다.(사 66:23; 히 4:9-11)

─   맹세란 진실을 말하기 위한 것입니다. 맹세에 대한 이러한 이해를 바르게 한다면, 맹세를 할 때 하나님의 이름으로 하는 까닭을 또한 이해할 수가 있습니다. 오직 하나님만이 진실을 판단하시는 분이시며 거짓에 대해서 심판을 하실 수 있는 분이기 때문입니다. 따라서 하나님의 이름으로 하는 맹세는 진실함을 확실히 하기 위하여 경건하며 올바르게 사용이 된다면 허용이 될 수 있는 일입니다.

성경은 모범적인 맹세의 사례들을 충분히 보여줍니다. 구약에 보면 여호와 하나님께서도 "나의 삶을 두고 맹세하노니"(겔 33:11)라 말씀하셨으며, 아브라함도 그의 종에게 "하늘의 하나님, 땅의 하나님이신 여호와"(창 24:3)를 가리켜 맹세하도록 하였습니다. 뿐만 아니라 신약에서도 예수님이 "진실로 진실로 너희에게 이르노니"(요 1:51)라고 말씀하신 것이나, 바울이 "하나님이 나의 증인이 되시거니와"(롬 1:9)라고 말한 것 등도 맹세의 예를 보여줍니다.

이러한 예들은 퀘이커 교도들이나 이단인 여호와 중인들이 주장하듯이 성경의 교훈이 맹세를 금하고 있는 것이 아님을 확실히 보여줍니다. 예수님께서 "도무지 맹세하지 말며 ... 오직 너희 말은 옳다 옳다, 아니라 아니라 하라"(마 5:34,37)고 하신 말씀은 맹세 자체를 금한 것이 아닙니다. 바리새인들은 하나님의 이름이 아닌 다른 어떤 것으로 맹세를 하는 경우에는 맹세를 지키지 않아도 된다고 해석을 하였습니다. 여기에 대해서 주님께서는 맹세란 어떤 것으로 하든지 진실을 위한 것이며, 다른 어떤 것도 결국 다 하나님께 속한 것이므로 맹세를 하고도 지키지 않아도 되는 것이란 없다는 사실을 교훈함으로써 바리새인들의 위선을 질책하시고자 하셨던 것입니다.

맹세는 어느 때에 합니까? 정부가 명령을 하거나 하나님의 영광과 이웃의 유익의 증진을 위하여 필요할 경우에 합니다. 따라서 하나님의 교훈에 어긋나는 일이나 개인의 욕심을 위하여 맹세를 이용하는 것은 매우 잘못된 일입니다. 더구나 자신이 감당할 수 없는 일에 대하여 자신이 마치 그 일을 실행할 권세나 능력이 있는 것처럼 맹세를 하는 경우가 있는데 이 또한 잘못입니다. 맹세는 다만 자신이 감당하여야 하는 의무에 대해서 충실할 것임을 약속하는 것에 제한적으로 실행이 되어야 합니다.

강압에 의하여 행한 것이나 연약하여 실수로 한 경우에라도 그 맹세가 자신이 감당할 수 있는 것이면 지켜야 마땅합니다. 그러나 주님의 교훈에 어긋나거나 양심에 거리끼거나 감당할 수 없는 일에 대해 잘못 맹세한 경우라면 회개를 통해 용서를 구하고 맹세를 취소하여야 합니다.

결론적으로 여호와의 이름을 망령되게 부르지 말라는 제3계명은 거짓으로 하나님께 불평하거나 욕하거나 업신여기며 저주하는 신성모독의 모든 죄를 범치 않도록 금합니다. 하지만 진실성을 왜곡하는 거짓 맹세가 아니라면, 하나님의 이름으로 경건하게 맹세하는 일을 금하는 것은 아닙니다.

이어서 안식일을 거룩히 지키라는 제4계명과 관련하여 요리문답이 교훈하는 바를 살피도록 합니다. 안식일의 가장 큰 목적은 무엇보다도 하나님의 백성들이 하나님께 공적으로 예배하는 것입니다. 하나님께서는 세상에서 공적으로 예배와 찬양을 받으시기를 원하십니다. 또한 안식일은 하나님의 백성이 모여서 하나님께 공적 예배를 드릴 뿐만 아니라, 복음의 지속적인 선포와 이를 위한 교육이 이루어지기 위하여 제정이 되었습니다. 따라서 안식일에 교회는 성경을 근거로 선지자들과 사도들이 전하여 준 바대로의 복음을 굳게 믿고 가르치며, 성례를 시행하고, 가난한 자들에게 구제를 행하며, 하나님께서 그의 백성들에게 베푸시는 은혜의 영적 안식을 바라도록 합니다. 말하자면 안식일은 참되며 영원한 영적 안식의 모형과도 같습니다. 그러기 때문에 안식일을 참되게 지키는 것은 단순히 외적 의식을 따라가는 데에 있는 것이 아니라, 오직 신자의 믿음을 시작케 하시며 그 믿음을 통해 일하시는 성령 하나님의 일하심으로 가능케 됩니다.

안식일을 지킨다는 것은 신자에게 있어서 여러 종교적 의무들 가운데 단순한 하나에 불과한 것이 결코 아닙니다. 하나님께서는 안식을 지킬 것을 명하시면서 "이는 나와 너희 사이에 대대의 표징이니 나는 너희를 거룩하게 하는 여호와인 줄 너희가 알게 함이라."(출 31:13b)고 말씀하셨습니다. 안식일은 하나님께서 하나님의 백성들을 과연 그의 백성들로 인정을 하시는 하나의 표지로 세우신 것이므로 안식일을 지키지 않는 사람은 결코 하나님의 백성일 수가 없습니다.

여기서 안식일은 마치 할례와도 같습니다. 일찍이 아브라함에게 이르시기를 "너희 중 남자는 다 할례를 받으라 이것이 나와 너희와 너희 후손 사이에 지킬 내 언약이니라 ... 이것이 나와 너희 사이의 언약의 표징이니라."(창 17:10~11)고 하셨습니다. 안식일은 할례와 마찬가지로 하나님의 백성의 정체성을 드러내주는 특징으로서 하나님이 정하여 명하신 것입니다. 따라서 할례를 받지 않는 자나 안식일을 지키지 않는 자는 모두 하나님의 백성에서 그 생명이 끊쳐지게 됩니다. 여기에는 예외가 없습니다. "할례를 받지 아니한 남자는 ... 백성 중에서 끊어지리니 그가 내 언약을 배반하였음이니라."(창 17:14) "... 그 날을 더럽히는 자는 모두 죽일지며 그 날에 일하는 자는 모두 그 백성 중에서 그 생명이 끊어지리라." (출 31:14b)

안식일은 하나님에 대하여 크게 두 가지를 찬양하며 예배합니다. 하나는 하나님이 권능의 창조주이시라는 것입니다. "이는 엿새 동안에 나 여호와가 하늘과 땅과 바다와 그 가운데 모든 것을 만들고 일곱째 날에 쉬었음이라 ..."(출 20:11a) 다른 하나는 하나님이 긍휼의 구속주이시라는 것입니다. "너는 기억하라 네가 애굽 땅에서 종이 되었더니 네 하나님 여호와가 강한 손과 편 팔로 거기서 너를 인도하여 내었나니 그러므로 네 하나님 여호와가 네게 명령하여 안식일을 지키라 하느니라."(신 5:15)

안식일에 창조주 하나님을 예배할 때, 하나님의 백성들은 하나님께서 엿새 동안에 창조 사역을 마치시고 제 칠 일에 안식하신 하나님의 사역을 기억하며 찬양합니다. 여기서 하나님께서 창조 사역을 마치신 후에 안식을 하셨다는 말을 마치 하나님께서 그 일로 인하여 피곤하셔서 쉬셨다는 것으로 오해하지 말아야 합니다. 하나님의 안식은 하나님의 창조의 목적을 보여주기 위한 안식입니다. 만물이 하나님의 뜻대로 지음을 받고 존재하게 된 그 때로부터, 창조하신 하나님의 뜻이 그대로 나타날 때 만물의 상태와 성격은 그 자체가 평강이 됩니다. 하나님께서 이제 창조를 이루신 후에 그 평강의 상태를 그대로 이끌어 가심이 제 칠 일에 쉬신 하나님의 안식입니다.

그렇기 때문에 안식일을 지키며 애굽에서 이끌어 낸 하나님의 구속 사건을 기억하며 찬송하라는 안식일의 명령은 창조 사역에 기초하여 안식일을 지키라 말씀하신 것과 다른 의미를 갖는 명령이 아닙니다. 출애굽 사건은 애굽에서 노예로 살면서 잃어 버렸던 안식을 다시 이스라엘 백성들에게 되찾아 준 하나님의 구속의 사역이었습니다. 이것은 바로 안식의 회복입니다. 그러므로 구속주 하나님의 찬양하는 안식일의 의미는 바로 창조 이후에 타락으로 말미암아 죄의 종이 되어 참된 안식을 잃어버린 자들에게 다시 안식의 회복을 베풀어 주셨음을 기억하고 예배하는 것이라는 점에서 창조주 하나님을 기억하는 안식일과 다를 바가 없습니다. 어떠한 의미에서나 안식일은 하나님께서 마지막 날에 이 세상을 새롭게 하실 새 예루살렘에서 누릴 영원한 안식을 예표한다는 점에서 동일합니다.

그렇다면 안식일은 어떻게 지켜야 합니까? 안식일은 안식일 자체의 성격에 따라 지켜져야 합니다. "... 그러므로 나 여호와가 안식일을 복되게 하여 그 날을 거룩하게 하였느니라."(출 20:11b) 하나님께서 거룩하게 하신 안식일은 당연히 하나님의 백성들에게 거룩한 날이 됩니다. 하나님께서는 하나님의 백성들로 하여금 이 거룩한 날을 거룩하게 지키도록 함으로써 그의 백성들을 거룩하게 하시는 그의 뜻을 이루십니다. "나는 너희를 거룩하게 하는 여호와인 줄 너희가 알게 함이라."(출 31:13a)

어떻게 함으로써 안식일을 거룩하게 지키는 것일까요? 어떤 이들은 안식일은 육체의 쉼을 위한 날이므로 그냥 어떠한 일도 행하기를 피하면서 지내는 날로 이해하는 듯 합니다. 그러면서 거룩하게 지키라 하셨으니, 죄로 여겨지는 일을 하지 않으면 된다고 생각하기도 합니다. 하지만 이렇게 생각하는 것은 지나치게 단순한 생각이어서 안식일을 명하신 하나님의 참된 뜻을 바르게 반영하지를 전혀 못합니다.

물론 안식일에 하지 말아야 할 일을 행하지 않도록 하는 것은 안식일을 지키는 마땅한 자세입니다. 안식일을 통해 하나님께서 약속하신 복을 누리기 위해서는 안식일에 복을 누리기 위해 마땅히 행하여야 할 것들을 하지 못하도록 방해하는 것들을 금하여야만 하기 때문입니다. 이사야 선지자는 안식일을 바르게 지키지 않는 이스라엘을 향하여 이렇게 주의 뜻을 전하였습니다. "만일 안식일에 네 발을 금하여 내 성일에 오락을 행하지 아니하고 안식일을 일컬어 즐거운 날이라, 여호와의 성일을 존귀한 날이라 하여 이를 존귀하게 여기고 네 길로 행하지 아니하며 네 오락을 구하지 아니하며 사사로운 말을 하지 아니하면 네가 여호와 안에서 즐거움을 얻을 것이라 내가 너를 땅의 높은 곳으로 올리고 네 조상 야곱의 기업으로 기르리라 여호와의 입의 말씀이니라."(사 58:13~14)

이 말씀은 안식일의 복을 누리기 위하여 마땅히 행할 바를 행하지 못하도록 방해하는 많은 것들 가운데 대표적으로 이스라엘이 범하고 있는 사례들을 열거하며 이스라엘을 책망하는 이사야의 교훈을 담고 있습니다. 이를테면 "네 길로 행하지 아니하며 네 오락을 구하지 아니하며 사사로운 말을 하지 아니하는" 등입니다. 이것은 사실 모두 동일한 영적 내용을 담고 있습니다. 다른 날과 달리 안식일이 구별이 되는 초점이 하나님을 예배하는 데에 있다면, 평일에 스스로 행하던 어떤 일이라도 그것이 이 거룩한 목적에 어긋난다면 금하여야 할 것임을 말하기 위한 예시들입니다. 평소에는 스스로 하고자 하는 바를 결정하여 행하지만, 또 자신의 즐거움을 위하여 오락을 행할 수 있지만, 또 하나님을 예배하는 일과 관련이 없이 자신의 생업이나 즐거움을 위하여 이런 저런 말을 아무렇게나 말하기도 하지만, 이러한 모든 것들은 거룩한 안식일의 예배에 훼방이 되는 것들이므로 삼가야 하는 것이 옳다는 것을 교훈합니다.

하지만 이처럼 하지 않을 것을 하지 않는 소극적 생각만으로는 안식일을 주시고 그것을 또한 거룩하게 지키라고 하신 하나님의 계명의 참 뜻을 반영하지를 못합니다. 하나님께서 안식일을 거룩하게 하시고 그 날을 거룩하게 지키라고 명령하신 것은 거룩하신 하나님께서 그 날을 제정하신 거룩한 목적에 따라 여러 일들 행하도록 하기 위함입니다. 즉 안식일은 그 날에 합당한 거룩한 목적을 이루기 위하여 열심히 활동을 함으로써 지켜지는 것입니다.

따라서 안식일에는 죄의 일들을 피할 뿐만 아니라 거룩한 일들을 힘써 행하여야 합니다. 이를 테면 다른 모든 일을 제쳐두고 공적 예배를 힘써 드리는 것이며, 아울러 교인을 교육하며 찬양하며 서로 봉사하며 구제하며 심방하는 일과 같은 여러 교회 사역들을 힘써 행하여야 합니다. 또한 가정에서도 그리스도의 교훈을 나누며 영적인 친교를 이루어가야 합니다. 안식일은 단순히 쉼을 갖는 데에 목적이 있는 것이 아니라, 하나님을 예배하고 그를 생각하고 자신을 돌아보며 하나님의 자녀들과 함께 영적 친교를 나눔으로 하나님 나라의 임재를 누리는 데에 목적이 있는 것입니다.

이와 관련하여 하나님께서 엿새 동안은 힘써 네 모든 일을 행할 것이나 안식일에는 아무 일도 하지 말라 하셨을 때에 모든 종류의 일들을 다 금하신 것이 아니라는 사실을 유의하여야 할 필요가 있습니다. 유대인들은 안식일에 노동을 하지 말라 하셨으므로 어느 정도로 활동을 하면 노동이 되는 가를 가려내어 엄격히 지키려고 노력을 하였습니다. 최소한의 활동을 함으로써 노동을 하지 말라는 안식일의 명령을 지킨다고 생각을 한 것입니다. 하지만 노동을 하지 말라는 것은 하나님께 예배하는 일과 교회의 여러 사역을 행하는 데에 방해가 되는 어떤 일들을 하지 않도록 하기 위하여 주신 명령입니다.

마태복음 12장에서 예수님께서는 안식일에 제자들이 시장하여 밭을 지나다가 이삭을 잘라 먹은 일이나, 예수님 스스로 손이 마른 병자를 낳게 하신 일 등이 안식일을 범한 것이 아니라고 말씀하셨습니다. 또한 이러한 이치는 소나 나귀가 안식일에 구덩이에 빠졌을 때에 즉시 그들을 끌어내어도 안식일을 범하는 것이 아니라는 유대인들의 주장에 비추어 볼 때도 유대인들 스스로 오해가 될 수가 없는 자명한 것임을 강조하셨습니다(눅 14:5). 유대인들이 이와 같이 안식일의 적용을 오해한 까닭은 그들이 안식일의 영적 원리를 올바르게 깨닫지 못한 데에서 비롯됩니다. 주님께서는 안식일에 대한 바른 적용의 사례를 제시하면서 "나는 자비를 원하고 제사를 원하지 아니하노라 하신 뜻을 너희가 알았더라면 무죄한 자를 정죄하지 아니하였으리라."(마 12:7) 하셨습니다. 유대인들의 문제는 죄인들을 용서하시고 그들을 의인으로 삼아 하나님의 거룩한 백성으로서의 기쁨을 누리도록 하시는 하나님의 무한하신 자비와 긍휼을 깊이 묵상하고 하나님을 예배하도록 하는 것이 안식일을 명하신 하나님의 의도임을 그만 놓치고 말았다는 데에 있습니다.

끝으로 안식일은 언제 지켜야 하는 것일까요? 유대인들은 토요일을 안식일로 지킵니다. 그들은 그 날 이외에 다른 어떤 날을 임의로 정하여 안식일로 지키는 일을 불법한 일로 여깁니다. 그 까닭은 안식일의 명령이 마치 제사법이 그러한 것처럼 종교적인 의식으로서 정한 날에 드려야 하는 형식적 의무를 지시하고 있기 때문입니다. 그런데 이러한 종교적인 의식으로서의 제사법들은 그리스도의 속죄의 사역을 보이기 위한 그림자이며 모형이었습니다. 그렇기 때문에 예수님이 속죄 사역을 다 성취하신 뒤에는 모세의 율법에 따라 속죄를 위한 어떠한 제사도 드리지 않았던 신약교회는 같은 맥락에서 종교적인 의식법으로서의 안식일의 준수를 더 이상 종교적 의무로 요구하지 않았으며, 또한 토요일과 같은 어떤 특정한 날에 특별한 의미를 부여하지 않았습니다. 그렇게 한다는 것은 안식일을 다시 의식법적인 특별한 날로 여기는 것이기 때문입니다. "그러므로 먹고 마시는 것과 절기나 초하루나 안식일을 이유로 누구든지 너희를 비판하지 못하게 하라 이것들은 장래 일의 그림자이나 몸은 그리스도의 것이니라."

(골 2:16~17)

그런데 안식일을 명하신 바에는 의식법적 의미 이외에 도덕법적인 의미에서 사람이라면 마땅히 행하여야 할 의무가 담겨 있습니다. 그것은 다른 날과 구별하여 특별히 하나님을 예배하며 그를 기뻐하는 일입니다. 이러한 도덕적인 의미는 예수님의 구속사역의 성취 이후에도 여전히 유효하게 적용이 될 뿐만 아니라 오히려 그 의미는 더욱 더 깊어졌습니다. 하나님께서 안식일을 명하신 도덕적 의미를 더욱 더 잘 받들기 위하여 예수님께서 승천하신 이후에 사도들의 교회는 토요일에 매이지 않고 그리스도께서 베푸신 자유를 따라 그리스도께서 부활하신 첫째 날에 예배로 모여 하나님의 말씀을 선포하고, 성례를 공적으로 시행하며 하나님을 예배하였습니다. 요컨대 그리스도의 교회가 주일에 예배를 하는 것은 주일이 율법에 따른 의식법의 의미를 갖기 때문이 아니라, 어느 특정한 날에 교회가 모여 하나님을 예배하여야 하는 도덕적 의미에서 사도시대로부터 그리스도의 부활하신 날을 예배의 날로 정하여 모여왔기 때문입니다. 샬롬!

...생각 나누기

되짚는 질문

1_ 맹세를 할 때 하나님의 이름으로 행할 수가 있습니까?

2_ 맹세 자체를 할 수 없다고 생각하는 이들의 이유는 무엇입니까?

3_ 맹세는 일단 하였으면 반드시 지켜야 하는 것입니까?

새로운 질문

4_ 안식일을 명하신 하나님의 뜻은 무엇입니까?

5_ 안식일을 지키지 않는 사람은 하나님의 백성이라 할 수 없는 까닭은 무엇입니까?

6_ 안식일을 통해 하나님을 찬양하는 두 가지 내용은 무엇입니까?

7_ 안식일은 어떻게 지켜야 합니까?

8_ 안식일을 거룩하게 지키지 위하여 하지 말아야 할 일과 하여야 할 일을 구분하는 까닭은 무엇입니까?

9_ 안식일은 언제 지켜야 합니까?

41. 제 5계명

제39주일 | 104문

질문 104 **하나님께서 제5계명으로 요구하시는 바는 무엇입니까?**

답 나의 부모와 내 위에서 권위를 행사하는 모든 이들을 공경하고 사랑하며 성실히 대할 것이며, 그들이 선한 가르침으로 교정하고 징계를 할 때에 합당한 순종을 하여야 합니다.(출 21:17; 잠 1:8; 4:1; 롬 13:1-2; 엡 5:21-22; 6:1-9; 골 3:18-4:1)

아울러 하나님께서는 그들을 통해 우리를 다스리기로 하신 것이므로(마 22:21; 롬 13:1-8; 엡 6:1-9; 골. 3:18-21) 그들의 약점과 부족함에 대해서는 인내하여야 합니다.(잠 20:20; 23:22; 벧전 2:18)

― 하나님께서는 모든 사람들이 피조물로서 마땅히 행하여야 할 의무들 명한 십계명 가운데 제4계명으로 안식일을 지키라 명하셨습니다. 창조주 하나님께서는 창조의 평강을 누리는 방편으로 안식일을 명하셨으며, 하나님께 죄를 범하고 타락하여 평강을 잃어버린 자들에게 구원의 은혜를 또한 베푸시면서 안식일을 지킴으로써 평강을 회복하여 누릴 수 있

도록 이 날을 지키도록 명하셨습니다. 안식일을 지켜야 하는 근거는 하나님의 창조와 구속의 사역에 있습니다.

안식일은 어떻게 지켜야 할까요? 이런 질문을 대하면 대체로 육체의 노동은 물론 정신적인 노동이라고 할 수 있는 어떤 일들은 도무지 하지 말아야 하는 것인가라는 생각으로 바로 연결을 하기도 합니다. 하지만 안식일은 단순히 아무런 일도 하지 않는다는 데에 그 의미가 있지 않습니다. 일이 어떤 것이며 무엇을 위한 것이든지 관계가 없이 무조건 일 자체를 하지 않는 것은 안식일을 지키는 것과 전혀 상관이 없는 잘못된 이해입니다.

안식일은 거룩하게 지켜야 합니다. 그렇기 때문에 거룩한 일들은 안식일에 행하여져야 마땅합니다. 그리고 거룩한 일에 방해가 되는 일들은 금지가 되어야 합니다. 안식일에 특별히 행하여야 하는 거룩한 일이란 바로 하나님께 예배하는 것입니다. 지교회에 모여서 그리스도의 이름으로 구원을 받은 것을 기뻐하며 하나님께 예배하고 하나님의 구원의 복음을 들으며 말씀의 교훈을 교육받고 성례에 참여하며 기도와 구제를 행하며 성도들과 영적인 친교와 교통을 행하는 일이 안식일에 행하여야 하는 일들입니다.

그렇기 때문에 이러한 예배에 방해가 되는 일들은 삼가는 것이 옳습니다. 평일에도 사사로이 늘 하던 일들에 몰두하여 하나님께 영광을 돌리는 일들에 집중하여 나가지 못하는 일이 없도록 하는 것이 안식일을 거룩히 지킴에 있어서 중요합니다.

이러한 안식일은 이제 신약교회에 있어서는 토요일이 아니라 주일에 지켜집니다. 그 까닭은 하나님께 예배하는 안식일은 토요일이라는 날에 묶여서 지켜야 하는 것이 아니기 때문입니다. 본래 안식일은 토요일이라는 특정한 날에 지켜야 하는 의식법적인 의미를 가지고 있었습니다. 하지만 이러한 의식법적인 의미는 그리스도의 구속 사역의 성취로 인하여 다른 의식법인 제사 등과 함께 폐하여졌습니다. 따라서 토요일이라는 특정한 날이 하나님께 예배하여야 하는 의식법적인 의무를 주장하지는 않습니다.

그렇다면 안식일 자체가 폐지된 것입니까? 그렇지는 않습니다. 안식일에는 의식법적인 의미에 더하여 모든 사람은 마땅히 하나님께 예배하여야 한다는 도덕법적인 규범을 담고 있기 때문입니다. 그러므로 의식법으로서의 안식일의 규례는 폐하여졌으나 도덕법으로서의 안식일의 규례는 여전히 유효합니다. 이러한 도덕법적 의미를 따라 안식일을 지킨다고 할 때, 어느 날에 지켜야 할까요? 사도들은 한 편으로 안식일을 토요일에 묶는 것은 이미 그리스도로 인하여 폐기된 의식법적을 따르는 일이 되는 것이며, 다른 한 편으로 주님께서는 부활하심으로써 모든 의식법의 의미를 성취하셨으므로 주님의 부활의 날을 예배로 모이는 날로 정하여 안식일을 지키었습니다. 그러므로 신약교회가 안식일로 지키는 주일이 거룩하며 소중한 까닭은 주일이라는 날이 거룩하기 때문이 아니라, 그 날에 교회가 거룩한 예배로 모이기 때문에 그러한 것입니다.

이제 제5계명의 교훈을 생각해봅니다. 앞의 네 계명들은 하나님을 바르게 섬기는 일과 관련하여 주신 것인 반면에, 제5계명부터 제10계명까지는 이웃을 사랑하는 일과 관련한 명령입니다. 첫 번째의 네 계명들은 모든 계명들 가운데 가장 으뜸이며, 두 번째의 여섯 계명들은 그 권위와 의미를 첫 번째 계명들에 기초하고 있습니다. 하나님을 위하여 하나님을 섬기는 것처럼, 하나님의 권위에 의하여 이웃을 사랑할 것을 명령하고 있습니다. 이웃을 사랑하라는 명령에 순종하는 일을 통해, 사람은 하나님께 영광을 돌리고, 그의 이름을 찬양하게 됩니다. 아울러 사람들이 살아가는 사회가 보존되고 유지가 됩니다.

이웃을 사랑하는 일과 관련한 여섯 계명들 가운데 부모를 공경하라는 제5계명은 여섯 계명들 가운데 가장 우선적이며 또한 근본적입니다. 부모의 권위를 인정하고 공경하지 않는다면 사람들 사이의 관계를 질서에 따라 유지하는 일 자체를 생각하기 어렵기 때문입니다. 실로 만일 가정에서 부모의 교훈에 따라서 올바른 사회성과 가치관, 서로 돕고 존중하는 배려와 돌봄과 질서 등을 배우지 않으면, 사회생활의 모든 점에 있어서 올바른 관계의 질서와 헌신을 이루어 가기란 어려운 일입니다.

제5계명이 명령하는 우선적인 요점은 무엇보다도 부모의 권위에 순종하는 일입니다. 구약의 출애굽기를 인용하여 바울 사도는 성장기에 있는 자녀들에게 이렇게 교훈합니다. "자녀들아 주 안에서 너희 부모에게 순종하라 이것이 옳으니라 네 아버지와 어머니를 공경하라 이것은 약속이 있는 첫 계명이니 이로서 네가 잘되고 땅에서 장수하리라"(엡 6:1~3). 이처럼 부모에게 성장기의 자녀들이 순종을 하여야 하는 까닭은 하나님께서 부모에게 권위를 부여하셨기 때문입니다. 부모는 자녀들을 돌보며 양육을 합니다. 그러한 이유만으로도 존경을 받아야 할 이유가 있게 됩니다. 자녀를 돌보며 양육하는 부모의 책임과 맞물려 자녀가 부모에게 순종하여야 한다는 것은 신앙 유무와 상관이 없이 모든 세상의 부모와 자녀들 관계에 적용이 되는 교훈입니다.

그런데 특별히 이스라엘, 곧 하나님의 언약 아래에 있는 백성들에게는 앞서 말한 돌봄과 양육의 이유를 넘어서는 특별한 이유로 인하여 부모의 권위에 순종하여야 할 책임이 주어집니다. 그것은 하나님의 언약의 축복을 자녀들에게 전하여야하는 신앙과 관련한 부모의 책무입니다. 일찍이 하나님께서 아브라함에게 복을 주시며 말씀하셨습니다. "내가 너로 큰 민족을 이루고 네게 복을 주어 네 이름을 창대하게 하리니 너는 복이 될지라 … 땅의 모든 족속이 너로 말미암아 복을 얻을 것이라 하신지라"(창 12:2~3). 부모는 아브라함에게 약속하신 언약의 축복을 자녀들이 받아 누리기에 합당하도록 준비를 시켜 나가야 할 책임을 가지고 있습니다. 그러한 책임을 잘 감당할 때, 자녀들은 하나님의 복을 받아 누리며, 하나님을 섬기며 사는 삶을 이루게 될 것이며, 하나님의 나라의 영광을 이루어갈 수가 있게 됩니다.

 따라서 하나님의 언약아래 태어난 성장기의 자녀는 양육의 사랑을 받는 동안에 부모에게 순종함으로써 부모를 통해 하나님의 백성으로서의 언약적 지위를 이어받고 언약백성으로서의 합당한 순종을 하며 또한 복을 누리게 됩니다. 잠언에 이른 바처럼 부모의 교훈을 경청하여 듣고 순종해야 합니다. "내 아들아 네 아비의 훈계를 들으며 네 어미의 법을 떠나지 말라"(잠 1:8), "아들들아 아비의 훈계를 들으며 명철을 얻기에 주의하라"(잠 4:1).
부모의 이러한 책임은 실로 중요하기 때문에 앞서 본 것처럼 부모의 권위에 순종하며 공경하는 자에게는 "잘되고 땅에서 장수하는" 축복이 주어집니다. 반면에 부모의 권위에 불순종하고 공격하는 자에게는 죽음의 형벌을 내리실 것이라 경계하셨습니다. "자기 아버지나 어머니를 치는 자는 반드시 죽일지니라"(출 21:15) 또 "자기의 아버지나 어머니를 저주하는 자는 반드시 죽일지니라"(출 21:17). 부모를 치거나 저주하는 자에게 내려지는 형벌이 죽음이라는 것은 부모를 공경하라는 계명이 매우 무겁고 엄숙하다는 것을 말해 줍니다.

 성장하는 동안에 부모의 돌봄과 양육을 받은 자녀가 장성하여 부모를 저주하거나 치는 일을 행할 때 그는 하나님의 언약의 축복 아래에 머물러 있지 못하며 죽음으로 내어 쫓김을 받을 것임을 분명하게 명하셨습니다. 더 이상 부모의 훈육을 받지 않을 만큼 장성한 자녀들은 부모의 말에 전적으로 순종할 의무에서 벗어납니다. 하지만 그러한 자들이라할지라도, 부모의 견해가 필요할 경우, 비록 부모에게 의견에 따라 행하지는 않는다고 하더라도, 그 생각을 물어 들어주는 일을 통해 공경의 예를 표할 수 있습니다. 그리고 무엇보다 늙은 부모를 잘 돌보아 드리는 일을 소홀히 해서는 안 됩니다.

부모는 자녀에게 권위를 갖는 반면에 또한 그 권위를 행사함에 있어서 지어야 할 책임이 있습니다. 즉 은혜의 언약 아래에 있는 부모는 자녀들에게 언약의 복을 물려주어야 할 신앙적 책무를 받고 있는 자이며, 그러한 의미에서 특별한 권위의 지위를 더하여 누린다고 할 때, 부모는 자녀를 임의로 다루지 않도록 하여야 할 책임을 또한 받고 있습니다. 부모의 권위는 책임의 이행을 전제로 하는 권위이며, 그렇기 때문에 부모는 또한 자녀를 대할 때에 자신의 성정을 따라 임의로 행하여 자녀들을 노엽게 하지 않도록 유의하여야 합니다. "또 아비들아 너희 자녀를 노엽게 하지 말고 오직 주의 교양과 훈계로 양육하라"(엡 6:4). 부모가 자녀를 훈계한다는 명분 아래 자신의 부패한 성정을 제어하지 못하고 절제를 하지 못한 채 자녀를 다루어 자녀를 노엽게 하지 않도록 하여야 합니다. 부모가 먼저 성령님의 영향 아래 있어야 하며, 그 가운데에 성경의 교훈을 좇아 자녀에게 교훈하여야만 합니다.

다음으로 제5계명의 교훈의 대상은 부모에 대한 권위에 대해 말하는 것에 그치지 않습니다. 제5계명이 교훈하는 바에 따라 순종해야 하는 권위의 대상은 부모뿐만 아니라 우리 위에 권위를 가지고 행사하는 모든 이들을 포함합니다. 그러니까 제5계명에서 말하는 권위의 대상은 가정, 정부, 직장, 학교 등 모든 기관들 그리고 교회의 지도자들을 포괄합니다. 이러한 뜻을 담아 요리문답은 본 104문항에서 "나의 부모와 내 위에서 권위를 행사하는 모든 이들을 공경하고 사랑하며 성실히 대할 것이며 ..."라고 쓰고 있습니다.

성경은 이러한 교훈을 다음과 같이 전하고 있습니다. 정부 지도자들에 관하여, "각 사람은 위에 있는 권세들에게 복종하라 권세는 하나님으로부터 나지 않음이 없나니"(롬 13:1a). 또 직장과 관련하여 "사환들아 범사에 두려워함으로 주인들에게 순종하되 선하고 관용하는 자들에게만 아니라 또한 까다로운 자들에게도 그리하라"(벧전 2:18). 교회 지도자들과 관련하여, "너희를 인도하는 자들에게 순종하고 복종하라 ..."(히 13:17). 또 "젊은 자들아 이와 같이 장로들에게 순복하고 다 서로 겸손으로 허리를 동이라 하나님이 교만한 자를 대적하시되 겸손한 자들에게는 은혜를 주시느니라"(벧전 5:5).

여기서 유의할 것은 이러한 권위들은 모두 하나님께서 부여하신 것이라는 사실입니다. 선거를 통하여 선출이 된다고 하더라도 그 권위의 근거는 선출한 국민들이나 교인들에게서 나오는 것이 아니라 하나님에게서 나오는 것입니다. 정치체제가 국가의 경우 왕정이든지 공화정이든지, 또는 교회의 경우 장로회이든지 감독제이든지, 그것이 어떤 것이든 다스림의 권위는 하나님에게서 나오는 것입니다. 이를테면 "... 권세는 하나님으로부터 나지 않음이 없나니 모든 권세는 다 하나님께서 정하신 바라"(롬 13:1b).

물론 직장의 권세는 하나님께서 부여하신 것은 아닙니다. 그렇지만 정당한 질서 안에서 직원으로 일하는 자가 직장을 위하여 성심껏 일하며 해를 끼치지 않아야 한다는 것은 계명을 통해 보이신 하나님의 명령입니다. 또한 직장과 학교와 같은 사회적 권위의 질서는 가정과 정부의 권위에서 파생적으로 확장이 되는 것이라는 점에서 가정이나 정부의 경우와 마찬가지로 질서 안에서의 권위에 대해 순종할 책임이 주어집니다. 이러한 맥락에서 볼 때 하나님께서는 제5계명을 통해 각종의 권위에 순종할 것을 명하셨음을 이해할 수 있어야 하겠습니다.

여기서 권위를 부여받은 자들은 그 권세를 임의로 행사하여서는 안 된다는 점에 유의하여야 합니다. 마치 부모가 자녀들을 노엽게 하지 말아야 하듯이 정부의 지도자가 국민들을, 직장의 사업주가 직원들을, 또 교회의 지도자가 교인들을 불의로 대하여 노엽게 하지 않아야 합니다. 하나님의 대리자로서 하나님의 율례를 따라 공정하게 그 권위로 인하여 부여되는 권세를 행사하여야 합니다. 다윗과 사울이 서로 다른 점은 왕직을 수행함에 있어서 다윗은 하나님의 계명에 따른 반면에 사울은 그렇지 않았다는 사실에 있습니다. 다윗에게 있어서 하나님은 자신의 목자이며 자신은 하나님의 양이었습니다. 하지만 사울은 자신의 판단을 따르며 임의대로 행한 자였습니다. "사무엘이 사울에게 이르되 왕이 망령되이 행하였도다 왕이 왕의 하나님 여호와께서 왕에게 명하신 명령을 지키지 아니하였도다 …"(삼상 13:13). 하나님의 교회에서도 마찬가지입니다. "너희 중에 있는 하나님의 양무리를 치되 억지로 하지 말고 하나님의 뜻을 따라 자원함으로 하며 더러운 이득을 위하여 하지 말고 기꺼이 하라. 맡기운 자들에게 주장하는 자세를 하지 말고 오직 양무리의 본이 되라"(벧전 5:2~3).

만일 권위를 가진 자들이 권위 아래에 있는 자들을 노엽게 하는 경우에는 어떻게 하여야 할까요? 요리문답은 한편으로 권위 아래 있는 자들이 자신들 위에 있는 권위자들에게 대하여 "공경하고 사랑하며 성실히 대할 것이며, 그들이 선한 가르침으로 교정하고 징계를 할 때에 합당한 순종을 하여야 한다"고 교훈합니다. 그러면서도 동시에 다른 한편으로 그들이 결함이 있고 부족할 때에는 인내로 참으라고 교훈합니다. "그들의 약점과 부족함에 대해서는 인내하여야 합니다." 이것은 성경이 다음과 같이 교훈한 바와 같습니다. "사환들아 범사에 두려워함으로 주인들에게 순복하되 … 애매히 고난을 받아도 하나님을 생각함으로 슬픔을 참으면 이는 아름다우나"(벧전 2:18a, 19).

이를 테면 불의한 권세자들에게도 여전히 복종해야 하는 것은 부모가 완전하지 않고 연약하며 부족한 부분들이 있다할지라도 그것을 이유로 삼아 부모를 거역하고 저주를 하는 것은 하나님의 뜻을 정면으로 거슬리는 일인 것과 같습니다. 물론 악한 권력자에게 복종해야 한다는 말에 쉽게 동의할 사람은 많지 않을 것입니다. 이들은 하나님께 권위를 부여받은 자로서의 본분을 이탈하고 있기 때문에, 성경의 교훈에 비추어 볼 때 이미 지도자로서의 자격을 상실한 사람입니다. 그런데 이들처럼 악한 자들조차도 그들이 권력을 가지고 있을 때 그들도 일정한 정도 악을 심판하는 기능을 수행하는 부분이 있는 법입니다. 북한의 사악한 정권이라도 나름대로 사회의 일반 질서를 유지하기 위하여 일정한 심판의 기능을 감당하는 것이 그 예가 될 것입니다. 악한 권력자 개인을 바라보는 것이 아니라, 그가 잡고 있는 권력에 부여된 권위와 책임의 기능을 존중하여야 하는 이유에서 악한 정권의 권위에도 복종을 하여야 합니다.

그렇다면 악한 권력은 저항과 심판을 면제 받고 있는다는 것입니까? 그렇지 않습니다. 악한 권력에 대한 심판에 대해서는 첫째로 하나님의 섭리에 맡겨야 합니다. 하나님께서 악한 권력을 처벌하시고 억울한 권력의 희생자들을 구하여 낼 수 있도록 기도하여야 합니다. 둘째로 권력 구조 안에 있는 기관들의 책임을 맡은 자들이 악한 권력에 대해 저항하여야 합니다. 행정, 입법, 사법의 삼권분립의 권력구조는 서로를 견제하며 권력을 오용 및 남용하는 일이 없도록 하여야 합니다.

그러나 이 모든 것 위에 만일 정부가 하나님의 분명한 계명을 어그러뜨리며 악행을 명할 때에는 정부의 권력에 불순종하여야 합니다. 금송아지를 만드는 북 왕국 이스라엘의 왕 여로보암의 명령에 순종하였던 이스라엘 백성들은 그로 인하여 우상을 따르는 악행을 범하게 되었습니다(왕상 12:25~33). 결국 권력이 불의하다고 하더라도 권력에 부여된 권위는 존중이 되어야 하며 복종해야 할 것입니다. 그러나 그 권력이 불경건의 죄를 범하도록 명할 때에는 불순종하는 것이 성도의 마땅한 자세입니다. "베드로와 사도들이 대답하여 이르되 사람보다 하나님께 순종하는 것이 마땅하니라"(행 5:29).

...생각 나누기

되짚는 질문

1_ 안식일을 지켜야 하는 근거는 무엇입니까?

2_ 안식일에는 아무런 노동을 하지 않아야 한다는 주장은 옳습니까?

3_ 하나님께 예배하는 일과 육체의 쉼 가운데 어느 것이 안식일에 더 우선적으로 고려되어야 할까요?

새로운 질문

4_ 제5계명이 그 뒤에 나오는 다른 계명들보다 우선적인 까닭은 무엇입니까?

5_ 자녀가 부모에게 순종하여야 할 두 가지 이유는 무엇입니까?

6_ 자녀를 양육하는 부모에게 요구되는 책임은 어떠합니까?

7_ 부모이외에 권위에 대해서도 순종해야 하는 까닭은 무엇입니까?

8_ 권위를 가진 자가 부적절할 경우에는 어떻게 하여야 합니까?

9_ 악한 권력에 대한 저항은 어떻게 하여야 합니까?

42. 제6계명

제40주일 | 105~107문

질문 105 하나님께서 제6계명으로 요구하시는 바는 무엇입니까?

답 생각으로든지, 말로든지, 또는 몸짓으로든지, 행위로는 말할 것도 없고, 나 자신이 직접 또는 다른 사람을 시켜서 내 이웃의 명예를 욕되게 하거나, 그들을 미워하거나 상처를 주거나, 또는 죽여서는 안 됩니다.(창 9:6; 레 19:17-18; 마 5:21-22; 26:52)

오히려 모든 복수심을 버려야 합니다.(잠 25:21-22; 마 18:35; 롬 12:19; 엡 4:26)

아울러 자기 자신을 상하게 하거나, 일부러 위험한 상태에 처하도록 해서도 안 됩니다.(마 4:7; 26:52; 롬 13:11-14)

그러므로 국가가 칼의 권세를 가지고 있는 이유 중의 하나는 바로 이러한 살인을 막기 위함입니다.(창 9:6; 출 21:14; 롬 13:4)

질문 106 그런데 이 계명은 단지 살인 행위에 대해서만 말하는 것입니까?

답 하나님께서 살인을 금하시면서 교훈하시는 바는 하나님께서 살인의 뿌리가 되는 것들, 시기, 미움, 분노, 복수심 등을 미워하신다는 것입니다.

(시 37:8; 잠 14:30; 롬 1:29; 12:19; 갈 5:19-21; 약 1:20; 요일 2:9-11)

이러한 것들 모두 하나님이 보시기에는 살인입니다.(요일 3:15)

질문 107 **그렇다면 앞서 말한 그런 식으로 이웃을 죽이지 않으면 이 계명을 충분히 지킨 것입니까?**

답 아닙니다. 시기, 미움, 분노를 정죄하심으로써 하나님께서 우리에게 명하시는 것은 우리 이웃을 우리 자신과 같이 사랑하며,(마 7:12; 22:39; 롬 12:10)

인내와 화평과 온유와 긍휼과 친절로 그들을 대하며,(마 5:3-12; 눅 6:36; 롬 12:10, 18; 갈 6:1-2; 엡 4:2; 골 3:12; 벧전 3:8)

할 수 있는 한 그들이 해를 당하지 않도록 보호를 하며, 심지어는 원수에게 조차도 선을 행하는 것입니다.(출 23:4-5; 잠 25:21-22; 마 5:44-45; 롬 12:20-21)

― 하나님께서 사람들을 창조하시면서 사람들 사이에 정직하며 투명한 관계를 바탕으로 하는 질서를 부여하셨습니다. 그 질서에 따라서 사람들 사이에는 권위와 그 권위에 순종하며 따라야 하는 책임이 주어졌습니다. 이 질서에 따른 권위는 사람이 스스로 부여한 것이 아니라 하나님께서 주신 것이므로 권위에 대한 복종이 그 권위 아래에 있는 사람들에게 요구되는 것이 일반적입니다.

제5계명부터 제10계명까지의 여섯 계명은 특별히 사람 사이에 질서를 유지하기 위한 구체적인 규범들을 제시하고 있습니다. 그 가운데 여섯 계명 가운데 가장 처음 나오는 5계명은 다른 다섯 계명들의 기초가 됩니다. 살인, 간음, 도적질, 거짓 증거, 그리고 탐심에 대한 경고의 계명들은 권위에 대한 복종의 의무를 교훈하는 5계명에 기초하여 불순종을 금하고 불순종할 경우에 심판을 받게 될 것임을 교훈하고 있기 때문입니다.

제5계명은 부모를 공경할 것을 명합니다. 요리문답은 이러한 제5계명과 관련하여 공경의 대상을 단지 부모에게만 한정하지 않고, 국가를 비롯한 사회적 관계에로 확장하여 교훈합니다. 먼저 부모를 공경해야 하는 이유는 부모가 자녀를 생산하고 이를 양육하는 일반적인 관계에서 나옵니다. 이러한 관계에 근거하여 부모를 공경하여야 하는 것은 하나님의 언약 아래에 있지 않은 모든 일반 사람들 사이에서도 마땅한 윤리로 강조되고 있는 핵심적인 의무입니다.

제5계명에서 특별히 이러한 부모 공경의 의무를 강조하는 것은 부모가 자녀들에게 베푸는 양육과 훈계라는 일반적 관계에 기초하는 것에 한정되지 않습니다. 왜냐하면 은혜언약 아래에 있는 부모는 자녀들에게 하나님의 말씀을 가르쳐 언약의 축복을 누릴 수 있도록 신앙을 가르쳐야 하는 책임을 가지고 있기 때문입니다. 따라서 언약 아래에 있는 자녀들이 부모에게 순종하여야 할 특별한 이유는 하나님께서 부모를 통하여 자녀들에게 언약의 복을 내려주시기 때문입니다. 하나님께서는 부모의 이러한 책임은 너무나 중요하기 때문에 부모의 권위에 순종하는 자녀들에게 "잘되고 땅에서 장수하는" 축복의 약속을 약속하셨습니다. 반면에 부모에게 반역하며 부모를 저주하고 거슬리는 자녀들에게는 죽음이라는 형벌을 명하셨습니다.

  신앙문답은 제5계명을 해설하면서 순종하여야 할 권위의 대상을 단지 부모만으로 제한하지 않고, 국가 권력과 사회 기관 등까지 넓혀 교훈합니다. 예를 들어 국가 권력은 하나님께서 악을 제어하기 위하여 세우신 것으로 그 권위를 인정하고 순종해야한다는 교훈이 제5계명에 담겨져 있는 것으로 풀이를 합니다. 국가의 정치체제가 어떠하든지 그 체제 안에서 권력은 악을 심판하시고 제어하시는 하나님의 뜻에 의하여 주어진 것이므로 겸손히 공의롭게 행사되어야 합니다. 그리고 국가 권력의 권위 아래에 있는 모든 사람들은 그것을 존중하고 따라야 합니다.

  설령 부모나 국가 권력이 하나님의 뜻에 합당하지 않게 주어진 권위를 행사하는 경우가 있다하더라도, 그 권위의 질서는 존중이 되어야 하며 거역하거나 저항하여서는 안 됩니다. 불의한 권력이라도 일정한 수준의 질서를 유지하기 위하여 악을 제어하는 심판의 기능을 수행하기 때문입니다. 그러나 어떠한 권위라도 하나님의 계명을 거슬리는 불경건을 명할 수는 없습니다. 이러한 불경건의 악을 요구하는 권위에 대해서는 불복종하는 것이 오히려 계명의 참 뜻을 바르게 지키는 것이 됩니다.

  제6계명은 살인을 금할 것을 명령합니다. 얼핏 생각하면 이 계명은 보통의 사람들에게는 상관이 없는 명령으로 여겨집니다. 살인의 행위는 결코 흔한 일상의 일이 아니기 때문입니다. 하지만 요리문답은 이웃의 몸에 상처를 주거나, 이웃의 명예를 부당하게 욕되게 하거나, 이웃을 미워하는 일 등도 실제로 생명을 빼앗는 일과 마찬가지로 제6계명을 어기는 것이라고 교훈을 합니다. 더구나 자신이 직접 하지 않고 다른 사람을 통하여 행하는 일도 역시 계명을 불순종한 것이 됩니다. 뿐만 아니라 행위로는 말할 것도 없고, 단지 생각으로나 말로, 혹은 몸짓 등과 같이 사소한 행동으로도 미워하거나 명예에 상처를 준다면 그것도 역시 살인죄를 범하는 것입니다. "옛 사람에게 말한 바 살인하지 말라 누구든지 살인하면 심판을 받게 되리라 하였다는 것을 너희가 들었으나 나는 너희에게 이르노니 형제에게 노하는 자마다 심판을 받게 되고 형제를 대하여 라가라 하는 자는 공회에 잡혀가게 되고 미련한 놈이라 하는 자는 지옥 불에 들어가게 되리라"(마 5:21~22). 이처럼 예수님은 이웃이나 형제를 향해 노를 내면서 상처를 주거나 명예를 욕되게 하는 것 등도 살인의 실제적인 행동과 마찬가지 형벌을 받을 것임을 말씀하셨습니다.

그렇다면 누구도 제6계명은 일상생활과 상관이 없다고 말할 수가 없습니다. 행위로 살인을 범하지 않았다고 하더라도, 생각이나 말로, 또 몸짓으로 이웃을 미워하고 그들의 명예를 욕되게 하는 일을 전혀 하지 않은 사람은 단 하나도 있지 않기 때문입니다. 다른 이의 대화를 나누면서 제 3자에 대한 험담을 일삼고, 자신이 좋아하지 않는 사람의 명예에게 모욕을 주는 일들은 때로는 죄의식도 없이 행하여질 만큼이나 일상의 생활 가운데 깊이 들어와 있습니다.

"살인하지 말라"는 제6계명은 생명을 빼앗아서는 안 되는 대상 속에 엄마의 태중에 있는 아이나, 불치병 가운데 있는 병자나, 자기 자신 모두를 포함합니다. 낙태, 안락사, 자살 등의 행위 등은 모두 제6계명에 따를 때 허용이 될 수가 없는 일입니다. 이와 관련하여 요리문답은 이렇게 쓰고 있습니다. "아울러 자기 자신을 상하게 하거나, 일부러 위험한 상태에 처하도록 해서도 안 됩니다"(105문답). 요리문답은 자살은 물론 자해하는 행위도 또한 해서는 안 될 일임을 분명하게 교훈합니다. 사람은 여타의 동물과 다를 바 없는 그저 하나의 피조물이 아닙니다. 사람은 하나님의 형상으로서 인격적인 존재이며, 또한 신자의 경우라면 하나님의 성전입니다. 또한 자신의 생명이라 할지라도 그것은 다른 어떤 소유물과 달리 자신의 소유가 아니라 하나님의 소유입니다. 즉 사람의 생명의 주인은 하나님이십니다. 그렇기 때문에 자살이나 자해를 하는 일은 하나님의 형상으로서의 인격의 고귀함을 존중히 여기고 하나님의 성전을 섬겨야 하는 책임을 완전히 방기하는 것이며 생명의 주인이신 하나님의 뜻에 정면으로 충돌하는 악한 죄인 것입니다. 항상 신자는 자살로 이끌어 갈 수 있는 엄청난 고통이나 두려움, 낙심과 절망 등을 겪게 될 때, 이 모든 사정을 아시는 하나님이 긍휼과 자비가 많으신 하나님이시며, 자신의 자녀들을 끝까지 붙드시고 선한 길로 인도하시는 아버지이시며, 또 우리 주 예수 그리스도께서는 우리의 연약함을 다 직접 겪어 아시고 계시는 구주이시라는 고백을 든든히 붙들고 나가야 합니다. "우리에게 있는 대제사장은 우리의 연약함을 동정하지 못하실 이가 아니요 모든 일에 우리와 똑같이 시험을 받으신 이로되 죄는 없으시니라"(히 4:15).

아울러 실제로 생명을 빼앗거나 육체를 상하게 하는 일이 아니더라도 앞서 살핀 것처럼 생각, 말, 또는 몸짓으로도 다른 사람의 명예를 다치게 하는 일도 금하여진 것이라는 사실에서 오늘날 종종 나타나는 여러 행위들이 해서는 안 되는 악한 것임을 알 수 있습니다. 이를 테면 아동 학대나 배우자 학대, 성차별, 인종차별, 연령차별, 그리고 부당한 노동의 착취 등과 같은 행위들도 넓게 보면 제6계명을 어기는 악한 행위들인 것입니다. 요컨대 경제적인 이유나 개인적인 이유로 인하여 자신이나 다른 사람의 생명을 앗아가거나 상처를 주는 일은 어떠한 것이든지 제6계명에 의해 금지되어 있습니다.

살인의 악행은 다른 죄와 달리 결과를 다시 돌이켜 원래의 상태로 회복시킬 수가 없는 최종적인 죄악입니다. 이러한 일이 일어나는 기회를 억제하고 사회를 보존하기 위하여 하나님께서는 앞서 5계명에서 공부한 바와 같이 국가에 심판의 권세를 주셨습니다. 요리문답은 다음과 같이 말합니다. "그러므로 국가가 칼의 권세를 가지고 있는 이유 중의 하나는 바로 이러한 살인을 막기 위함입니다"(105문답 가운데).

그러면 전쟁에서 나가서 살인을 하게 되는 것이나, 공무원이 사형을 집행함으로써 살인을 하는 경우는 어떻게 될까요? 국가 권세의 칼이 살인죄를 막고자 하는 것은 제6계명의 목적을 성취하고자 하는 이유 때문입니다. 예를 들어 제6계명의 목적은 생명과 육체를 건강하게 보존하며, 그 결과 각 개인의 자신과 다른 사람들의 안전을 도모하여 개인과 사회를 보존하는 것입니다. 5계명의 해설에서 이미 살폈듯이, 이러한 목적을 이룰 수 있도록 하나님께서는 국가에 악을 심판하도록 권위를 주셨고, 국민들은 국가 권세의 권위에 복종을 하여야 합니다. 이제 요리문답은 제6계명을 해설함에 있어 이러한 국가 권세의 권위를 인용하여 살인을 금하신 하나님의 교훈을 강조합니다.

이처럼 제6계명은 개인과 사회를 안전하게 보존하기 위한 것이라는 점을 고려할 때, 국가가 명하는 전쟁을 수행할 때 병사가 전장에서 살인하게 되는 경우는 제6계명에 어긋나는 것이 아님을 바로 이해할 수 있습니다. 전쟁은 국가가 개인과 사회를 보존하기 위한 것이므로 그 전쟁에 부름을 받고 전장에서 살인을 행하는 것은 제6계명을 어기는 것이 아니라 오히려 성취하는 역설적 의미를 갖습니다. 어떤 전쟁은 탐욕에 의하여 정의롭지 못한 이유로 벌어지게 됩니다. 이 때 그러한 전쟁의 성격으로 인한 책임은 전쟁을 도발하는 국가에게 있으며, 국가의 부름을 받아 전쟁에 참여하는 개인에게 있는 것은 아닙니다. 개인은 전쟁의 성격이 어떠하든지 국가의 부름에 참여하여 전투를 하는 경우에 일어나는 살인 행위는 제

6계명에 저촉이 되지를 않습니다. 물론 전쟁의 상황에서 인권을 유린하고 무력을 이용하여 탐욕을 채우는 악행을 범하는 경우는 당연히 죄가 됩니다.

제6계명에 대한 요리문답의 해설은 살인이나 상처를 주는 행위, 몸짓, 말과 생각을 금하여야 할 것을 말하는 것을 넘어서 그러한 결과를 낳는 근원 자체를 금하고 있음을 드러내 줍니다. "하나님께서 살인을 금하시면서 교훈하시는 바는 하나님께서 살인의 뿌리가 되는 것들, 시기, 미움, 분노, 복수심 등을 미워하신다는 것입니다. 이러한 것들 모두 하나님이 보시기에는 살인입니다"(문답 106). 살인하지 말라는 계명은 육체의 생명을 빼앗는 것만을 가리키는 것이 아닙니다. 상대에 대해서 화가 치밀어 오를 때, 사람들은 그를 해치고 싶은 충동을 느낄 때가 있습니다. 형제에 대한 시기, 미움, 분노, 복수심 등은 모두 마음 속에 화를 치밀어 오르게 하며, 이어서 해치고자 하는 욕망으로 불타오르게 합니다.

그러므로 성경에 이르기를 이러한 미움 자체가 이미 살인의 죄를 범하는 것이라고 교훈을 합니다. "그 형제를 미워하는 자마다 살인하는 자니 살인하는 자마다 영생이 그 속에 거하지 아니하는 것을 너희가 아는 바라"(요일 3:15). 예수님께서 "형제에게 노하는 자마다 심판을 받게 되고 형제에 대하여 라가라 하는 자는 공회에 잡혀가게 되고 미련한 놈이라 하는 자는 지옥 불에 들어가게 되리라"(마 5:22)라고 말씀하실 때, 그것은 분노와 조롱과 미움이 살인죄와 다를 바가 없음을 교훈하신 것입니다. 따라서 요리문답은 생각이나 말이나 몸짓이나 행위로 이웃을 해치거나 죽이는 일이 실제로 발생하지 않으면 "살인하지 말라"는 제6계명을 충분히 지킨 것인가라는 질문에 대해 아니라고 확고하게 답을 합니다. 그것은 이미 마음으로 범하는 시기, 미움, 분노를 살인죄로 정죄하셨기 때문에 실제로 발생하지 않는다 하여도 제6계명을 충분히 지킨 것이라 할 수 없기 때문입니다.

요리문답의 설명은 여기에 그치지 않습니다. 여기에 더하여 요리문답은 제6계명의 적극적인 의도를 고려할 것을 교훈합니다. 그것은 단지 살인을 범하지 않기 위하여 하지 말아야 할 것들, 하지 않기 위한 노력 이외에 해야 할 것들에 행하는 실천을 할 때라야 제6계명을 지키는 것임을 뜻합니다. 요리문답의 교훈은 이러합니다. "시기, 미움, 분노를 정죄하심으로써 하나님께서 우리에게 명하시는 것은 우리 이웃을 우리 자신과 같이 사랑하며, 인내와 화평과 온유와 긍휼과 친절로 그들을 대하며, 할 수 있는 한 그들이 해를 당하지 않도록 보호를 하며, 심지어는 원수에게 조차도 선을 행하는 것입니다"(문답 107).

요리문답의 해설은 정확히 성경의 교훈을 반영합니다. "형제들아 너희가 자유를 위하여 부르심을 입었으나 그러나 그 자유로 육체의 기회를 삼지 말고 오직 사랑으로 서로 종 노릇하라 온 율법은 네 이웃 사랑하기를 네 자신 같이 하라 하신 말씀에서 이루어졌나니 만일 서로 물고 먹으면 피차 멸망

할까 조심하라"(갈 5:13~15).

제6계명은 소극적인 측면에서는 살인하지 말라고 말씀한 것이지만 적극적인 측면에서는 하나님의 형상인 사람이 서로 사랑함으로써 하나님의 거룩한 의와 진리를 드러내고, 개인과 사회를 보존하며, 더 나아가 거룩한 하나님의 나라를 이루어 가야하는 목적을 전제하는 명령입다.

빛으로 어둠을 밀어내듯이 미움의 마음에서 비롯하는 살인의 시작은 미움을 사랑으로 변화시키는 성령님의 도움으로만 가능하게 됩니다. 사랑의 열매를 맺기 위해 성령님을 좇아 살아가는 적극적인 순종이 제6계명을 충분히 지키는 유일한 길입니다.

...생각 나누기

• 되짚는 질문

1_ 부모에게 순종 또는 불순종하는 자녀들에게 약속되어 있는 상이나 벌은 어떠합니까?

2_ 불의한 권력의 권위에도 순종하여야 하는 이유는 무엇입니까?

3_ 하나님의 계명에 어긋나는 불경건의 악을 명하는 권위에 대해서는 어떻게 대하여야 합니까?

• 새로운 질문

4_ 살인하지 말라는 제6계명을 범하지 않은 사람이 없는 까닭은 무엇입니까?

5_ 제6계명은 낙태, 안락사, 자살 등의 행위에 대해 무엇을 교훈합니까?

6_ 제6계명은 각종의 학대(노인, 아동)나 차별(성, 인종)에 대해 무엇을 교훈합니까?

7_ 전쟁에 나가서 살인을 하게 되는 경우는 제6계명을 어기는 것입니까?

8_ 제6계명은 미움, 분노, 복수심 등에 대해 무엇을 교훈합니까?

9_ 제6계명이 금한 것을 행하지 않으면 계명을 충분히 지킨 것입니까?

43. 제7계명

제41주일 | 108~109문

질문 108 하나님께서 제7계명으로 요구하시는 바는 무엇입니까?

답 하나님께서는 온갖 부정(不貞)을 정죄하십니다.
(레 18:30; 엡 5:3-5)
그러므로 혼인한 자이든 독신으로 있는 자이든 그것을 전심으로 철저히 혐오해야 하며,(유 22-23)
단정하고 정숙한 생활을 하여야만 합니다.
(고전 7:1-9; 살전 4:3-8; 히 13:4)

질문 109 하나님께서 이 계명으로 금하시는 것이 단지 간음, 또는 그와 유사한 수치스러운 죄들 뿐입니까?

답 우리의 몸과 영혼은 모두 성령의 전이기 때문에, 하나님께서는 그 모두를 순결하고 거룩하게 지키기를 원하십니다. 그렇기 때문에 하나님께서는 부정한 행위들, 몸짓들, 말들,(고전 6:18-20; 엡 5:3-4) 생각이나 욕망들처럼(마 5:27-28) 부정(不貞)을 부추기는 모든 것들을 금하십니다.
(고전 15:33; 엡 5:18)

— 살인하지 말라는 제6계명을 범하는 죄만큼 보통의 사람들에게 해당이 되지 않는 것은 없다고 생각될 수 있습니다. 그러나 살인의 죄보다 더 가까이 모든 사람에게 다가와 있는 것은 또한 없습니다. 그 까닭은 제6계명이 금하고 있는 명령은 생명을 빼앗는 행위만을 금하는 것에 그치지 않기 때문입니다. 남을 업신여기는 것, 남에게 모욕을 주며 그의 명예를 훼손하는 것, 미워하고 증오하는 것들도 모두 살인의 죄를 범한 것과 다를 바가 없습니다. 그렇게 볼 때 노인이나 아동 또는 배우자를 학대하는 행위들, 그리고 성차별과 인종차별과 같은 각종의 차별 행위들도 살인죄를 범하는 것에 포함이 됩니다. 이러한 행위들은 일상 생활 속에서 보통의 사람들이 날마다 범하는 일들입니다. 예수님께서는 이러한 모든 행위들이 곧 살인의 행위와 동일하며, 살인죄와 마찬가지로 심판을 받고 지옥불에 들어가게 되는 형벌을 받을 것임을 교훈하셨습니다.

제6계명을 범하지 않은 사람은 단 한 사람이라도 없을 것이라는 사실은 이렇게 다른 사람을 살인하는 것은 물론이거니와 미워하며 비방하며 증오하는 행위들도 살인죄를 범하는 것이라는 행위의 대상이 광범위하다는 사실에 그치지 않습니다. 그러한 행위를 단지 몸짓과 말로만 행하는 것은 말할 것도 없고, 심지어 단지 생각만으로 범하여도 살인죄를 범하는 것이라는 사실 때문에 더욱 더 그러합니다. 마음에서 작용하는 미움, 증오, 복수심이야 말로 비방과 욕설, 명예훼손, 그리고 육체의 생명을 빼앗는 일 등을 포함한 일체의 살인죄에 해당하는 행위를 낳게 만드는 뿌리입니다. 요리문답은 이와 같은 악의 뿌리인 마음의 부패성 자체가 이미 하나님 보시기에는 제6계명의 죄를 범하고 있는 것임을 교훈합니다. 이러한 사실을 깨달을 때에 비로소 사람은 자신에게는 의가 없으며 오직 예수 그리스도의 의를 덧입을 때라야 하나님 앞에 의인으로 설 수가 있다는 복음의 사실을 받아드릴 수가 있게 됩니다.

사람의 생명은 자신에게서 비롯되는 것이 아닙니다. 자신의 생명이라 할지라도 사람 스스로가 만들어 낸 것이 아닙니다. 따라서 자신이 누리고 있는 생명도 그 주인은 자신이 아니라 하나님이십니다. 그렇기 때문에 자살이나 자신의 몸을 상하게 하는 자해의 행위도 또한 제6계명을 어기는 죄를 범하는 것이 됩니다. 경제적이든지, 심리적이든지, 어떤 이유에서라도 안락사 또는 낙태를 행하는 일들도 생명의 주인은 하나님께 대하여 살인죄를 범하는 것이 됩니다. 사람의 생명을 빼앗는 일은 어떤 이유로도 받아들여 질 수가 없습니다.

나라가 행하는 전쟁에 나가서 전투 중에 부득이 행하게 되는 살인이나, 정부의 관리로서 사형을 집행하게 되는 경우에는 제6계명을 범한 것으로 판단하지 않습니다. 그 까닭은 제6계명을 명하신 것은 개인과 사회를 안전하게 보존하기 위함인데, 이러한 군인이나 관리로서 행하는 일은 개인과 사회를 안전하게 보존하기 위한 결과를 가져오기 때문입니다. 물론 군인과 관리가 그 권세를 남용하거나 오용하는 경우는 제6계명의 죄를 범한 것이며, 그러한 잘못은 일반 사회에서도 범죄로 판단을 합니다.

요리문답은 제6계명을 지키는 것은 단지 살인을 포함하는 여러 악행들을 금하는 것으로는 충분하지 않음을 교훈합니다. 그러한 악행들을 행하지 않아야 하는 것은 물론이거니와 이웃을 자신의 몸처럼 사랑할 때에 비로소 제6계명을 온전히 그리고 충분히 지키는 것임을 덧붙여 강조합니다. 부패한 마음이 제6계명을 범하는 일체의 죄악을 낳는 것이며 그러한 마음 자체가 이미 제6계명을 범한 것이라고 할 때, 제6계명을 충분히 지키는 것은 미움과 분노의 마음을 사랑의 마음으로 바꾸지 않고는 계명을 충분히 지켰다고 말할 수가 없습니다.

제7계명은 간음을 하지 말라 명합니다. 간음을 금하심으로써 하나님은 혼인의 신성함을 강조하시며 가정의 가치를 보존하십니다. 간음은 우선적으로 부부 간의 정절을 범하는 죄입니다. 제7계명은 부부 사이에 혼인의 순결과 정숙과 절제가 있어야 함을 교훈하면서, 또한 이것을 통해 혼인을 하였던지 그렇지 않았든지 부정한 일들을 부추기는 생각이나 욕망들을 다 금합니다. 음행은 모든 부정한 욕망이 필연적으로 도달하게 되는 종착점이기 때문입니다.

요리문답은 음행을 금하는 제7계명과 관련하여 금할 것과 행하여야 할 것을 비교하여 제시합니다. "하나님께서는 온갖 부정(不貞)을 정죄하십니다. 그러하므로 혼인한 자이든 독신으로 있는 자이든 그것을 전심으로 철저히 혐오해야 하며, 단정하고 정숙한 생활을 하여야만 합니다"(문답 108). 교훈의 요점은 부정함을 피할뿐더러 단정하고 정숙한 생활을 하여야 한다는 것입니다. 이러한 생활은 혼인한 자나 독신으로 있는 자나 모두가 적용이 됩니다.

그러면 먼저 혼인한 자의 정숙한 생활이란 어떠한 것일까요? 혼인은 사람으로 하여금 배우자와 더불어 연합하여 사랑을 나누며 복된 삶을 살도록 하기 위해 하나님께서 제정하신 제도입니다(참조. 창 2:18). 그리고 아담과 하와가 타락한 이후에는 더욱 더 혼인생활은 사람에게 절실하게 되었습니다. 왜냐하면 타락한 이후에 부패한 사람의 성정은 절제하지 못하는 정욕에 빠져 남녀가 서로 음행을 하는 일의 가능성이 매우 높아졌기 때문입니다.

혼인은 이러한 정욕의 악을 막고, 하나님께서 창조하신 하나님의 형상을 이루어 아름답고 복된 사랑의 연합을 이루도록 하기 위해 더욱 더 필요한 제도가 된 것입니다. 성경은 이르기를, "음행을 피하기 위하여 남자마다 자기 아내를 두고 여자마다 자기 남편을 두라"(고전 7:2)고 하였습니다. 또 이르기를 "만일 절제할 수 없거든 결혼하라 정욕이 불 같이 타는 것보다 결혼하는 것이 나으니라"(고전 7:9)고 하였습니다. 이러한 교훈들을 볼 때, 사람이 타락한 이후에 정욕을 절제하지 못하여 음행의 죄를 범하지 않도록 하기 위해 혼인은 꼭 필요한 제도가 된 것임을 알 수가 있습니다.

타락한 이후 사람의 부패성을 고려할 때, 독신으로 산다는 것은 음행을 피하라는 하나님의 명령에 불순종하는 위기를 필연적으로 초래할 가능성이 매우 높습니다. 매우 특별한 은사를 받아 정욕을 이길 수 있는 사람이 아니라면 독신으로 살면서 정욕을 이기고 순결한 가운데 정숙한 생활을 절제를 가지고 살아가기란 매우 어렵습니다(참조 마 19:11,12; 고전 7:7).

따라서 특별히 교회를 위하여 독신으로 살아가면서 정결한 삶을 이룰 수 있는 소수의 사람들이 아니라면 혼인을 거부하지 않아야 합니다. 절제할 수 없는 정욕을 그릇된 방향으로 발산할 위기가 높은 사람에게 있어서 혼인은 해도 안 해도 그만인 중립적인 문제가 아닙니다. 혼인은 특별한 경우가 아니라면 적극적으로 행하여야 하는 필수적인 사안입니다.

요리문답은 혼인을 한 사람이나 독신으로 있는 사람이나 모두 부정을 혐오하고 단정하고 정숙한 생활을 하여야 한다고 교훈을 합니다. 이 점에 있어서 혼인을 한 사람이 독신으로 있는 사람에 비하여 반드시 안정적인 것은 아닙니다. 혼인을 한 이후에도 여전히 음행을 행할 가능성이 여전히 많으며, 또 그렇게 행하는 일이 너무나도 많이 나타나기 때문입니다.

제7계명에서 음행을 삼가라고 명령을 따를 때, 혼인한 사람들은 어떻게 하여야 하겠습니까? 남녀 간의 성적 연합은 혼인의 제도 안에서 행하여져야만 하며 그렇지 않을 경우는 다 음행입니다. 독신으로 있으면서 남녀가 성적인 관계를 맺으면 음행을 한 것이며, 혼인을 한 사람이 자신의 배우자 이외의 사람과 성적 연합을 이루면 음행을 행한 것입니다. 음행을 행하지 않기 위하여, 각각 배우자는 서로 서로 정절을 지키는 가운데 사랑을 나누어야 하며, 서로의 슬픔과 불행도 함께 나누며, 자녀를 양육하고, 모든 허물과 약점을 덮고, 좋은 점과 훌륭한 점을 더욱 발전시켜줌으로써, 혼인 언약을 지켜 나가야 합니다.

요리문답을 쓴 저자 가운데 한 사람인 우르시누스는 요리문답을 해설하면서 음행을 피하라는 제7계명을 지키기 위한 적극적인 덕목으로 순결(chastity), 정숙(modesty), 그리고 절제(temperance) 세 가지를 지목합니다. 우선 순결이란 하나님의 교훈에 따라 살아가며 육체와 영혼을 순전히 보존하고, 무절제한 정욕으로 비롯되는 혼인 외적인 성적 관계를 행하지 않는 덕목을 가리킵니다.

이와 같은 순결(chastity)은 독신생활을 하는 자와 혼인생활을 하는 자 모두에게 공통적으로 요구됩니다. 독신생활을 하는 자의 순결이란 혼인을 하지 않은 상태에서 유혹이 되는 일체의 방종한 정욕에 넘어지지 않도록 자신을 잘 방비하는 일이며, 혼인생활을 하는 자의 순결이란 혼인 외적인 성적 관계를 갖지 않으며, 혼인언약을 성실히 지켜 혼인생활을 거룩히 보존하는 일을 뜻합니다. 성경은 이에 대하여 다음과 같이 교훈을 합니다. "하나님의 뜻은 이것이니 너희의 거룩함이라 곧 음란을 버리고 각각 거룩함과 존귀함으로 자기의 아내 대할 줄을 알고"(살전 4:3~4). 독신생활을 하는 자들이 서로 범하는 음행은 각각 자신이외에 다른 사람에게 죄를 범하는 것은 아니지만, 혼인을 한 사람이 혼인을 한 다른 사람과 함께 음행을 범하면, 자기 배우자에게 대하여 범죄할 뿐만 아니라, 상대의 배우자에게도 범죄하는 것이 되므로 이중적인 간음의 죄를 범하게 됩니다. 이러한 일은 하나님께서 혼인을 제정한 신성한 뜻에 배치되는 악한 일입니다.

제7계명에서 말하는 순결의 의무는 근친상간이나 동성애와 같은 부적절하며 악한 정욕의 행위들도 금합니다. 혈통적으로 가까운 친족들이나, 혹은 법적으로 맺어진 가까운 인척들과 성적 관계를 맺는 근친상간은 가정의 질서를 파괴하는 악행으로 하나님께서 금하신 것임을 기억하여야 합니다. 또 동성애를 지지하는 어떤 이들은 두 사람 사이에 순결의 의무가 이행이 되면 이들의 관계도 제7계명에 어긋난 것이 아니라고 주장을 합니다. 동성애도 혼인언약 안에 있는 적법한 성적 연합이라는 것입니다. 그러나 성경은 동성애를 가증한 일임을 분명하게 밝히고 있습니다. "누구든지 여인과 동침하듯 남자와 동침하면 둘 다 가증한 일을 행함인즉 반드시 죽일지니 자기의 피가 자기에게로 돌아가리라"(레 20:13).

또 "이 때문에 하나님께서 그들을 부끄러운 욕심에 내버려 두셨으니 곧 그들의 여자들도 순리대로 쓸 것을 바꾸어 역리로 쓰며 그와 같이 남자들도 순리대로 여자 쓰기를 버리고 서로 향하여 음욕이 불 일듯 하매 남자가 남자와 더불어 부끄러운 일을 행하여 그들의 그릇됨에 상당한 보응을 그들 자신이 받았느니라"(롬 1:25~27). 이처럼 명백한 성경의 교훈에도 불구하고 동성애를 음행의 죄가 아니라고 말하는 것은 궤변에 불과합니다.

요리문답의 저자 우르시누스가 지목한 제7계명과 관련한 적극적인 덕목인 순결, 정숙, 그리고 절제 세 가지 가운데 정숙과 절제는 순결의 덕목과 관련한 덕목입니다. 정숙(modesty)은 순결과 반대되는 부정한 것을 부끄러워하며, 혐오하고, 이러한 것을 범하지 않기를 바라는 간절한 마음과 태도를 뜻합니다. 정숙한 사람은 순결치 못한 부정한 일이나 행위를 결코 가볍게 여기지 않으며, 이를 매우 수치스러운 일로 여기고 어떠한 음탕한 일이나 외설적인 언어나 생각을 마음에 두기를 꺼려하며 거부합니다.

마지막 덕목인 절제(temperance)는 정숙한 마음으로 순결을 지키기 위하여 육체와 영혼에 부정한 일을 행하지 않도록 한계를 지키는 덕을 말합니다. 절제가 없이는 순결을 지킬 수가 없습니다. 예수님께서 스스로 조심하라는 경계의 말씀으로 다음과 같이 절제의 덕목을 교훈하셨습니다. "너희는 스스로 조심하라 그렇지 않으면 방탕함과 술취함과 생활의 염려로 마음이 둔하여지고 뜻밖에 그 날이 덫과 같이 너희에게 임하리라"(눅 21:34). 절제를 하지 못하는 상태는 다양한 방면에서 나타납니다. 폭음이나 과식, 또는 지나친 사치와 같이 지나치게 과한 모양으로도 나타나며, 또는 정반대로 지나친 금욕이나 극기의 모양으로 나타나기도 합니다.

제7계명에서 금하는 간음은 단지 사람들 사이의 행위적인 측면에서의 부덕함을 가리키는 데에 그치지 않습니다. 간음의 행위를 낳는 다른 모든 것들도 다 제7계명을 거슬리는 죄악된 것입니다. 이와 관련하여 요리문답은 다음과 같이 말합니다. "우리의 몸과 영혼은 모두 성령의 전이기 때문에, 하나님께서는 그 모두를 순결하고 거룩하게 지키기를 원하십니다. 그렇기 때문에 하나님께서는 부정한 행위들, 몸짓들, 말들, 생각이나 욕망들처럼 부정(不貞)을 부추기는 모든 것들을 금하십니다."(문답 109문). 앞서 제6계명에서 살핀 바처럼, 비록 행위로 살인을 하지 않아도, 몸짓이나 말 또는 생각으로만 하여도 살인한 것과 같으며, 더욱이 미움, 시기, 분노 등의 마음을 품는 것조차도 이미 살인죄를 범한 것과 같습니다. 마찬가지로 제7계명은 비록 행위로 간음을 하지 않아도, 몸짓이나 말이나 생각들로 하는 행위들도 실제로 간음을 한 것과 다르지 않다고 교훈하며, 더 나아가 간음과 부정한 행위나 말들을 부추기는 모든 욕망들도 금할 것을 명합니다.

음행의 죄를 범하는 것은 다른 죄들과 다른 특징을 갖습니다. "음행을 피하라 사람이 범하는 죄마다 몸 밖에 있거니와 음행하는 자는 자기 몸에 죄를 범하느니라 너희 몸은 너희가 하나님께로부터 받은 바 너희 가운데 계신 성령의 전인 줄을 알지 못하느냐 너희는 너희 자신의 것이 아니라 값으로 산 것이 되었으니 그런즉 너희 몸으로 하나님께 영광을 돌리라"
(고전 6:18~20).

음행이 아닌 다른 모든 죄들도 자신의 인격에 영향을 주며, 그것을 금하신 하나님의 명령을 불순종한다는 측면에서 영적인 불순종의 의미를 갖습니다. 그렇지만 유독 음행이 다른 죄와 달리 몸에 죄를 범하는 것이라는 점을 강조하면서, 몸이 곧 성령의 전이라는 점을 덧붙여 말하고 있는 데에는 음행과 관련한 중요한 한 가지 사실 때문입니다. 그것은 음행은 성적 관계를 나누는 대상자와 연합을 한다는 특별한 의미를 갖기 때문입니다. 성적 관계는 두 사람 사이의 연합의 행위를 뜻합니다. 그런데 성도는 성령님과 연합이 된 자이며 그런 의미에서 성도의 몸은 성령의 전이라 일컬어집니다. 성령님은 성도와 인격적 연합을 통한 몸과 영혼의 주인입니다. 음행이라는 육체적 연합은 바로 성령님과의 연합의 관계를 부정하는 비유적 의미를 갖는다는 점에서 몸에 죄를 범하는 것이며, 또한 자신을 피로 값주고 사신 하나님의 소유권을 부정하는 행위가 됩니다. 따라서 육체의 음행은 영적으로 하나님과의 관계를 부정하는 음행의 의미를 갖습니다.

이러한 사실은 혼인언약의 의미를 짚어볼 때 분명히 확인이 됩니다. 하나님께서는 성부, 성자, 성령 세 위격들이시지만 서로가 서로 안에 거하시며 완전한 사랑의 연합 가운데 한 하나님으로 계시는 것처럼, 부부도 혼인언약을 지키며 서로 서로 한 몸과 한 마음이 되기를 바라셨습니다. 혼인의 이와 같은 의미를 들어 하나님께서는 하나님의 백성들과의 관계를 혼인에 빗대어 말씀하셨습니다. 하나님은 이스라엘의 신랑이시며 이스라엘은 하나님의 신부입니다. 이 관계는 신약에서 그리스도와 교회의 관계로 표현이 됩니다. 그리스도는 교회의 신랑이시며, 교회는 그리스도의 신부입니다. 음행이라는 육체적 연합은 바로 하나님과 교회 사이의 신랑과 신부라는 혼인의 순결한 관계를 더럽히는 죄이며 우상숭배의 성격을 갖습니다. "음행과 온갖 더러운 것과 탐욕은 너희 중에서 그 이름조차도 부르지 말라 이는 성도에게 마땅한 바니라 ... 너희도 정녕 이것을 알거니와 음행하는 자나 더러운 자나 탐하는 자 곧 우상 숭배자는 다 그리스도와 하나님의 나라에서 기업을 얻지 못하리니"(엡 5:3,5).

어떻게 하면 제7계명의 죄를 피할 수가 있겠습니까? 부정적인 측면에서 음행은 혼인한 자에게나 독신자에게나 모두 그리스도와의 순결한 혼인관계를 더럽히는 우상숭배의 죄라는 사실을 깨달아야 합니다. 아울러 긍정적인 측면에서 자신이 성령님의 전이라는 사실을 깨닫고, 몸과 영혼을 정결히 하기에 힘을 써야 할 것입니다. 이것을 위해 하나님의 도움을 기도하며 구하여야 할 것입니다.

... 생각 나누기

• • 되짚는 질문

1_ 하나님께서 제6계명을 통해 금하시는 행위들은 무엇입니까?

2_ 제6계명이 금하는 행위를 실제로 하지 않았다고 해도 여전히 제6계명을 범한 것으로 여겨지게 되는 경우가 있습니까?

3_ 제6계명을 충분히 온전하게 지키려면 어떻게 해야 합니까?

• • 새로운 질문

4_ 요리문답은 제7계명과 관련하여 무엇을 금하고 무엇을 행할 것을 교훈합니까?

5_ 사람의 정욕과 관련하여 혼인이 갖는 의미는 무엇입니까?

6_ 제7계명이 독신으로 있는 자들에게 주는 경고는 무엇입니까?

7_ 제7계명을 지키기 위한 적극적인 덕목 세 가지는 무엇이며 각각이 의미하는 바는 무엇입니까?

8_ 제7계명의 의도에 비추어 볼 때, 동성애나 근친상간 같은 행위에 대해 어떠한 평가를 내려야 하겠습니까?

9_ 음행의 죄가 몸 밖이 아니라 몸에 범하는 죄라는 뜻은 무엇입니까?

44. 제8계명

제42주일 | 110~111문

질문 110 하나님께서 제8계명으로 금하신 것은 무엇입니까?

답 하나님께서는 국가가 정한 법에 의해 처벌을 받게 되는 도둑질과 강도질만을 금하신 것이 아닙니다.(출 22:1; 고전 5:9-10; 6:9-10) 이것들뿐만 아니라 이웃의 것을 빼앗으려고 하는 속임수나 간계들도 이 계명으로 금하셨습니다.(미 6:9-11; 눅 3:14; 고전 5:10; 약 5:1-6) 예를 들어, 강제로 또는 합법성을 가장하여 저질러지는 부정직한 저울이나 계량기나 잣대, 불량품, 위조화폐나 고리대금 등 그가 금하신 방식에 의한 것들을 금하셨으며,(신 25:13-16; 시 15:5; 잠 11:1; 12:22; 겔 45:9-12; 눅 6:35) 또한 탐욕과(눅 12:15; 엡 5:5) 그가 베푸신 은사들을 남용하거나 허비하는 일도(잠 21:20; 23:20-21; 눅 16:10-13) 금하셨습니다.

하나님께서 이 계명으로 요구하시는 바는 무엇입니까?

질문 111

답 할 수도 있고 또 해도 괜찮은 경우라면 언제든지 나의 이웃의 유익을 증진시키기 위해 애를 쓰며, 다른 이들에 의해 대접을 받고자 하는 대로 나도 남에게 대접을 하며, 더 나아가 성실히 일을 하여 어려운 형편에 놓인 가난한 사람들을 돕는 것입니다.(사 58:5-10; 마 7:12; 갈 6:9-10; 엡 4:28)

— 간음처럼 일반 생활에 깊숙이 들어와 있으면서도 가장 죄의식이 적은 것은 없을 것입니다. 많은 예술과 드라마에서 음행은 사랑이라는 이름으로 포장이 되어 왔습니다. 낭만적인 사랑의 순수함을 간음이라는 이름으로 옥죄는 사회의 관습이 오히려 문제인 것처럼 그리는 문학적인 묘사는 간음에 대해 매우 관용적이었습니다. 오늘날의 사회는 음행과 관련한 쾌락을 부추기는 일이 점점 노골화 되어 가고 있으며, 각종의 음란물에 노출되는 강도와 횟수가 늘어가고 있는 상황입니다.

이러한 현상은 타락한 이후로 사람들이 부정한 욕망에 이끌려 필연적으로 음행에 이르게끔 타락한 결과입니다. 혼인은 이러한 본래 배우자와 더불어 사랑으로 연합하여 복된 삶을 살도록 하기 위해 하나님께서 제정하신 제도입니다. 혼인의 이상적 모델은 첫째는 성부, 성자, 성령 하나님께서 서로 구별이 되시나 하나이신 사랑의 연합을 통해 찾을 수 있으며, 둘째는 그리스도께서 교회를 사랑하시고 교회는 그리스도에게 순종하는 사랑의 관계에서 찾을 수가 있습니다.

그러나 타락한 이후로 사람들이 점차 무절제한 욕망으로 인하여 무너져 음행의 일들을 행하는 일이 만연하게 되었습니다. 그 결과 혼인제도는 이러한 음행을 억제하도록 하기 위해 필요한 제도로서의 역할을 갖게 되었습니다. 그러나 정욕을 절제하지 못하여 음행의 죄를 범하는 타락한 사람은 음행을 막기 위한 혼인제도의 의미가 무색하게끔 혼인 아래에서도 음행을 행하는 일은 계속되어 갔습니다. 이에 하나님께서는 제7계명을 통해서 간음하지 말라고 명령을 하시어 부패한 사람의 음욕에 대해 절제를 명하셨습니다.

음행을 금하는 제7계명은 비단 혼인한 사람들에게만 요구되는 것이 아닙니다. 독신으로 있는 사람에게도 마찬가지로 요구됩니다. 요리문답을 해설한 우르시누스에 따르면 대체로 음행을 피하라는 계명을 지키기 위하여 순결(charity)과 정숙(modesty)과 절제(temperance)의 세 덕목이 요구됩니다. 순결이란 혼인하지 않은 상태에서의 어떠한 성적 관계도 갖지 않음을 뜻합니다. 모든 성적 관계는 혼인언약을 맺은 상태에서 이루어져야만 합니다. 성적 관계란 서로를 거룩함과 존귀함으로 받으며 이루어져야만 하는 연합의 의미를 갖기 때문입니다. 방종한 정욕에 따라 혼인을 하지 않은 독신의 상태에서 성적 관계를 갖는 일이나, 혼인한 사람이 배우자 이외의 사람과 성적 관계를 갖는 일은 다 하나님께서 부정한 것으로 금하신 일이며 가증한 일로 미워하시는 행위입니다.

하나님께서는 다른 죄들은 몸 밖에 지는 죄이지만 음행은 몸에 지는 죄라고 말씀하심으로 음행의 죄를 다른 죄와 달리 구별합니다. 이것은 혼인을 벗어난 성적 연합은 성령의 전으로 성령님과 연합의 관계를 부정하는 죄로서의 상징적 의미를 갖기 때문입니다.

정숙이란 순결을 더럽히는 부정함을 수치스럽게 여기고 혐오하며, 부정을 행하지 않기 위해 음탕한 일이나 외설적인 언어나 생각을 마음에 두지 않는 마음의 태도를 가리킵니다. 절제란 부정한 일을 행하지 않기 위해 행동의 한계를 지키는 덕목입니다. 이러한 절제는 정숙과 더불어 순결을 지켜가기 위해 필요한 덕목입니다. 정숙한 마음을 유지하는 일은 절제의 덕목으로 부정한 욕망을 제어하지 못한다면 어렵게 되기 때문입니다. 절제로 욕망을 제어하고 정숙한 마음을 유지할 때 비로소 순결을 이루게 되며, 그러할 때에 제7계명이 금한 음행을 행하지 않을 수가 있습니다.

제7계명을 지키기 위한 가장 좋은 길은 정숙과 절제로 순결을 지키는 가운데 혼인언약의 거룩함을 잘 인식하는 일입니다. 음행이란 혼인한 사람에게나 독신으로 있는 사람에게나 그리스도를 신랑으로 모시며 살아가는 신부로서의 성도가 지켜야 하는 순결한 혼인의 도리를 어그러뜨리는 죄이며, 우상숭배의 죄와 다를 바가 없음을 깨달아야 합니다. 아울러 자신이 성령님의 전이라는 사실을 유념하고 몸과 영혼을 정결히 하기에 힘을 다해야 할 것이며, 하나님의 도움을 힘써 구하여야 할 것입니다.

하나님께서는 제8계명에서 도둑질하지 말라고 명하십니다. 요리문답은 하나님께서 제8계명으로 금하신 것에 대해서 설명하면서, 단지 도둑질이나 강도질뿐 만 아니라, 이웃의 소유를 **빼앗기** 위한 속임수나 간계들도 금하신 것이라고 말합니다. 전자와 관련해서는 일반 보편적인 윤리에 비추어 볼 때도 너무나 분명하여 특별한 설명이 필요가 없습니다.

제8계명을 이해하는 중요하는 원리는 칼빈이 말한 바처럼 각 사람이 소유하고 있는 것은 하나님께서 각 사람에게 맡기신 것이라는 사실에 있습니다. 따라서 각 사람의 것을 정당하게 인정하지 않고 그것을 불의하게 탐하는 것은 하나님의 뜻을 무시하고 어기는 것이며 또한 가증한 것이 됩니다. 각 사람은 각 사람의 소유를 그에게로 돌려야만 합니다(참조 롬 13:7).

성경은 도둑질이나 강도질을 하는 행위를 간음과 우상숭배의 죄와 다를 바가 없는 것임을 교훈합니다. "불의한 자가 하나님의 나라를 유업으로 받지 못할 줄을 알지 못하느냐 미혹을 받지 말라 음행하는 자나 우상숭배하는 자나 간음하는 자나 탐색하는 자나 남색하는 자나 도적이나 탐욕을 부리는 자나 술 취하는 자나 모욕하는 자나 속여 빼앗는 자들은 하나님의 나라를 유업으로 받지 못하리라"(고전 6:9~10).

도둑질이나 강도질을 하는 자들도 하나님의 나라에 들어갈 수 없다는 말씀은 참으로 마음에 깊이 새겨야 하는 중요한 교훈이 아닐 수 없습니다. 사람들은 흔히 도둑질이나 강도질이 도덕적으로 그릇된 일이기는 하지만, 우상숭배와 같은 영적인 죄에 비해서는 죄의 무게가 덜한 것으로 생각을 하는 경향이 있기 때문입니다. 그러나 성경은 도둑질이나 음행이나 우상숭배가 모두 하나님 나라에 합당치 못한 죄라는 점에서 차이가 없음을 교훈합니다.

그런데 어떠한 행위들이 도둑질에 해당할까요? 칼빈은 도둑질의 네 가지 유형들로 분류하여 제시합니다. 하나는 강제로 다른 사람의 물건을 강탈하는 행위이며, 다른 하나는 악한 간계로 속여서 다른 사람의 재산을 가로채는 사기 행위이며, 또 다른 하나는 합법적인 방식을 취하여 다른 사람의 재산을 도둑질하는 교묘하고도 간교한 행위이며, 마지막은 감언이설로 좋은 것을 주는 것처럼 속여서 사실은 그것을 통해 자신의 이득을 취하는 행위입니다.

요리문답은 칼빈의 설명과 마찬가지로 제8계명에서 금하는 것은 단지 실제적으로 도적질이나 강도질의 실제적인 행위만이 아니라 이웃의 것을 빼앗으려는 의도에서 속임수나 간계를 행하는 것도 포함이 된다는 사실을 덧붙여 교훈합니다. 요리문답이 예시하고 있는 구체적인 실례들은 이러합니다. "예를 들어, 강제로 또는 합법성을 가장하여 저질러지는 것들, 곧 부정직한 저울이나 계량기나 잣대, 불량품, 위조화폐나 고리대금 등 그가 금하신 기타 여러 수단들을 금하셨습니다"(문답 110b). 비록 간계를 통해서 합법성을 외적으로 갖추고 있다하더라도, 남의 소유를 불법적으로 갈취하여 자신의 이익을 도모하려는 의도가 있는 일체의 행위들은 다 제8계명에 저촉이 됩니다. 이를 테면 악한 간계를 쓰거나 또는 권력과 결탁하여 판결을 굽게 하여 이익을 취하는 경우도 있습니다. 외형적으로는 합법적인 판결을 통해 재물을 얻는 것으로 보여도, 하나님께서는 그 간계를 다 파악하고 계십니다.

따라서 부정직한 저울이나 계량기를 사용하는 일은 물론, 불량품을 정상품인 것으로 속여 판매하거나 위조화폐를 통용하는 일을 제8계명이 금하고 있다는 것은 말할 것도 없습니다. "악인의 집에 아직도 불의한 재물이 있느냐 축소시킨 가증한 에바가 있느냐 내가 만일 부정한 저울을 썼거나 주머니에 거짓 저울추를 두었으면 깨끗하겠느냐"(미 6:10~11; 참조 신 25:13~15). 하나님께서는 속이는 저울을 미워하시며 공평한 추를 기뻐하십니다(잠 11:1).

특별히 주의할 것은 고리대금도 제8계명이 금하는 일이라는 점입니다. 적절한 수준을 넘어서는 고리대금은 다른 사람의 소유를 갈취하는 악한 행위로 하나님께서 금하고 계신 것임을 잊지 말아야 합니다. 경제적으로 어려운 처지에 있는 수많은 사람들에게 피해를 주고 그들을 극단적인 고통 속으로 몰아 넣는 고금리의 사채사업이 오늘날에도 여전히 성행하고 있습니다. 하지만 이러한 사채사업은 하나님께서 금하시는 일입니다.

요리문답은 제8계명이 탐욕을 정죄하는 것으로 풀이를 합니다. 제8계명이 금하는 도적질의 행위는 근본적으로 탐욕에서 비롯이 됩니다. 탐심은 자신의 생명을 소유와 바꿀 만큼 사람을 어리석게 합니다. "그들에게 이르시되 삼가 모든 탐심을 물리치라 사람의 생명이 그 소유의 넉넉한 데 있지 아니하니라 하시고"(눅 12:15). 탐심은 자신의 영혼을 팔아 멸망에 이를지라도 소유의 부함을 위하여 수단과 방법을 가리지 않는 도적질과 같은 죄악을 범하도록 부추키는 원인이 됩니다.

이어서 요리문답은 하나님께서 베푸신 은사들을 남용하거나 허비하는 일도 제8계명에서 금하고 있는 것임을 덧붙입니다. 이것은 흥미로운 해설입니다. 왜냐하면 자신이 가지고 있는 은사를 남용하거나 허비하는 일은 남의 소유를 속여 빼앗는 것과 언뜻 연결이 되지를 않기 때문입니다. 요리문답이 이해를 위하여 인용하는 성경은 이러합니다. "너희가 만일 남의 것에 충성하지 아니하면 누가 너희의 것을 너희에게 주겠느냐"(눅 16:12). 이 말씀에서 보아 알 수 있듯이 요리문답이 은사의 남용이나 허비를 제8계명에 대한 불순종으로 보는 까닭은 은사가 바로 본래부터 자신의 것이 아니라 하나님께서 그에게 맡기신 것이라는 사실 때문입니다. 주인의 소유를 충성스럽게 관리하지 않고 허비하는 것은 주인에게 손해를 끼치는 것이며 이는 곧 주인의 것을 도둑질 하는 것과 다를 바가 없는 것입니다.

이 사실을 좀 더 확장하여 보면 각 사람이 이웃에게 마땅히 행하여야 할 의무를 행하지 않는 것도 제8계명을 불순종하는 것이 됩니다. 왜냐하면 이웃에게 행하여야 하는 의무는 그 이웃의 편에서 보면 자신이 받아야 하는 권리이기 때문입니다. 의무를 소홀히 함으로 상대의 권리를 훼손하는 것은 결국 이웃의 재산을 횡령하는 죄를 범하는 것이 됩니다. 주인의 재산을 맡아 관리하는 청지기가 맡은 재물을 함부로 소비하거나 게으름으로 잘 관리를 하지 않을 경우, 또는 주인의 지시를 판단하며 조롱하면서 흠을 잡으며 주인의 재산에 손해를 끼치는 것 등은 다 제8계명에 어긋나는 것입니다.

우르시누스는 요리문답을 해설하면서 제8계명을 지키기 위한 일곱가지 덕목들을 소개합니다. 하나는 '상호공평한 정의'(commutative justice)입니다. 이것은 경제적인 이익을 취함에 있어서 재물의 매매, 차용, 교환, 대여, 기부, 보증, 신탁 등에 있어서 보상과 댓가를 공평하게 정당한 법에 따라 행하는 경제활동의 정의를 말합니다. 횡령이나 착복, 매매상의 속임수, 고리대금 등은 '상호공평한 정의'를 어그러뜨리는 대표적인 실례입니다. 두 번째 덕목은 만족(contentment)입니다. 이것은 정직하게 얻어진 재물에 만족을 하면서 자신의 것이 아닌 것을 탐욕으로 바라지 않는 마음을 말합니다. 만족이 없으면 탐욕으로 인해 도둑질을 할 위험성이 높아집니다. 또한 겉으로는 만족하는 척하면서도 실제로는 기대하며 바라는 경우가 있습니다. 이것도 탐욕으로 인한 것이며 제8계명을 지키는 데 장애가 되는 요인이 됩니다.

세 번째 덕목은 신의(fidelity)입니다. 이것은 불성실하거나 게으른 것과는 완전히 대조가 되는 덕목입니다. 다른 이가 손실을 보거나 상해를 당하든지 말든지 자신이 해야 할 의무는 소홀히 하거나, 또는 공공의 유익은 찾아 누리면서 공공의 유익을 위하여 자신이 할 바는 행하지 않는 것은 신의를 어그러뜨리는 행위입니다. 이와는 달리 다른 사람이 손실을 보지 않도록 배려하고, 그러한 경우가 있다면 개선을 하기 위해 노력을 하며, 자신이 할 바를 기꺼이 감당하는 신의의 덕목이 있을 때에 제8계명을 지킬 수가 있게 됩니다.

네 번째 덕목은 후한 마음(liberality)입니다. 가난한 사람에게 자기가 가진 재물을 나누어 주는 덕목입니다. 사회적인 압력이나 법에 따른 강제력 때문이 아니라, 자신의 경건과 순결을 위하여 다른 사람의 필요에 대해 이해하면서 자비의 마음으로 자신의 소유를 나누어 주는 것은 도둑질 하지 말라는 제8계명을 지키는 적극적인 측면입니다. 이 덕목은 인색하지 않으면서도 또한 낭비하지 않는 중도적인 덕목입니다.

 다섯 번째 덕목은 친절(hospitality)입니다. 이것은 후한 마음의 한 표현이기도 합니다. 특별히 나그네와 같은 이들, 또는 복음으로 인하여 어려움을 겪는 이들을 배려하고 이들에게 후한 마음으로 친절을 베푸는 것을 말합니다. 끝으로 여섯 번째 덕목은 근검(parsimony)입니다. 앞서 말한 후한 마음이 인색함에 반대되는 것이라면 근검은 낭비에 반대되는 것입니다. 근검은 불필요한 소비를 삼가며 자신을 위하여 적절한 정도만큼만 보유하며, 필요한 정도 이상을 탐하거나 남용하지 않는 덕목을 가리킵니다. 끝으로 절약(frugality)의 덕목입니다. 대체로 가정의 일과 관련한 덕목으로 이미 가지고 있는 것을 적절히 유익하게 사용하면서, 또 필요하며 쓸모가 있는 것에만 비용으로 지출하는 덕목입니다. 근검은 규모있게 나누어 주는 것과 관련된 것인 반면에, 절약은 물건들을 적절히 사용하는 것과 관련이 됩니다.

 이상에서 살펴본 일곱 가지 덕목을 실천하는 것은 제8계명과 관련하여 하지 말아야 할 것들을 하지 않는 것에 그치는 것이 아니라, 좀 더 적극적인 측면에서 해야 할 바가 있음을 포괄적으로 말해줍니다. 이를 테면 자신이 정당하고 합법적인 방법으로 얻은 것에 만족하고, 불의의 방식으로 이웃의 소유를 빼앗아 자신의 재물을 늘려 탐욕을 만족시키려 하지 않는다면 제8계명에서 금하는 바를 잘 지키는 것이 될 것입니다. 이처럼 소극적인 측면에서 금지된 것들이 어떠한 것들인가를 말한 후, 요리문답은 이어서 다음과 같이 교훈합니다. "할 수도 있고 또 해도 괜찮은 경우라면 언제든지 나의 이웃의 유익을 증진시키기 위해 애를 쓰며, 다른 이들에 의해 대접을 받고자 하는 대로 나도 남에게 대접을 하며, 더 나아가 성실히 일을 하여 어려운 형편에 놓인 가난한 사람들을 돕는 것"(문답 111)이 하나님께서 제8계명에서 요구하시는 바입니다. 칼빈은 제8계명의 적극적인 측면을 해설하면서 할 수 있는 만큼 권고와 협력을 통해 모든 사람을 도와서 그들로 하여금 자신의 소유를 정당하게 유지, 보존할 수 있도록 도와야 하며 ... 자신이 가지고 있는 풍성한 것들을 나누어 주어 사정이 어려워 압박을 받는 사람들에게 필요를 채우도록 하여야 할 것이라고 말합니다. 그런데 흥미롭게도 칼빈은 말하기를 만일 신실하지 못하고 부정직한 사람들과 부딪칠 경우라면 그들과 맞서 싸우기보다는 차라리 자신의 소유를 포기하는 것도 제8계명을 지키는 한 가지 방식이라고 말합니다.

제8계명을 지키는 원리는 다른 계명과 마찬가지로 이 계명을 주신 하나님을 생각하는 데에 있습니다. 각각의 사람이 정당한 방식에 따라 재물을 마련한 것은 하나님께서 그에게 주신 것이라는 사실을 인정하고, 또한 이웃의 소유를 해치기는 고사하고 오히려 그들과 더불어 나눔의 사랑을 이루며 살도록 주신 것임을 인정해야 할 것입니다. 아울러 하나님께서는 사람이 행하는 행위만이 아니라, 사람의 마음까지도 살펴보신다는 것을 깨닫고 자신의 탐욕을 절제하고 다른 사람들의 복리와 유익을 세워가기에 마땅히 할 바를 힘써 해야 할 것입니다.

생각 나누기

되짚는 질문

1_ 하나님께서 제정하신 혼인의 본래적 의미와 사람이 타락한 이후에 부가적으로 더하여진 혼인의 의미에 대해 설명하시기 바랍니다.

2_ 음행을 피하기 위해 필요한 세 가지 덕목은 어떠하며 혼인한 사람과 독신인 사람에게 각각 어떻게 적용이 됩니까?

3_ 제7계명을 충분히 온전하게 지키려면 어떻게 해야 합니까?

새로운 질문

4_ 칼빈이 말한 바에 따르면 제8계명의 근본 원리는 무엇입니까?

5_ 고전 6:9~10을 읽으시기 바랍니다. 도둑질이나 강도질은 어떤 죄와 다를 바가 없습니까?

6_ 제8계명에서 금하는 도둑질에 해당되는 행위들은 무엇입니까?

7_ 도둑질을 금하는 제8계명이 근원적으로 정죄하는 바는 무엇입니까?

8_ 요리문답은 하나님께 받은 은사들을 남용하거나 허비하는 것도 제8계명에 불순종이라고 말합니다. 그 까닭은 무엇입니까?

9_ 우르시누스가 제시한 제8계명을 지키기 위한 일곱 가지 덕목들은 어떠합니까?

45. 제9계명

제43주일 | 112문

질문 112 **하나님께서 제9계명으로 원하시는 것은 무엇입니까?**

답 어느 누구를 향해서도 거짓 증언을 하지 말며(잠 19:5, 9; 21:28), 다른 사람의 말을 왜곡하지 않고(시 15:3; 시 50:19-20), 뒷담화로 헐뜯거나 중상(中傷)하지 않으며(롬 1:29-30), 다른 사람의 말을 들어보지도 않고 경솔하게 다른 사람을 판단하거나 정죄하는 일에 참여하지 않아야 합니다(마 7:1-2; 눅 6:37). 도리어 하나님의 무거운 진노가 내게 임하는 일이 없도록(잠 12:22; 13:5), 본래 마귀가 행하기에 합당한 온갖 종류의 거짓말과 속임수를(요 8:44) 행하지 않도록 합니다.
또한 법정에서와 기타 다른 일에서도 진실을 말하고 정직하게 진술하고 고백할 뿐만 아니라(고전 13:6; 엡 4:25), 이웃의 명예와 평판(評判)을 보호하고 높여주기 위한 최선을 다해야 합니다(벧전 4:8).

— 사람들은 다른 사람의 소유를 빼앗는 일은 그것이 강제적으로 행하여지든, 아니면 속임수를 통해 행하여지든, 그 방식에 상관이 없이 악하다는 점에 모두가 동의를 합니다. 도둑질이 악하다는 것은 보편적인 윤리입니다.

성경도 당연히 도둑질을 악한 것으로 정죄합니다. 정죄의 원리는 도둑질이란 하나님께서 각 사람에게 맡기신 것을 정당하게 인정하지 않고 하나님의 뜻을 무시하고 어기는 가증한 것이기 때문입니다. 성경은 도둑질이나 강도질이 하나님의 뜻에 대한 불순종이라는 점에서 우상숭배의 죄와 다를 바가 없다고 교훈합니다. 성경에서 도둑질을 우상숭배의 죄와 방불하게 하나님 나라를 유업으로 받지 못할 죄로 정죄하는 까닭은 도둑질은 곧 탐욕에서 비롯되는 것이며, 또한 탐욕은 곧 우상숭배와 같은 죄이기 때문입니다. 도둑질이나 강도질은 단순히 도덕적으로 그릇된 일일 뿐만 아니라, 영적으로도 우상숭배와 다를 바가 없는 무거운 죄라는 사실을 기억하여야 할 필요가 있습니다.

그러면 도둑질에 해당하는 행위들은 어떠한 것들일까요? 제8계명이 금하고 있는 것은 단지 실제적으로 불법적인 수단을 통해 남의 것을 빼앗는 행위들 뿐만이 아닙니다. 겉으로는 합법성을 가장하고 있다고 할지라도 감언이설이나 간계를 통해 상대의 동의를 끌어낸 행위들을 포함합니다. 뿐만 아니라 그러한 의도를 가지고 행한 모든 행위들도 제8계명에 어긋나는 행위들입니다. 간계를 통해서 비록 외적으로는 합법성을 갖추고 있다하더라도, 남의 소유를 불법적으로 갈취하여 자신의 이익을 도모하려는 의도가 있다면 그러한 일체의 행위들도 다 제8계명에 저촉이 됩니다. 심지어 일반적으로 세상의 법이 허용하는 범위 안에서 행하여지고 있는 고리대금과 같은 사채사업도 하나님께서 금하는 것이며 하나님을 믿는 신자들이 해서는 안 될 일입니다. 그것은 고금리의 돈을 빌어 쓸 수 밖에 없는 어려운 처지에 있는 사람들에게 더욱 더 커다란 피해를 주는 악을 행하기 때문입니다. 고금리의 사채업이 돈을 빌어 쓰고자 하나 방편을 못찾는 이에게 길을 열어주는 긍정적인 의미가 있다고 주장하는 것은 교인으로서 할 말이 아닙니다. 고금리 사업이 가난한 사람들을 위한 긍휼의 사업이 결코 아니며 결국 고금리로 이익을 크게 하고자 하는 의도에서 행하여 지는 것임이 분명하기 때문입니다. 제8계명이 탐욕을 정죄한다는 사실을 기억하여야 합니다.

하나님께서 베푸신 은사들을 남용하거나 허비하는 일도 제8계명에서 금하고 있는 것입니다. 내 것을 가지고 내가 낭비를 하든 절약을 하든 그것이 무슨 문제가 되겠느냐고 반문을 할지 모릅니다. 그러나 기억하여야 할 것은 나의 소유는 나만을 위한 것이 아니라 이웃을 위하여 하나님께서 내게 베푸신 것이라는 사실입니다. 내게 소유들을 베푸실 때 하나님께서는 그 소유를 충성스럽게 관리하며 사용하기를 바라십니다. 하나님의 뜻은 이웃에게 마땅히 행하여야 할 의무를 행하라는 뜻을 포함합니다. 이웃의 재산을 훼손하는 일이 있어서는 안 되는 것은 물론이거니와 권고와 협력을 통해 이웃으로 하여금 자신의 소유를 정당하게 유지, 보존할 수 있도록 도와야 합니다. 더 나아가 자신의 소유를 나누어 주어 사정이 어려워 압박을 받는 사람들에게 필요를 채우도록 합니다.

제8계명을 지키는 원리는 이처럼 폭이 넓다는 사실을 기억하고, 사람의 마음까지도 살펴보시는 하나님 앞에서 자신의 탐욕을 절제하고 이웃을 위해 필요한 일들을 힘써 행하여야 할 것입니다.

제9계명은 이웃에 대하여 거짓 증거를 금합니다. 하나님께서는 진리이시며 거짓을 미워하십니다. 하나님께서는 사람들이 서로 속임이 없이 진실을 따라 살기를 바라십니다. 거짓을 행한다는 것은 진실을 세우고자 하시는 하나님의 의도와 계획을 거스리는 죄악입니다. 제9계명은 거짓을 행하는 죄악 가운데 대표적인 것으로 법정에서 거짓 증언을 하지 말 것을 말씀하셨습니다. 이 명령은 긍정적인 면으로 볼 때 이웃에 대하여 진실한 증언을 하라는 뜻을 포함합니다.

하나님께서는 일찍이 애굽에서 나온 이스라엘 백성들에게 거짓을 금하시며 다음과 같이 명하셨습니다. "너는 거짓된 풍설을 퍼뜨리지 말며 악인과 연합하여 위증하는 증인이 되지 말며 다수를 따라 악을 행하지 말며 송사에 다수를 따라 부당한 증언을 하지 말며 가난한 자의 송사라고 해서 편벽되이 두둔하지 말지니라"(출 23:1~3). 이스라엘 가운데 어떤 사람들이 악하여 함께 위증하여 이익을 도모하자고 하는 일이 있을 터이지만, 그것을 핑계로 하여 그들과 연합하여 거짓을 증언함으로 하나님의 백성으로서 하지 않아야 할 일을 하는 일이 없도록 할 것을 명하신 것입니다. 더욱이 설령 다수의 주장이라고 하여 거짓 증언을 하여 악을 따라가는 일이 있어서는 안 될 것이라고 명하십니다. 뿐만 아니라 상대가 가난하고 힘이 없는 자라고 하여 부하고 힘이 있는 자의 편에 서서 진실을 구부리고 거짓을 두둔하는 악을 행하는 것을 금하십니다.

요리문답은 제9계명이 금하고 있는 것이 단지 진실과 거짓 가운데 거짓을 선택하는 문제만을 말하는 것으로 풀이하지 않습니다. "다른 사람의 말을 왜곡하지 않고, 뒷담화로 헐뜯거나 중상(中傷)하지 않으며, 다른 사람의 말을 들어보지도 않고 경솔하게 다른 사람을 판단하거나 정죄하는 일에 참여하지 않아야 할 것"(문답 112)을 아울러 말합니다. "여호와여 주의 장막에 머무를 자 누구오며 주의 성산에 사는 자 누구오니이까 정직하게 행하며 공의를 실천하며 그의 마음에 진실을 말하며 그의 혀로 남을 허물하지 아니하고 그의 이웃에게 악을 행하지 아니하며 그의 이웃을 비방하지 아니하며"(시 15:1~3). 요리문답은 이 말씀을 기초로 다른 사람의 말을 그 사람의 의도와 관계없이 자신의 유익을 위하여 그릇되게 해석을 하고 허물을 하는 일이나 그의 이웃이 없는 자리에서 수군거리며 뒷담화하는 일 등도 제9계명에 어긋나는 것이라고 말합니다. 그 까닭은 비록 외형적으로는 진실을 말하고 있다고 하더라도 실제로 그 이면에는 교묘하게 이웃의 뜻을 왜곡하여 그를 해하고자 하는 의도가 자리하고 있기 때문입니다.

제9계명은 이러한 자들에게 하나님의 무거운 진노가 임하게 될 것이라고 경고한다고 요리문답은 말합니다. 앞서 인용한 시편에서 말하는 것처럼 이들은 하나님의 장막에 거하지 못할 것이며 하나님의 성산에서 살지 못할 것입니다. 하나님은 진리이시므로 거짓을 말하는 자는 결단코 하나님과 교통하며 살 수가 없는 자이기 때문입니다. "거짓 입술은 여호와께 미움을 받아도 진실하게 행하는 자는 그의 기뻐하심을 받느니라"(잠 12:22).

거짓을 행하는 자가 하나님 나라에 거할 수 없는 까닭은 하나님께서는 진리이시며 또한 진실를 사랑하시는 분이시기 때문이며, 또한 거짓을 말하는 것은 마귀에 속한 것이기 때문입니다. 요리문답은 "본래 마귀가 행하기에 합당한 온갖 종류의 거짓말과 속임수를 행하지 않도록 하여야 할 것"(문답 112)을 교훈합니다. 예수님께서는 거짓말이 마귀의 속성임을 다음과 같이 말씀하셨습니다. "너희는 너희 아비 마귀에게서 났으니 너희 아비의 욕심대로 너희도 행하고자 하느니라 그는 처음부터 살인한 자요 진리가 그 속에 없으므로 진리에 서지 못하고 거짓을 말할 때마다 제 것으로 말하나니 이는 그가 거짓말쟁이요 거짓의 아비가 되었음이라"(요 8:44). 거짓말이 마귀의 속성이므로 거짓말 하는 자들이 당할 마지막 운명도 마귀의 것과 같게 됩니다. 그것은 하나님 나라에서 제외되는 것이며, 또한 마귀가 당하게 될 무서운 진노를 받는 일입니다. "그러나 두려워하는 자들과 믿지 아니하는 자들과 흉악한 자들과 살인자들과 음행하는 자들과 점술가들과 우상 숭배자들과 거짓말하는 모든 자들은 불과 유황으로 타는 못에 던져지리니 이것이 둘째 사망이라"(계 21:8).

제9계명의 교훈은 법정에서 거짓 증언을 하지 아니하고 정직하게 진술하여야 할 뿐만 아니라, 이웃의 명예와 평판을 보호하고 높여 주기 위하여 최선을 다하여야 할 것을 명합니다. 이것은 제9계명의 적극적인 측면입니다. 이웃은 서로 간에 지체로 연결되어 있습니다. 따라서 서로 진실하게 대하여 덕을 세워가는 것은 최소한의 요구가 됩니다. "그런즉 거짓을 버리고 각각 그 이웃과 더불어 참된 것을 말하라 이는 우리가 서로 지체가 됨이라"(엡 4:25). 단지 거짓을 버리고 참된 것을 말하는 것에 그치는 것이 아니라, 더 나아가 이웃의 명예를 보호하고 높여 주기 위해 노력을 하여야 하는 까닭은 서로 사랑해야 하는 지체의 원리 때문입니다. "무엇보다도 뜨겁게 서로 사랑할지니 사랑은 허다한 죄를 덮느니라"(벧전 4:8). 이웃의 허물도 가리도록 하는 사랑의 원리는 이웃을 향하여 중상과 비방을 행하는 일이나, 고의로 다른 사람의 진의를 왜곡하는 일이나, 뒷담화로 명예를 허물거나 경솔히 판단하는 일을 모두 정죄합니다. 사랑의 원리에 따라 제9계명을 지키는 것은 오히려 거짓된 비방이나 증언, 왜곡된 해석 등으로 인하여 명예가 상하고 고통을 받는 이웃을 위하여 구부러진 진실을 바로 펴며 진실의 증언으로 피해를 당하지 않도록 보호하며 이미 받은 피해가 있다면 보상이 되도록 할 것을 요구합니다.

우르시누스가 요리문답을 해설하면서 제9계명을 지키기 위해 필요한 여덟 가지 덕목들을 이렇게 말합니다. 하나는 진실함(truth or veracity)입니다. 이것은 진실한 생각과 견해를 받아들이고 마땅히 진실을 보호하고 증언할 것을 결심하며 하나님의 영광과 이웃의 안녕을 위하여 진실을 지켜나가는 덕목을 말합니다. 진실함은 거짓, 일부러 모른 체 하는 것, 허영으로 거짓을 말하는 뻔뻔함 등과는 정반대됩니다. 때로는 사실 그대로를 말한다고 하지만 그것이 하나님의 영광과 이웃의 평안을 위하여 말하는 것이 아닐 때, 그것을 일부러 말하는 것은 진실함을 가장한 거짓이 됩니다. 마귀가 때로는 진실을 담는 말을 하겠지만 마귀는 결코 하나님의 영광이나 이웃의 안녕을 위하여 하는 것이 아니며 오히려 해치기 위한 것이기 때문에 진실한 것이 아닙니다. 오직 하나님의 영광을 위하여 자신의 손해에도 불구하고 진실을 말할 때에 비로소 진실하다고 말할 수가 있습니다. 이러한 진실한 태도가 바로 제9계명이 명하는 것입니다.

제9계명과 관련한 두 번째 덕목은 공평무사(candor)입니다. 근거를 가지고 판단을 하며 선입견에 따라 판단하지 않는 덕목입니다. 충분한 근거가 있을 때에는 자신의 생각과 달라도 인정할 줄을 알며, 근거가 약하거나 근거가 없는 데에도 의심을 하며 다른 사람의 의도를 오해하거나 비방하지 않아야 합니다. 공평무사함이 없는 경우에 이유도 없이 남을 의심하거나 중상하는 잘못을 범하게 되며, 공평무사를 지향하는 태도가 정도를 지나치면 근거도 없는데 경솔하게 신뢰를 하거나 상대를 달래는 아첨의 태도를 갖게 됩니다.

세 번째 덕목은 단순함(simplicity)입니다. 이것은 진실을 말해야 하는 상황에서 자신이 알고 있는 바를 얼버무리거나 둘러대지 않고, 자신에게 유리한지 불리한지를 계산하지 않고, 정직하게 공개적으로 밝히는 덕목입니다. 단순함이 지나치면 상황에 부적절하게 행동하는 일이 나타나며, 단순함이 결핍되면 이중적 행태가 나타납니다.

네 번째 덕목은 일관성(constancy)입니다. 진실은 또한 일관성을 가질 때라야 빛이 나는 법입니다. 처음에는 진실을 말했다가 나중에는 자신에게 유익한지 불이익한지를 따져보고 그것에 따라 자신의 말과 태도를 바꾼다면 제9계명의 의도를 만족시키지 못합니다. 일관성이 없게 되면 변덕스러움이 나타나게 되며, 일관성이 지나치게 되면 고집스러운 완고함이 나타납니다.

다섯 번째 덕목은 유순함(docility)입니다. 이것은 진실을 뒷받침하는 근거가 나타나면 그것에 따라 자신의 생각과 판단을 기꺼이 바꿀 수 있는 덕목입니다. 유순함이 없다면 사실 판단의 근거에 대한 고려를 무시한 채, 자신의 생각만을 주장하기 위하여 완고하게 고집을 부리게 됩니다. 유순함은 진실을 찾는 사람의 필수부가결한 덕목입니다.

이상의 다섯 덕목들은 진실을 명하는 제9계명을 지키기에 필수적인 덕목들입니다. 아울러 다른 사람들이 유익을 얻도록 하기 위해서는 앞의 다섯 덕목에 더하여 다음의 세 덕목들이 필요합니다.

여섯 번째 덕목은 과묵함(taciturnity)입니다. 알지 못하거나 불필요한 말은 하지 않으며 진실한 말을 필요할 경우에만 하는 덕목입니다. 과묵함의 덕목이 부족하게 되면 수다를 떨게 되거나, 말의 실수로 인하여 어리석은 말을 하게 되며, 그리하여 이웃에게 해를 끼치는 정보누출 등의 실수도 범하게 됩니다. 반면에 너무 지나치게 과묵하게 되면 진실을 밝혀야 할 때에도 침묵하는 도피적이거나 유보적인 태도를 취하게 됩니다.

일곱 번째 덕목은 친절함(affability)입니다. 누구의 말이든지 열린 태도로 들으며, 그 말이 자신에게 불리할지라도 진실이면 경청해 듣는 태도입니다. 늘 상대가 편안히 말할 수 있도록 해주며 상대가 말하는 가운데 끼어들거나 끊은 일을 하지 않습니다.

마지막 여덟 번째 덕목은 세련됨(urbanity)입니다. 진실을 진술할 때 다른 사람들에게 교훈을 주면서도 감동과 즐거움을 주는 기술이며 또한 덕목입니다. 진실이라는 이름으로 다른 사람에게 부담감을 주기보다는 진실한 태도로 말함으로써 다른 사람들의 마음을 위로하는 태도는 매우 중요합니다. 세련되지 못하다면 조롱하는 듯이 말하거나 아니면 험담처럼 말하게 되기 쉽기 때문입니다. 아니면 무미건조하게 말하거나 적절치 못한 어리석은 말을 하게 됩니다. 진실을 말한다는 것은 단순히 사실관계가 정확한 것인가를 말하는 것 이상의 덕목이 필요합니다.

결론적으로 제9계명을 지키기 위하여 가장 중요한 것은 하나님께서 우리의 귀와 입을 만드신 분이심을 기억하는 일입니다. 그리하여 하나님을 진실로 경외하면서 겸손히 듣고 정직하게 반응을 하며, 말을 할 때에 또한 하나님 앞에서 하듯이 진실을 말하도록 합니다. 하나님께서는 우리의 마음과 생각을 다 아시는 분이심을 기억하고 또한 간교함으로 합법성을 가장해 이득을 취하는 일이 없어야 할 것입니다. 오히려 이웃의 선을 위하여 진실을 말하고 진실을 회복하는 일을 행할 때에라야 제9계명을 준수하는 것이 됩니다.

...생각 나누기

되짚는 질문

1_ 성경이 도둑질을 정죄하는 이유는 무엇입니까?

2_ 왜 신자는 고리대금 사채업을 해서는 안 되겠습니까?

3_ 나의 소유는 하나님께서 내게 베푸신 것이라는 고백은 자신의 소유와 관련하여 어떠한 태도를 갖게 합니까?

새로운 질문

4_ 제9계명이 금하는 바는 무엇이며, 그 가운데 포함되어 있는 긍정적인 교훈은 무엇입니까?

5_ 뒷담화로 헐뜯거나 중상을 하는 일이라 할지라도 그것이 사실이면 제9계명에 어긋나지는 않는 것입니까?

6_ 거짓을 말하는 자들이 하나님 나라에 거할 수 없는 까닭은 무엇입니까?

7_ 우르시누스가 말한 제9계명을 위한 덕목들은 어떠합니까?

8_ 제9계명과 관련하여 기억하여야할 하나님은 어떤 분이십니까?

46. 제10계명과 율법의 용도

제44주일 | 113~115문

질문 113 하나님께서 제10계명으로 원하시는 것은 무엇입니까?

답 하나님의 계명 가운데 어느 하나에 대해서라도 어긋나는 생각과 욕망은 아무리 사소한 것이라 할지라도 마음에서 일어나지 않도록 하여야 합니다. 도리어 언제나 마음을 다하여 모든 죄를 미워하고 또한 모든 의를 즐거워하여야 합니다(시 19:7-14; 139:23-24; 롬 7:7-8).

질문 114 그렇지만 돌이켜 하나님께 회심한 사람들이 이러한 계명들을 완전히 지킬 수 있습니까?

답 아닙니다. 이 세상에서 사는 동안에는 아무리 거룩한 사람이라 할지라도 이러한 순종을 겨우 시작할 따름입니다(전 7:20; 롬 7:14-15; 고전 13:9; 요일 1:8-10).

그럼에도 불구하고, 신실하고도 굳은 결심으로 하나님의 몇몇 계명들만이 아니라 모든 계명을 좇아 살기를 시작합니다(시 1:1-2; 롬 7:22-25; 빌 3:12-16).

질문 115 이 세상에서 사는 동안 그 누구도 십계명을 완전히 지킬 수 없음에도 불구하고, 하나님께서는 어찌하여 십계명을 그처럼 엄격하

게 설교하도록 하십니까?

답 첫째, 평생 살면 살수록 우리의 죄악된 본성을 더욱 더 알아가며, 그리스도 안에 있는 죄의 용서와 의를 더욱 더 간절히 구하도록 하기 위함입니다(시 32:5; 롬 3:19-26; 7:7, 24-25; 요일 1:9).

둘째, 이 세상의 삶을 마친 후에 우리의 목표인 완전함에 이르게 될 그 때까지, 성령님의 은혜를 하나님께 간구하면서, 새롭게 변화를 받아 하나님의 형상을 더욱 더 닮아가기를 추구하기를 결코 멈추지 않도록 하기 위함입니다(고전 9:24; 빌 3:12-14; 요일 3:1-3).

이웃에 대하여 거짓 증거를 금하는 제9계명은 우선은 법정에서의 거짓 증언을 금합니다. 아울러 이웃의 명예와 평판을 보호하고 높여 주기 위하여 최선을 다하여야 할 것을 명합니다. 제9계명을 주신 하나님은 진리이시며 거짓을 미워하시는 분이십니다. 하나님께서는 그의 형상을 따라 지음을 받은 사람들도 또한 서로 속이지 않고 진실을 따라 살기를 바라십니다. 만일 거짓을 행한다면 그것은 진실함의 관계를 따라 이웃과 더불어 살기를 바라시는 하나님의 의도를 거슬리는 죄악입니다.

하나님께서는 사람들이 악하여 다수가 거짓을 주장할 때 그것이 거짓임을 알면서도 그것이 옳다고 말하며 거짓을 지지하거나 따라가는 일이 많다는 사실을 지적하십니다. 더욱이 상대가 가난하고 힘이 없는 경우라면 부하고 힘이 있는 자의 편에 서서 진실을 구부리고 거짓을 두둔하는 악을 행하는 경향이 많음을 아십니다. 제9계명은 이러한 모든 악한 성향에 따른 모든 행위들을 금하십니다.

또한 제9계명은 비록 진실이라 할지라도 다른 사람을 헐뜯거나 중상하기 위하여 행하는 모든 말들도 금합니다. 그 까닭은 비록 외형적으로는 진실을 말하고 있다고 하더라도 실제로 그 이면에는 교묘하게 이웃의 뜻을 왜곡하여 그를 해하고자 하는 의도가 자리하고 있기 때문입니다.

제9계명을 범하는 자들은 하나님의 무거운 진노를 받게 될 것입니다. 거짓을 행하는 자는 결코 하나님 나라에 거할 수가 없습니다. 하나님은 진리의 하나님이시며, 거짓은 마귀에게 속한 것이기 때문입니다. 마지막 날에 거짓말 하는 자들은 마귀와 동일한 운명을 당하게 될 것입니다. 그들은 하나님 나라에서 들어오지 못할 것이며, 마귀와 더불어 영영히 타오르는 불 못에 던져지게 될 것입니다.

제9계명의 교훈은 거짓 증언을 금하는 것에 그치지 않고, 이웃의 명예와 평판을 보호하고 높여 주기 위하여 최선을 다하여야 할 것을 또한 포함합니다. 서로 지체로 연결이 되어 있는 이웃은 서로 진실하게 대하여 덕을 세워가야 할 필요가 있기 때문입니다. 진실을 말하며, 공평하고 선입견과 사적 이익을 따라 판단하지 않으며, 자신의 유불리를 따르지 않고 사실을 사실대로 단순하게 말하며, 후에 다시 유불리를 따져 말을 돌이키거나 되돌리지 않으며, 자신의 판단이 잘못이라는 근거가 나타나면 그것에 따라 자신의 생각과 판단을 기꺼이 바꾸며, 불필요한 말을 삼가고 진실을 말해야 할 때는 밝히며, 다른 사람의 말을 경청해 들으며, 진실을 말하되 다른 사람을 배려하면서 말을 하여야 할 것입니다. 그럴 때라야 진실함을 지키며 이웃에게 덕을 이룰 수가 있습니다.

귀와 입을 만드신 하나님께서 듣지 못하시는 일이 없으며 말하는 바를 모르시는 바가 없으시다는 것을 잊지 않고, 겸손히 듣고 정직하게 반응을 하며, 말을 할 때에 또한 하나님 앞에서 하듯이 진실을 말하여야 한다는 것이 제9계명에 담긴 영적 원리입니다.

하나님께서 주신 열 계명들 가운데 마지막 계명은 탐심을 금하라는 명령입니다. 구체적으로 이웃의 집, 아내, 남종, 여종, 소, 나귀 등 이웃의 소유를 탐내지 말라고 명하셨습니다. 이러한 명령에 대해서 어떤 이들은 이미 앞에서 말씀하신 것들과 다를 바가 없다고 주장을 합니다. 계명들 가운데 살인, 간음, 도적질 하지 말라는 명령들도 다 탐심과 관련한 것이기 때문에 굳이 탐심의 대상을 이웃의 집을 비롯한 소유들로 바꾸어 명령을 주실 필요가 없다고 말하는 것입니다. 그러나 이러한 주장은 제10계명의 의미를 바르게 이해하지 못한 데서 오는 잘못된 판단입니다.

탐심을 금하라는 제10계명은 십계명 전체에 대한 하나의 종합적인 원리이며 해석입니다. 마지막 계명은 앞의 다른 아홉 가지 계명들과 달리, 밖으로 결과가 나타나는 행동과 관련한 것이기보다는 그러한 행동을 낳는 마음과 관련한 계명입니다. 다른 계명들도 탐심이라는 내적 상태와 관련이 없는 것은 아닙니다. 그러나 하나님께서는 열 번째 계명으로 탐심을 금하라고 말씀을 하심으로써 사람의 영혼이 오직 하나님을 사랑하고 또한 이웃을 자신의 몸처럼 사랑해야 한다는 사실을 강조하시는 한편, 동시에 이러한 사랑의 원리를 실천하지 못하는 사람의 모든 욕망을 근원적으로 제거하여야 할 책임을 명령으로 주고 계신 것입니다. 그리하여 부패한 성향으로 인하여 절제하지 못하는 탐욕이 하나님의 율법과 계명을 거슬려 불순종하게 하는 모든 죄악을 범하지 않도록 하기 위한 명령을 주신 것입니다.

요리문답은 제10계명의 소극적인 면과 적극적인 면을 다음과 같이 해설합니다. "하나님의 계명 가운데 어느 하나에 대해서라도 어긋나는 생각과 욕망은 아무리 사소한 것이라 할지라도 마음에서 일어나지 않도록 하여야 합니다. 도리어 언제나 마음을 다하여 모든 죄를 미워하고 또한 모든 의를 즐거워하여야 합니다"(문답 113). 하나님의 계명 가운데 어느 하나에 대해서라도 어긋나는 생각과 욕망은 그 자체가 죄입니다. 그렇기 때문에 행동으로 행하지 않았다하더라도 이미 죄를 범하는 것이므로 마음에서 일어나는 생각과 욕망 자체를 경계하여 마음에서 일어나지 않도록 하라는 것이 제10계명을 주신 하나님의 의도입니다.

이러한 하나님의 뜻에 순종하기 위하여 무엇을 하여야 할까요? 그것은 더욱 더 힘을 다해 마음 속에 일어나는 죄를 미워하고 하나님의 말씀에 의한 의를 즐거워하는 것입니다. "여호와의 율법은 완전하여 영혼을 소성시키며 여호와의 증거는 확실하여 우둔한 자를 지혜롭게 하며 여호와의 교훈은 정직하여 마음을 기쁘게 하고 여호와의 계명은 순결하여 눈을 밝게 하시도다 여호와를 경외하는 도는 정결하여 영원까지 이르고 여호와의 법도 진실하여 다 의로우니 금 곧 많은 순금보다 더 사모할 것이며 꿀과 송이꿀보다 더 달도다"(시 19:7~10). 다윗의 시는 십계명의 중심 원리를 보여줍니다. 그것은 하나님의 말씀을 순금보다 더 사모하며 그 말씀의 맛이 송이꿀보다 더 단 맛임을 깨달아 느끼며, 하나님의 교훈으로 영혼을 새롭게 하고 하나님을 더욱 더 경외하며 사랑하는 데에 있음을 보여줍니다.

이제 십계명에 대한 교훈을 마무리하면서 요리문답은 하나님의 율법과 관련한 질문에 대한 답을 덧붙여 제시합니다. 이것은 하나님의 율법의 필요성과 그 용도와 관련하여 의문을 제기하는 사람들이 있기 때문입니다. 그들의 질문은 예수 그리스도로 말미암아 모든 죄를 용서받은 자에게는 더 이상 율법의 정죄가 없는데, 굳이 율법을 다시 익혀 지키기 위해 애를 쓸 이유가 무엇인가라는 것입니다. 아울러 어떤 이들은 그리스도 안에서 중생한 자들은 하나님의 율법을 완전하게 지켜 성화를 이룰 수가 있다고 주장을 합니다.

율법과 관련한 여러 질문들과 신학적 혼란을 정리하기 위하여 요리문답은 그리스도로 말미암아 구원을 받은 성도들에게 있어서 하나님의 율법의 순종 가능성의 정도와 율법의 용도가 어떠한 지를 교훈합니다. 자신의 죄에서 돌이켜 하나님께 회심한 사람들이라면 중생한 자일 것이며, 이러한 자라면 과연 하나님의 율법을 완전하게 지킬 수 있을까? 요리문답은 이렇게 답을 합니다. "아닙니다. 이 세상에서 사는 동안에는 아무리 거룩한 사람이라할지라도 이러한 순종을 겨우 시작할 따름입니다. 그럼에도 불구하고, 신실하고도 굳은 결심으로 하나님의 몇몇 계명들만이 아니라 모든 계명을 좇아 살기를 시작합니다"(문답 114).

회심한 그리스도인들이라 할지라도 율법을 완전하게 지키지는 못합니다. 아담과 하와가 타락하기 이전에는 그들은 흠이 없이 순전하고 거룩한 상태로 존재하였기 때문에 율법에 순종할 수가 있었습니다. 그들은 하나님의 형상을 따라 의와 참된 거룩함을 가진 자로 선하게 창조가 되었기 때문입니다.

그러나 아담과 하와가 범죄하여 타락한 이후에는 사정이 완전히 달라졌습니다. 이들의 타락으로 인하여 그들의 뒤를 잇는 모든 후손들의 심령이 다 부패하여졌기 때문입니다. 하나님께서는 "사람의 죄악이 세상에 가득함과 그의 마음으로 생각하는 모든 계획이 항상 악할 뿐임을 보시고 땅 위에 사람 지으셨음을 한탄하사 마음에 근심하시고"(창 6:5~6) 홍수를 내려 노아와 그의 가족을 제외한 모든 사람들을 지상에서 멸절시키셨습니다. 그러면 홍수 심판 후에 살아남은 노아의 후손들은 어떠했을까요? 그들은 하나님께 반역을 하는 일에 변화가 없었습니다. "또 말하되 자, 성읍과 탑을 건설하여 그 탑 꼭대기를 하늘에 닿게 하여 우리 이름을 내고 온 지면에 흩어짐을 면하자 하였더니"(창 11:4). 결국 바벨탑을 세우면서 하나님에 대한 적대의 의지를 표현하였습니다. 이것은 홍수 심판에서 살아남은 노아의 후손들조차도 여전히 부패한 성정을 가지고 있음을 말해줍니다. 사람은 본질상 진노의 자녀(엡 2:3)가 된 것입니다. 이제 하나님의 은혜로 중생의 기쁨을 누리기 전에는 누구도 율법을 지켜 순종의 열매를 맺을 수가 없습니다.

그러나 하나님의 은혜로 거듭남의 은혜를 입은 회심한 그리스도인들에게는 조금 다른 변화가 나타나게 됩니다. 중생한 신자들은 한편으로는 부패한 성품에 따라 죄를 짓는 일이 여전히 가능하면서도 다른 한편으로는 성령하나님의 도움을 입어 율법에 순종하는 거룩한 변화를 이루어 가는 일이 가능하게 됩니다. 성경은 이렇게 교훈을 합니다. "그러므로 너희가 그리스도와 함께 다시 살리심을 받았으면 위의 것을 찾으라 … 땅의 것을 생각하지 말라 이는 너희가 죽었고 너희 생명이 그리스도와 함께 하나님 안에 감추어졌음이라 … 그러므로 땅에 있는 지체를 죽이라 곧 음란과 부정과 사욕과 악한 정욕과 탐심이니 탐심은 우상숭배니라 … 너희도 전에 그 가운데 살 때에는 그 가운데서 행하였으나 이제는 너희가 이 모든 것을 벗어 버리라 곧 분함과 노여움과 악의와 비방과 너희 입의 부끄러운 말이니라 너희가 서로 거짓말을 하지 말라 옛 사람과 그 행위를 벗어 버리고 새 사람을 입었으니 이는 자기를 창조하신 이의 형상을 따라 지식에까지 새롭게 하심을 입은 자니라"(골 3:1~10).

중생의 은혜를 입고 회심을 한 그리스도인은 그리스도와 함께 살리심을 받은 자이므로 땅의 것을 생각하며 육신의 정욕에 끌려 살 자들이 아닙니다. 옛 사람과 그 행위를 벗어버리고 새 사람을 입어 그리스도의 형상을 따라 새롭게 되도록 부르심을 받은 사람들입니다. 이러한 부르심은 곧 회심을 한 그리스도인에게 있어 율법을 지킬 능력이 새롭게 주어졌음을 뜻합니다. 그리스도인은 본래는 "죄의 종"이었으나 이제는 "죄로부터 해방되어 의에게 종"(롬 6:17~18)이 된 자들입니다. 이렇게 회심한 그리스도인은 새 사람을 입은 자이며 또한 의의 종이 된 자이므로 율법을 지킬 가능성이 있는 것은 분명한 사실입니다.

그렇지만 중생한 사람들이라 할지라도 율법을 완전하게 지킬 수는 없습니다. 성경은 이르기를 "만일 우리가 죄가 없다고 말하면 스스로 속이고 또 진리가 우리 속에 있지 아니할 것이요 … 만일 우리가 범죄하지 아니하였다 하면 하나님을 거짓말하는 이로 만드는 것이니 또한 그의 말씀이 우리 속에 있지 아니하니라."(요일 1:8,19) 중생한 사람도 죄를 짓는다는 것은 아브라함, 모세, 다윗, 베드로와 바울과 같은 이의 허물을 생각해 보아도 쉽게 이해할 수 있는 일입니다. 중생자들은 자신들에게 여전히 남아 있는 원죄, 곧 부패한 성품으로 인하여 죄를 범하는 일이 있으며, 슬퍼합니다. "오호라 나는 곤고한 사람이로다 이 사망의 몸에서 누가 나를 건져내랴"(롬 7:24)

그럼에도 불구하고 중생자는 이러한 연약함을 통해 그리스도의 대속의 은총을 더욱 더 깊이 깨닫게 되고, 하나님의 용서를 더욱 더 깊이 감사하게 됩니다. 그럼으로써 성령 하나님의 도우심으로 인하여 그리스도를 더욱 닮아가는 새로운 소망을 갖으며 신실하고도 굳은 결심으로 점차 하나님의 계명을 지켜 나가기 시작을 합니다. "사랑하는 자들아 우리가 지금은 하나님의 자녀라 장래에 어떻게 될지는 아직 나타나지 아니하였으나 그가 나타나시면 우리가 그와 같을 줄을 아는 것은 그의 참 모습 그대로 볼 것이기 때문이니 주를 향하여 이 소망을 가진 자마다 그의 깨끗하심과 같이 자기를 깨끗하게 하느니라"(요일 3:2~3).

이제 이러한 원리를 종합하여 보면, 믿지 않는 자는 말할 것도 없고 중생하여 회심한 그리스도인이라 할지라도 십계명을 완전히 지키지 못함에도 불구하고 어찌하여 하나님께서 십계명을 엄격하게 설교하며 가르치도록 하셨는지에 대한 이유를 확인할 수가 있습니다. 이것이 요리문답 115문항이 교훈하고 있는 바입니다. 요리문답은 이에 대하여 크게 두 가지로 답을 합니다.

첫째는 사람의 본성이 얼마나 악한지를 더욱 더 깊이 알도록 하여, 그리스도로 말미암는 죄의 용서를 더욱 더 간절히 사모하도록 하기 위함입니다. "모든 사람이 죄를 범하였으매 하나님의 영광에 이르지 못하더니 그리스도 예수 안에 있는 속량으로 말미암아 하나님의 은혜로 값없이 의롭다 하심을 얻은 자 되었느니라"(롬 3:23~24). 그리스도 예수의 대속의 은혜는 어떤 죄라도 그 허물을 가리시며 어떤 죄인이라도 용서하십니다. 죄를 자백하고 예수 그리스도의 대속의 은혜를 바라보며 엎드리면 모든 불의에서 깨끗함을 받는 복을 누립니다. "만일 우리가 우리 죄를 자백하면 그는 미쁘시고 의로우사 우리 죄를 사하시며 우리를 모든 불의에서 깨끗하게 하실 것이요"(요일 1:9).

둘째로 십계명을 통해 하나님의 율례를 배울 때에 모든 그리스도인들은 죄를 용서받는 복을 누릴 뿐만 아니라, 그 은혜에 감사하며 새로운 변화를 입어 더욱 더 하나님의 형상을 닮아가기에 수고를 멈추지 않도록 하기 위함입니다. 그 수고는 인생의 걸음을 다 걸은 후에 마침내 완전한 성화에 이를 때까지 결코 멈출 수가 없는 부르심이며 또한 목표입니다. "형제들아 나는 아직 내가 잡은 줄로 여기지 아니하고 오직 한 일 즉 뒤에 있는 것은 잊어버리고 앞에 있는 것을 잡으려고 푯대를 향하여 그리스도 예수 안에서 하나님이 위에서 부르신 부름의 상을 위하여 달려가노라."

이치가 이러하므로 진정한 회심을 한 그리스도인들이라 할지라도 계명을 완전히 지키지는 못하지만, 그럼에도 불구하고 참된 그리스도인들은 구원의 은총을 감사하면서 하나님께 영광의 찬송을 드리기 위하여 계명을 따라 순종해 살아가기를 시작합니다. 그리고 마침내 영화의 은혜를 입을 그 날까지 인생의 길을 걸어가면서 점점 더 거룩한 변화를 이루어 갑니다.

...생각 나누기

• 되짚는 질문

1_ 소위 '유전무죄 무전유죄'의 풍자에 대한 여러분의 생각은 어떠합니까?

2_ 진실이라 할지라도 어떠한 태도와 의도로 말해야 하겠습니까?

3_ 거짓을 말하는 자가 회개하지 않으면 마귀와 동일한 심판에 처하게 되는 까닭은 무엇입니까?

• 새로운 질문

4_ 탐심을 금하는 열 번째 계명은 다른 계명들과 어떻게 다릅니까?

5_ 열 번째 계명을 순종하기 위한 소극적인 면과 적극적인 면을 설명해 보시기 바랍니다.

6_ 중생한 그리스도인들은 계명을 완전하게 지킬 수 있습니까?

7_ 십계명을 엄격하게 설교하고 가르쳐서 얻는 두 가지 유익들을 말해 보시기 바랍니다.
가. 회개와 관련하여
나. 성화와 관련하여

8_ 결론적으로 그리스도인들이 하나님의 계명을 지켜야 할 이유는 무엇입니까?

47. 기도의 필요성과 주기도

제45주일 | 116~119문

질문 116 그리스도인들은 왜 기도를 해야 합니까?

답 그 까닭은 기도가 하나님께서 우리에게 요구하시는 감사의 가장 중요한 부분이기 때문입니다(시 50:14-15; 116:12-19; 살전 5:16-18). 또한 하나님께서는 끊임없이 기도하고 마음으로 탄식하면서 하나님의 은혜와 성령을 간구하면서 이를 주심에 감사하는 자들에게만 그의 은혜와 성령을 주시기 때문입니다(마 7:7-8; 눅 11:9-13).

질문 117 하나님께서는 받으시며 들으시는 기도는 어떻게 드리는 기도입니까?

답 첫째, 그의 말씀으로 자신을 계시하신 참되시며 유일하신 하나님에게만 마음을 다하여 하나님께서 구하라고 명하신 모든 것들을 구하여야 합니다(시 145:18-20; 요 4:22-24; 롬 8:26-27; 약 1:5; 요일 5:14-15).

둘째, 우리 자신의 결핍과 비참함을 올바로 철저하게 깨달아 알고 하나님의 엄위로운 존전 앞에서 겸손히 자신을 낮추어야 합니다.(대하 7:14; 시 2:11; 34:18; 62:8; 사 66:2; 계 4)

셋째, 하나님께서 우리의 기도를 들어줄 이유가 비록 우리에게는 없음에도 불구하고, 하나님께서 그의 말씀으로 약속하신 바대로, 우리 주 그리스도로 인하여 우리의 기도를 확실히 들어주실 것이라는 확신을 흔들리지 않은 근거 위에 굳건히 가져야 합니다(단 9:17-19; 마 7:8; 요 14:13-14; 16:23; 롬 10:13; 약 1:6).

질문 118 하나님께서 기도로 구하라고 명하신 것은 무엇입니까?

답 우리 주 그리스도께서 친히 가르쳐주신 기도에 포함이 되어 있는 바대로, 영혼과 몸에 필요한 모든 것들입니다(약 1:17; 마 6:33).

질문 119 우리 주 그리스도께서 친히 가르쳐 주신 기도는 어떠한 것입니까?

답 하늘에 계신 우리 아버지여
이름이 거룩히 여김을 받으시오며
나라가 임하시오며
뜻이 하늘에서 이루어진 것 같이 땅에서도 이루어지이다
오늘 우리에게 일용할 양식을 주시옵고
우리가 우리에게 죄 지은 자를 사하여 준 것 같이
우리 죄를 사하여 주시옵고
우리를 시험에 들게 하지 마시옵고
다만 악에서 구하시옵소서
나라와 권세와 영광이 아버지께 영원히 있사옵나이다.
아멘

(마 6:9-13; 눅 11:2-4).

── 성경은 모든 신자들에게 기도할 것을 명하고 있습니다. 하나님께서 신자들 개개인의 형편을 잘 아시며, 또한 그의 지혜를 따라 신자 개개인의 신앙과 삶을 인도하실 터인데, 왜 성경은 신자들에게 기도할 것을 명령하실까요? 이 질문의 답은 먼저 기도란 무엇인지를 살피면 자연스럽게 나올 수가 있습니다.

대개의 신자들이 신앙생활들 가운데 기도를 하는 것이 가장 익숙해지기가 어렵다고 합니다. 예배와 찬송과 설교 등의 신앙 활동들은 다소 수동적 태도를 가지고서라도 따라갈 수가 있는데 반하여, 기도생활은 자신이 직접 하나님께 나아가는 것이기 때문입니다. 즉 어느 정도 신앙에 관한 이해를 갖고 순종할 때가 되어서라야 조금씩 익숙해지기 시작합니다.

그러면 기도란 무엇입니까? 기도란 우선 참되신 하나님께 드리는 것입니다. 그러기 위해서 하나님을 불러 그 앞에 나아갑니다. 그리고 그 앞에 나아가는 이유를 말씀드리는 일이 기도에 포함이 됩니다. 그 이유 가운데 우선은 우리의 연약함을 고하며, 영적으로나 물질적으로나 하나님의 도우심을 받아 축복을 구하고자 하는 간구가 있으며, 또한 하나님께 받은 은혜에 대한 감사가 있습니다. 기도는 간구와 감사로 구성이 됩니다. 간구라 함은 영혼과 육체의 안녕을 위하여 필요한 것을 구하는 것이며, 감사는 하나님께서 베푸신 은택들에 감사를 표하는 것입니다.

요리문답은 기도를 정의하여 말하기를 하나님께서 우리에게 요구하시는 것은 감사이며, 기도의 요소들 가운데 가장 중요한 부분이 감사라고 교훈합니다. 하나님께서는 그의 자녀인 우리가 하나님의 은혜를 깨달아 알고 이에 대하여 감사하기를 원하시는데 그러한 감사를 받으시는 가장 중요한 방식이 바로 기도입니다. 신자인 우리는 자신이 누리고 있는 모든 영적이며 물질적인 축복들이 하나님께서 그의 주권과 사랑 가운데 주신 것들임을 기도를 통해 인정하고 고백하므로 감사를 표현하며 하나님께 영광을 돌립니다. "감사로 하나님께 제사를 드리며 지존하신 이에게 네 서원을 갚으며 환난 날에 나를 부르라 내가 너를 건지리니 네가 나를 영화롭게 하리로다"(시 50:14~15).

기도가 감사를 드리는 표현이 되는 또 다른 까닭은 기도가 하나님께 영혼과 육체에 필요한 축복들을 간청하는 간구를 포함하고 있기 때문입니다. 기도를 통해 드려진 간구가 이루어졌음을 기도를 통해 감사를 드리는 것입니다.

그런데 하나님께서는 굳이 간구를 하지 않아도 우리의 필요를 아시며 또한 그 필요를 채워주시지 않으십니까? 물론 하나님은 그러하실 수 있을 뿐만 아니라 그렇게 하고자 하시면 그렇게 하실 것입니다. 그러나 하나님께서 과연 그렇게 하시는지를 알 수 있는 길은 기도를 통하여서만 알 수가 있습니다. 그리고 무엇보다도 하나님께서는 하나님께 기도로 간구하는 자들에게 구하는 것을 주실 것을 약속하시며 기도할 것을 명하셨습니다. "구하라 그리하면 너희에게 주실 것이요"(마 7:7).

요리문답은 하나님께서는 끊임없이 기도하고 마음으로 탄식하면서 하나님의 은혜와 성령을 간구하면서 이를 주심에 감사하는 자들에게만 그의 은혜와 성령을 주신다고 교훈합니다. 이것은 중요한 교훈입니다. 하나님께서는 간구하지 않는 자에게는 은혜와 성령을 주시지 않는다는 말이 되기 때문입니다. "너희가 악할지라도 좋은 것을 자식에게 줄 줄 알거든 하물며 너희 하늘 아버지께서 구하는 자에게 성령을 주시지 않겠느냐 하시니라"(눅 11:13).

하지만 하나님께서는 구하지 않을 때에도, 또 구하지 않은 것도 주시지 않으시나요? 그렇기도 합니다. 하나님께서는 악인에게도 성령 하나님의 은사들을 구하지 않았으나 주시기도 하십니다. 그러나 영생을 얻기 위하여 필요한 은혜들, 곧 중생, 믿음, 회개, 회심, 죄사함과 의롭다함 등은 하나님께서 구원을 주기로 선택한 자들에게만 주어집니다. 구하지 않는 자는 구하여 받은 자에 비하여 자신이 받은 바가 얼마나 귀한 것인지를 모르는 법입니다. 하나님께서는 선택한 자들로 하여금 영생의 구원을 바라도록 하시고, 그 바라는 간구에 대한 응답으로 구원에 필요한 은사들을 베풀어 주십니다.

그런데 성령은 구하여 받는 결과이기도 하면서 또한 은혜를 구하도록 하는 원인이기도 합니다. 성령의 도움을 받아 중생을 한 자라야 영생을 소망 중에 바라며 그 은혜를 구할 수 있는 것이기 때문입니다. 그렇다면 기도가 오히려 성령님으로 인한 결과이며, 성령님은 기도를 하게 하는 원인이 될 것이므로, 지금 요리문답에서 말하는 바처럼 하나님께서 성령님과 은혜를 구하는 자에게만 베푸신다고 주장하는 것은 잘못된 것이 아닐까요?

이 질문에 대한 답은 성령을 구하는 기도와 그 기도를 가능케 하는 성령님의 역사는 동시적이라는 것입니다. 논리적으로 보면 기도를 하기 전에 이미 기도하는 사람 안에 성령님이 계십니다. 성령님께서 돕는 은혜를 베푸실 때에야 비로소 성령님을 사모하고 바랄 수가 있기 때문입니다. 그렇지만 이것은 곧바로 시간적으로 볼 때는 동시적인 사건입니다. 성령님이 계셔서 역사하실 때에 성령님을 간절히 바라는 일이 있게 되며, 또 그렇게 간절히 구할 때에 그 응답이 주어지는 일은 동시적입니다. 은혜를 주시는 하나님께서는 은혜를 주시며 은혜를 구하라 하시고, 구하는 자에게 또한 은혜를 주십니다. 따라서 요리문답은 성령님과 은혜를 간구하는 자에게만 그것이 주어진다고 교훈하는 것입니다.

칼빈은 기도의 필요성과 관련하여 여섯 가지 이유를 정리하였습니다. 이것을 제시함으로 지금까지의 내용을 요약하기로 합니다. 기도를 하여야 하는 이유는 첫째로 하나님을 항상 찾으며 사랑하며 섬기고자 하는 소원과 열망이 마음 속에 불일 듯 하기 위해서입니다. 둘째로 하나님이 보시기에 수치스러운 욕망이나 소원이 마음에 침투하지 못하도록 하기 위함입니다. 셋째로 하나님께서 주신 은혜를 받을 때 진심으로 감사하기 위함입니다. 넷째로 간구하는 바를 하나님께서 응답하여 주셨다는 확신을 가지고 하나님의 인자하심을 더욱 더 깨닫기 위함입니다. 다섯째로 기도한 바를 하나님께서 주셨다는 것을 더욱 더 큰 기쁨으로 받아들이기 위함입니다. 마지막 여섯째로 어려움을 당할 때에도 섭리로써 자기 백성을 끝까지 도우시며 즉각적인 도움으로 도와주시는 섭리를 확인하고 깨달을 수 있도록 하기 위함입니다. 그러면 이러한 기도의 성격을 고려할 때, 기도는 어떻게 드려야 할까요? 요리문답은 117문답에서 이와 관련하여 크게 세 가지를 교훈합니다. 첫째는 기도를 할 때 오직 참되시고 유일하신 하나님께만 하여야 한다는 사실입니다. 귀신이나 우상, 조상신 또는 해나 달과 같은 피조물에게 기도를 하는 것은 가증한 일입니다. 귀신들이라 할지라도 다 피조물에 불과할 뿐이며, 조상신이란 있지도 않습니다. 귀신들이 조상신의 모습으로 종종 미혹하지만, 사람은 죽은 후에 각각 낙원이나 음부로 들어가기 때문에 살아있는 사람들에게 어떤 영향력을 줄 수가 없습니다. "신상을 만들며 무익한 우상을 부어 만든 자가 누구냐 보라 그와 같은 무리들이 다 수치를 당할 것이라 그 대장장이들은 사람일 뿐이라 그들이 다 모여 서서 두려워하며 함께 수치를 당할 것이니라"(사 44:10~11). 오직 참 하나님만이 사람의 인생을 작정하신대로 실행하시는 주권을 가지신 분입니다. "오직 주는 여호와시라 하늘과 하늘들의 하늘과 일월 성신과 땅과 땅 위의 만물과 바다와 그 가운데 모든 것을 지으시고 다 보존하시오니 모든 천군이 주께 경배하나이다"(느 9:6).

그러면 사람들이 저마다 신을 말하고 종교마다 신을 섬긴다고 하는 데 참되시고 유일하신 하나님을 어떻게 알 수 있습니까? 이에 대하여 요리문답은 "그의 말씀으로 자신을 계시하신" 사실로 인해 알 수 있음을 말합니다. 하나님의 특별계시인 성경으로만 참 하나님이 누구이시며 어떤 분이신지를 알 수 있습니다. 그분은 바로 모세와 모든 선지자들과 사도들이 전한 말씀으로 계시된 하나님이십니다. 만물을 능력의 말씀으로 창조하시고, 그의 작정에 따라 다스리시며, 죄인들 가운데 자기 백성들을 불러 모아 구원을 이루어 가시고, 마침내 세상을 새롭게 하시는 하나님만이 기도를 드릴 수 있는 유일하신 참 하나님이십니다. 이 참되며 유일하신 하나님은 바로 성부, 성자, 성령 하나님이시며 삼위일체이신 하나님이십니다.

참되며 유일하신 하나님께 기도를 드린다는 것은 무엇을 구하여야 할 것인지에 대해서도 교훈을 줍니다. 즉 사람의 욕심에 따라 아무 것이나 내키는 데로 구하여서는 안 된다는 것을 뜻합니다. 참되며 유일하신 하나님께서 받으실 만한 간구를 드려야 하며, 그것은 하나님께 말씀을 통해 명하신 바를 구하는 것이며, 명하신 바는 모두 구하여야 함을 뜻합니다. 그러기 위해서는 하나님께서 명하시는 바를 알아야 합니다. 어떻게 알 수 있을까요? 역시 하나님의 말씀을 통해서 압니다. 하나님의 말씀은 기도를 통하여 영적인 것과 물질적인 것을 구하라고 말씀합니다. 영적인 것은 구원을 위해 필수적인 것들이며, 또한 하나님을 바르게 예배하여야 하는 일과 관련한 것으로 사람이 사는 인생의 본분이므로 반드시 구하여야 할 내용입니다. 물질적인 것을 또한 구하여야 하는 까닭은 사람이란 육체를 가지고 사는 인생이므로 물질의 필요가 절실하며, 물질적인 간구의 응답을 통해 모든 일이 우연이 아니라 하나님의 살아계신 역사이며 섭리임을 확신할 수가 있게 되며, 그 결과 구원을 위해 구하는 영적인 간구에 대한 응답도 확신할 수 있게 되기 때문입니다.

아울러 참되며 유일하신 하나님께 간구를 한다는 것은 어떤 형식을 따라 행한다고 하여 기도가 된 것이 아니라는 사실을 함축합니다. 기도란 기계적으로 따라 하기만 하면 효과를 보는 어떤 주문이 아닙니다. 요리문답에서 말하고 있는 바처럼 "마음을 다하여" 간구하여야 합니다. 단지 입술로만 구할 뿐, 마음은 진정성을 결여하고 있다면 그 간구는 하나님을 한낱 기계적인 수단으로 삼아 자신이 필요를 구하고자 하는 태도에 지나지 않게 됩니다. 예수님께서 유대인들에게 경고하신 말씀을 기억하여야겠습니다. "내가 진실로 진실로 너희에게 이르노니 너희가 나를 찾는 것은 표적을 본 까닭이 아니요 떡을 먹고 배부른 까닭이로다"(요 6:26).

그리고 구하는 바를 진정성을 가지고 간절히 구하여야 할 뿐만 아니라, 구하는 자가 먼저 간구하는 내용보다 앞서 하나님 앞에 심령을 열고 하나님을 향하여 나아가야 합니다. "주께서 이르시되 이 백성이 입으로는 나를 가까이 하며 입술로는 나를 공경하나 그들의 마음은 내게서 멀리 떠났나니 그들이 나를 경외함은 사람의 계명으로 가르침을 받았을 뿐이라"(사 29:13).

참되고 유일하신 하나님은 거룩하신 분이십니다. 그러므로 무례하며 불경건한 기도를 하지 않도록 마음을 다해 기도해야 합니다. 정신을 집중하고 세상적인 염려와 걱정을 일체 버리고 자신의 영혼을 들어 하나님을 우러러 보며 기도하여야 합니다. 기도하는 순간에도 불경건하며, 경솔하며, 몰염치하고, 무례한 태도로 하나님께 나가는 것은 올바른 기도의 자세가 아닙니다. "구하여도 받지 못함은 정욕으로 쓰려고 잘못 구하기 때문이라"

(약 4:3). 기도할 때에 담대함을 가질 수 있는 것은 하나님의 교훈에 따라 진실히 구할 때 그러한 것임을 바르게 인식하여 올바른 기도생활을 하도록 애를 써야 할 것입니다. "그를 향하여 우리가 가진 바 담대함이 이것이니 그의 뜻대로 무엇을 구하면 들으심이라"(요일 5:14).

기도를 어떻게 드려야 마땅한가와 관련하여 두 번째 답변으로 요리문답 117문답은 자신의 결핍과 비참함을 철저하게 깨닫고 하나님의 영화로운 존전 앞에서 자신을 겸손히 낮추는 기도가 되어야 할 것을 교훈합니다. 자신의 결핍에 대한 낮아짐이 없이 교만한 마음으로 구하는 것은 결코 하나님께서 들으시는 기도가 아닙니다.

하나님의 도움이 있어야만 할 정도로 어려운 곤란을 겪을 때에라도 마음이 여전히 교만한 상태로 들어주시면 좋은 일이니 하나님께 한 번 말이라도 해보자는 태도에서 형식적으로 기도를 읊어버리는 경우가 종종 있습니다. 이러한 태도는 오직 보존하시는 하나님의 다스림 안에서 살아가는 피조물의 한계를 벗어나는 매우 잘못된 것입니다.

예를 들어 하나님께서 예레미야 선지자를 보내어 유다가 바벨론에게 멸망을 당하는 심판을 받을 것임을 선포하게 하셨습니다. 이때 유다의 시드기야 왕이 왕궁의 선지자인 바스훌과 스바냐를 에레미야에게 보내어 자신들을 위하여 기도할 것을 부탁합니다. "바벨론의 느부갓네살 왕이 우리를 치니 청컨대 너는 우리를 위하여 여호와께 간구하라 여호와께서 혹시 그의 모든 기적으로 우리를 도와 행하시면 그가 우리를 떠나리라"(렘 21:2). 얼핏보면 하나님의 도움을 구하는 경건한 요청같지만 내심은 그렇지가 않습니다. 정작 돌이켜 회개하라는 하나님의 뜻에는 아랑곳 하지 않고 당장의 위기를 벗어나고자 하나님께 도와달라고 예레미야에게 부탁이나 한 번 해보자는 불신앙의 태도가 깔려 있었습니다. 예레미야는 이들에게 하나님께서 결코 불쌍히 여기시지도 긍휼히 여기시지도 않으실 것이라고 답을 줌으로서 이들의 불경건을 드러내며 책망하였습니다.

기도를 드리면서 단지 마지못해서 하나님께 의무를 이행하듯이 기계적으로 하는 기도는 하나님께 대한 모욕이 됩니다. 자신이 죄인이라는 진정한 고백이 없이 죄의 용서를 받기 위해 하나님의 노여움을 풀어야겠다는 생각으로 중얼거리듯이 하는 기도는 하나님을 욕되게 하는 것입니다. 하나님께서는 중심에서 통회하며 진정으로 드리는 기도를 받으십니다. "여호와는 마음이 상한 자를 가까이 하시고 충심으로 통회하는 자를 구원하시는도다"(시 34:18).

요컨대 기도하는 자의 마땅한 심령은 하나님의 자비를 겸손한 마음으로 구하는 데에 있어야 합니다. 다니엘의 기도는 실로 참된 기도의 모범을 보여줍니다. "나의 하나님이여 귀를 기울여 들으시며 눈을 떠서 우리의 황폐한 상황과 주의 이름으로 일컫는 성을 보옵소서 우리가 주 앞에 간구하옵는 것은 우리의 공의를 의지하여 하는 것이 아니요 주의 큰 긍휼을 의지하려 함이니이다. 주여 들으소서 주여 용서하소서 주여 귀를 기울이시고 행하소서 지체하지 마옵소서 나의 하나님이여 주 자신을 위하여 하시옵소서 이는 주의 성과 주의 백성이 주의 이름으로 일컫는 바 됨이니이다"(단 9:18~19). 이처럼 자신의 의나 공로를 의지하여 기도하는 것이 아니라, 자신의 비참함과 결핍을 겸손히 내어 놓고, 오직 하나님의 긍휼과 자비에 호소하는 것이 기도의 마땅하며 올바른 방법입니다. 올바른 기도의 방법과 관련하여 요리문답은 셋째로 하나님께서는 기도를 반드시 들으신다는 확신을 가지고 간구하여야 함을 교훈합니다. 칼빈은 좋은 예를 하나 들어 줍니다. "오 주여, 당신이 제 기도를 들으실 것인지 의심이 됩니다. 그러나 불안을 견딜 수가 없어 당신께 도망을 갑니다. 제게 그럴 만한 가치가 있거든 도와 주시기를 바랍니다"(기독교 강요 3.20.12). 당연히 이러한 기도는 성경에서 찾아 볼 수 없는 잘못된 것입니다. 요리문답은 이렇게 교훈합니다. "하나님께서 우리의 기도를 들어줄 이유가 비록 우리에게는 없음에도 불구하고, 하나님께서 그의 말씀으로 약속하신 바대로, 우리 주 그리스도로 인하여 우리의 기도를 확실히 들어주실 것이라는 확신을 흔들리지 않은 근거 위에 굳건히 가져야 합니다." 기도는 기도하는 사람의 가치 때문이 아니라 중보자이신 예수 그리스도로 인하여 들어주시는 것임을 기억해야 합니다. 그것은 하나님께서 기도를 들으신다는 확신의 유일한 근거가 됩니다.

어떤 경우에도 자신의 의로움이 간구의 근거가 될 수는 없습니다. 그런데 성경을 읽다보면 마치 자신의 경건이 하나님께 호소를 드리는 근거가 되는 것처럼 여겨지는 구절들이 나옵니다. "나는 경건하오니 내 영혼을 보존하소서."(시 86:2) 또는 "여호와여 구하오니 내가 주 앞에서 진실과 전심으로 행하며 주의 목전에서 선하게 행한 것을 기억하옵소서"(왕하 20:3; 사 38:3). 이러한 말씀들은 하나님께서 간구를 들어주셔야 할 근거가 공로가 의로운 자신에게 있다는 사실을 주장하는 기도가 아님을 기억하여야 합니다. 이러한 고백들은 하나님과의 관계를 표현하고 있는 말입니다. 자신에게 나타나 어떠한 경건이 있다면 그것이 곧 하나님의 자녀로서 은혜를 입어 이루어진 것이라는 사실을 고백하는 것입니다. 하나님께서 은혜를 베풀어 주셔서 하나님의 자녀가 된 자에게 또한 은혜를 베풀어 주셔서 곤란과 어려움에서 나올 수 있도록 도와 주시기를 간구하는 것입니다. 시편에서 "여호와의 눈은 의인을 향하시고 그의 귀는 그들의 부르짖음에 기울이시도다."(시 34:15)고 노래할 때, "의인"이라는 표현도 자신의 경건을 기초로 스스로 의롭다고 말하는 것이 아니라 하나님의 은혜로 하나님의 자녀가 되고 그의 은혜로 경건의 삶을 살아온 자를 가리켜 말하는 것입니다. 하나님과의 자신의 관계를 담고 있는 표현입니다.

따라서 기도의 확신은 예수 그리스도의 공로에 의지하는 믿음에서 오는 것입니다. 그리스도 밖에서는 아무런 기도의 확신을 가질 수 없는 까닭은 오직 그리스도 안에서만 하나님과 우리가 화평을 누릴 수가 있기 때문입니다. "너희가 아들이므로 하나님이 그 아들의 영을 우리 마음 가운데 보내사 아빠 아버지라 부르게 하셨느니라."(갈 4:6) 누구도 그리스도가 없이는 율법의 정죄에서 벗어나 하나님과의 존전 앞에 나갈 수가 없습니다. 오직 그리스도의 피뿌림이 기도에 덮어질 때에만 기도의 부정함이 제하여지고 하나님께 드려질 수가 있는 것입니다. "그러므로 형제들아 우리가 예수의 피를 힘입어 성소에 들어갈 담력을 얻었나니 그 길은 우리를 위하여 휘장 가운데로 열어 놓으신 새로운 살 길이요 휘장은 곧 그의 육체니라."(히 10:19~20) 예수 그리스도만이 새로운 살 길입니다. 그러므로 기도는 유일한 중보자이신 예수 그리스도를 믿는 믿음(요일 2:1)에서 확신을 가지고 하나님께 드릴 수가 있게 되는 것입니다. 이러한 이치에 따라서 예수님은 다음과 같은 약속의 말씀으로 기도의 확신을 더해 주셨습니다. "너희가 내 이름으로 무엇을 구하든지 내가 행하리니 이는 아버지로 하여금 아들로 말미암아 영광을 받으시게 하려 함이라."(요 14:13) 천주교회에서 마리아나 성자들의 중보를 의지하는 것이 얼마나 잘못된 것인지를 잘 깨달아야 하겠습니다.

끝으로 기도의 확신을 말할 때 흔히들 오해하는 바에 있으므로 주의를 하여야 합니다. 기도의 확신은 기도로 간구하는 모든 것이 간구하는 바대로 응답을 받는다는 것을 뜻하지는 않는다는 사실입니다. 간구한대로 응답을 받지 못하면 믿음이 부족한 탓이라고 말하는 경우가 있는데, 이것은 항상 옳은 말은 아닙니다. 기도의 확신이란 간구하는 바가 반드시 간구하는 바대로 이루어진다는 결과에 대한 확신이 아닙니다. 기도의 확신은 하나님께서 그리스도의 중보로 인하여 자신의 기도를 들으신다는 확신인 것이지, 내 간구가 그대로 이루어질 것이라는 자기 신념 또는 확신을 가리키는 말이 아닙니다. 기도의 확신과 관련한 오해는 기도에 대한 하나님의 응답의 방식에 대한 이해가 부족하여 나타나게 됩니다.

기도에 대한 하나님의 응답은 간구의 내용에 따라 차이가 있습니다. 하나님께서는 기도로 영혼을 위한 것과 몸에 필요한 모든 것을 구하라고 하셨습니다(문답 118). "그런즉 너희는 먼저 그의 나라와 그의 의를 구하라 그리하면 이 모든 것을 너희에게 더하시리라." 영적인 간구는 그것이 구원과 관련한 것이므로 반드시 간구하는 바대로 응답을 받을 것이라는 확신을 가지고 간구할 수 있습니다. 하지만 물질과 관련한 간구는 하나님보시기에 더 좋은 것을 주시기 위하여 응답을 미루시거나 다른 것으로 대체하시거나 거절하시는 경우 등 다양한 형태로 응답이 주어짐을 기억하여야 합니다.

여기서 주의하여야 할 것이 있습니다. 어떠한 형태로 응답이 되더라도 하나님께서 간구를 듣고 계시다는 사실을 확신하여야 합니다. 간구를 들으신 하나님께서 그의 선한 뜻에 따라서 기도에 대해 응답의 형태를 다르게 주십니다. 그러므로 기도를 할 때에 하나님께서 기도를 들으신다는 확신을 가지지 않은 채 기도하는 것은 소용이 없는 기도입니다. 하나님께서는 기도하는 자의 간구를 들으신다는 사실을 성경 곳곳에서 약속해 주셨음을 기억하고 믿어야 합니다. "환난 날에 나를 부르라 내가 너를 건지리니."(시 50:15) 약속하셨고 "그들이 부르기 전에 내가 응답하겠고 그들이 말을 마치기 전에 내가 들을 것이며."(사 65:24)라고 약속하셨습니다.

이제 기도를 구체적으로 어떻게 하여야 할지에 대해 알아야 하겠습니다. 무엇을 어떻게 구하여야 할까요? 우리 주 예수 그리스도께서는 기도의 형식과 내용에 대해서 알려주셨습니다. 그것은 다음과 같습니다.

> 하늘에 계신 우리 아버지여
> 이름이 거룩히 여김을 받으시오며
> 나라가 임하시오며
> 뜻이 하늘에서 이루어진 것 같이 땅에서도 이루어지이다
> 오늘 우리에게 일용할 양식을 주시옵고
> 우리가 우리에게 죄 지은 자를 사하여 준 것 같이
> 우리 죄를 사하여 주시옵고
> 우리를 시험에 들게 하지 마시옵고
> 다만 악에서 구하시옵소서
> 나라와 권세와 영광이 아버지께 영원히 있사옵나이다.
> 아멘. (마 6:9~13; 눅 11:2~4)

주님께서 친히 가르쳐 주신 기도는 내용에 있어서 완전하며 그것 이외에 다른 무엇을 덧붙이려는 것은 하나님의 지혜에다 자신의 지혜를 덧붙이려는 것과 같이 어리석은 일입니다. 기도의 형식에 매여서 단어 하나 하나, 문구 하나 하나를 그대로 표현해야 한다는 것은 아닙니다. 표현은 달라질 수 있습니다. 하지만 간구의 내용은 주님께서 가르치신 기도에 따라 드려져야만 합니다. 그럼 다음 장에서부터 주기도문에 대한 해설을 살피도록 하겠습니다.

47. 기도의 필요성과 주기도

...생각 나누기

• 새로운 질문

1_ 기도란 무엇입니까?

2_ 기도의 가장 중요한 요소는 무엇입니까?

3_ 하나님께서는 우리의 필요를 아시는데 굳이 간구를 할 필요가 있습니까?

4_ 칼빈이 정리하여 준 기도의 필요성은 어떠합니까?

5_ 요리문답은 기도는 오직 참되시고 유일하신 하나님께만 하여야 한다고 합니다. 이러한 사실이 기도와 관련하여 주는 교훈들은 무엇입니까? 참되고 유일하신 하나님은 어떤 분이시며, 무엇을 구하여야 하며, 어떠한 태도로 하여야 합니까?

6_ 요리문답은 기도하는 사람의 자세와 관련하여 어떠한 교훈을 줍니까?

7_ 요리문답은 기도의 확신과 관련하여 어떠한 교훈을 줍니까?

8_ 기도에 대한 하나님의 응답이 간구의 내용에 따라 차이가 나는지, 또 그렇다면 어떻게 그러한지를 알아봅시다.

48. 하늘에 계신 우리 아버지

제46주일 | 120~121문

질문 120 **그리스도께서 우리에게 하나님을 "우리 아버지"로 부르도록 명하신 까닭이 무엇입니까?**

답 그리스도께서는 기도를 시작하는 첫머리에서 즉각적으로 우리 가운데 하나님을 향한 어린아이와 같은 경외심과 신뢰를 불러일으키기를 원하십니다.
왜냐하면 이것이야 말로 우리 기도의 토대이기 때문입니다. 즉 하나님께서 그리스도로 말미암아 우리의 아버지가 되셨으며, 육신의 부모가 우리들에게 땅의 것들을 거절하지 않는 것보다도 오히려 더욱 더 하나님께서는 참 믿음으로 하나님께 구하는 것을 우리에게 주기를 거절하지 않으신다는 사실을 우리에게 각성시키기 원하십니다. (마 7:9-11; 눅 11:11-13)

질문 121 **"하늘에 계신"이라는 말을 덧붙인 까닭은 무엇입니까?**

답 하나님이 가지고 계신 하늘의 위엄을 땅의 것으로 생각지 않도록 하고(렘 23:23-24; 행 17:24-25), 아울러 하나님께서 그의 전능하신 능력으로 우리의 몸과 영혼에 필요한 모든 것을 주실 것임을 기대하도록 하기 위함입니다. (마 6:25-34; 롬 8:31-32)

기도생활은 신앙생활들 가운데 가장 익숙해지기가 어렵다고 합니다. 사실 그것은 정확한 말입니다. 기도가 무엇인지, 기도를 하나님께 드린다고 할 때 그 내용과 형식은 어떻게 하여야 하는 것인지, 기도는 과연 하나님께서 들으시는 것인지 등을 바르게 믿고 실행하는 것은 사실 일정한 신앙의 성장을 필요로 하기 때문입니다. 이 세상에 있는 모든 종교들마다 나름의 기도를 가르칩니다. 하나님을 알지 못하는 일들도 바람과 기원을 가지고 있습니다. 이러한 모든 기원들이 다 기독교의 가르침에 합당한 기도는 아닙니다. 기독교의 기도생활은 참되고 유일하신 하나님을 바르게 예배하며 그가 어떤 분이시며 그가 교훈하시는 바가 무엇인지에 대한 이해를 올바르게 가질 때에라야 비로소 가능합니다.

그러면 기도란 무엇입니까? 기도란 우선 참되신 하나님께 드리는 것입니다. 기도는 간구와 감사로 구성이 됩니다. 간구라 함은 영혼과 육체의 안녕을 위하여 필요한 것을 구하는 것이며, 감사는 하나님께서 베풀어 주신 은택들에 대해 감사를 표하는 것입니다. 모든 신자는 기도를 통해 자신이 누리고 있는 모든 영적이며 물질적인 축복들이 하나님께서 그의 주권과 사랑 가운데 주신 것들임을 인정하고 고백하므로 감사를 표현하며 하나님께 영광을 돌립니다. 아울러 모든 신자는 하나님께 간구를 드립니다. 간구의 내용은 영혼과 육체에 필요한 모든 축복들입니다.

하나님께서 우리의 모든 필요를 아시기 때문에 굳이 간구를 하지 않아도 된다고 생각하는 이들이 있습니다. 그러나 하나님께서는 간구하는 자들에게 베푸실 것을 약속하셨으며, 그 약속에 따라 간구하여 응답을 받는 자들이라야 과연 하나님께서 살아계셔서 구하는 바를 주셨음을 알고 합당한 감사를 드릴 수가 있습니다.

칼빈에 따르면 기도의 필요성은 다음과 같이 정리가 됩니다. 기도는 하나님을 항상 찾으며 사랑하며 섬기고자 하는 소원과 열망이 마음 속에 불일 듯 하기 위한 것이며, 하나님이 보시기에 수치스러운 욕망이나 소원이 마음에 침투하지 못하도록 하기 위함이고, 하나님께서 주신 은혜를 받을 때 진심으로 감사하기 위함이며, 간구하는 바를 하나님께서 응답하여 주셨다는 확신을 가지고 하나님의 인자하심을 더욱 더 깨닫기 위함이며, 기도한 바를 하나님께서 주셨다는 것을 더욱 더 큰 기쁨으로 받아들이기 위함이고, 어려움을 당할 때에도 섭리로써 자기 백성을 끝까지 도우시며 즉각적인 도움으로 도와주시는 섭리를 확인하고 깨달을 수 있도록 하기 위함입니다.

기도는 오직 참되시며 유일하신 하나님께 하는 것이므로 아무렇게나 임의로 해서는 안 됩니다. 요리문답이 교훈하는 바와 같이, 기도는 사람의 욕심에 따라 아무 것이나 내키는 데로 구하여서는 안 되며, 참되며 유일하신 하나님께서 받으실 만한 간구를 하여야 합니다. 또 기도는 기계적이며 형식적으로 할 것이 아니라, 자신의 심령을 하나님 앞에서 열고 겸비한 마음으로 진정성을 가지고 간절히 구하여야 하며, 무례하며 불경건한 기도를 하지 않도록 마음을 다해 기도해야 합니다. 아울러 자신의 결핍과 비참함을 철저하게 깨닫고 하나님의 영화로운 존전 앞에서 자신을 겸손히 낮추며 기도하여야 합니다.

그리고 하나님께서는 기도를 반드시 들으신다는 확신을 가지고 간구하여야 합니다. 자신은 비록 하나님 앞에서 가치가 없는 자이지만 그리스도 안에서 약속하신 바에 따라 기도를 들으심을 믿고 기도하여야 합니다. 하나님께서는 어떠한 형태로라도 응답을 하십니다. 그리고 그 응답은 그의 선한 뜻에 따라서 주시는 응답임을 믿고 감사하여야 합니다.

그러면 이제 기도를 구체적으로 어떻게 하여야 할지에 대해 알아야 하겠습니다. 우리 주 예수 그리스도께서는 가르쳐주신 기도의 형식과 내용에 대해 살펴보기로 합니다.

앞에서 기도는 참되며 유일하신 성부, 성자, 성령 삼위일체 하나님께 드리는 것이며, 하나님 이외에 기도를 받으실 대상은 없다는 것을 말씀드렸습니다. 아울러 기도는 구주 예수 그리스도의 중보로 말미암아 하나님과 화평하게 된 자가 드리는 것임을 말씀드렸습니다. 이것은 참되며 유일하신 하나님이 곧 그리스도 안에 있는 자에게 하나님 아버지가 되심을 의미합니다. "영접하는 자 곧 그 이름을 믿는 자들에게는 하나님의 자녀가 되는 권세를 주셨으니"(요 1:12). 하나님께서 그리스도의 이름을 영접하는 자를 양자로 삼아 주시니, 그 은혜로 인하여 하나님을 아버지로 섬기게 됩니다.

요리문답은 주님께서 가르치신 기도를 해설하기 시작하면서 먼저 '하늘에 계신 우리 아버지'에 대해 교훈을 합니다. 그리스도께서는 기도의 첫머리에 즉각적으로 하나님을 우리 아버지로 부르도록 명하셨습니다. 이는 "하나님을 향한 어린아이와 같은 경외심과 신뢰를 불러 일으키기를" 위함입니다. 하나님을 아버지라 부를 때 그리고 하나님의 자녀라는 자기 인식이 확인이 될 때가 가장 크게 하나님의 사랑을 확인하고 찾아 볼 수 있는 때입니다. 그러므로 주 예수 그리스도께서는 아버지의 이름을 부르도록 함으로써 기도를 시작하면 육신의 어떤 아버지와도 비교할 수 없는 선하심과 자비와 사랑을 하나님에게서 확신하도록 하신 것입니다.

하나님 아버지께서 그의 자녀들을 사랑하심이 어떠합니까? 사람의 어떤 아버지와도 비교할 수 없는 사랑으로 사랑하십니다. "주는 우리 아버지시라 아브라함은 우리를 모르고 이스라엘은 우리를 인정하지 아니할지라도 여호와여, 주는 우리의 아버지시라 옛날부터 주의 이름을 우리의 구속자라 하셨거늘"(사 63:16). 이 사랑을 부인하시는 것은 하나님께서 아버지로서의 자신을 부인하시는 것과 같아서 이 사랑은 어느 것과도 비교할 수 없는 절대적인 사랑입니다(딤후 2:13). 사람의 사랑 가운데 가장 으뜸되는 사랑의 모범은 어머니의 사랑일 것입니다. 어머니는 무조건적인 희생의 사랑을 보이기 때문입니다. 그러나 그 어머니도 연약한 사람이기에 자식을 사랑함에 있어 신실하지 못할 수가 있습니다. 그러나 하나님께서는 자신의 사랑을 이렇게 말씀하십니다. "여인이 어찌 그 젖 먹는 자식을 잊겠으며 자기 태에서 난 아들을 긍휼히 여기지 않겠느냐 그들은 혹시 잊을지라도 나는 너를 잊지 아니할 것이라"(사 49:15). 이제 예수님께서 기도를 가르치시면서 그 첫머리에 "우리 아버지"라고 부르도록 하신 그 뜻이 선명하게 드러납니다. 그것은 하나님의 사랑을 확신하고 경외심으로 신뢰하며 기도를 드리도록 하기 위함입니다. "너희가 악할지라도 좋은 것으로 자식에게 줄 줄 알거든 하물며 하늘에 계신 너희 아버지께서 구하는 자에게 좋은 것으로 주시지 않겠느냐"(마 7:11).

그런데 예수님께서는 "내 아버지"라는 표현보다 "우리 아버지"라고 가르치셨는데 여기에 어떤 이유가 있을까요? 첫째는 하나님을 "우리 아버지"라고 부를 때 우리가 각각 홀로 하나님과 관계를 맺는 자들이 아니라 교회로 함께 하나님의 자녀가 된다는 사실을 상기시키기 위함입니다. 그리하여 자신의 기도는 자신의 기도만으로 그치지 않고 교회와 함께 기도하게 된다는 사실에 대한 이해를 갖도록 하기 위함입니다. "두 세 사람이 내 이름으로 모인 곳에는 나도 그들 중에 있느니라"(마 18:20). 둘째는 하나님의 자녀로서 형제애를 가지고 서로를 위하여 기도하며 사랑을 하여야 할 의무를 기억하도록 하기 위함입니다. "새 계명을 너희에게 주노니 서로 사랑하라 내가 너희를 사랑한 것 같이 너희도 서로 사랑하라"(요 13:34).

여기서 "우리 아버지"라고 일컬음을 받는 분은 누구이신지를 아는 것이 필요합니다. 어떤 이는 "우리 아버지"는 성부 하나님을 가리키는 것이므로, 주님이 가르치신 기도에 비추어 기도할 때 그 기도는 성자 하나님이나 성령 하나님께는 드려지지 않는 기도라고 잘못된 주장을 합니다. 그러나 우리가 기도할 때 "우리 아버지"라고 부르는 아버지는 성자 하나님이나 성령 하나님과 구별이 되는 성부 하나님을 가리키는 말이 아님을 유의하여야 합니다. 성자 또는 성령 하나님과 구별하여 성부 하나님을 '아버지'라고 부르는 것은 세 위격들의 관계 안에서 이루어지는 성부 하나님의 호칭입니다.

이와 달리 우리가 기도를 하며 '우리 아버지'라고 부를 때, 그것은 피조물인 우리가 그리스도로 말미암아 하나님의 자녀로 입양이 되어 하나님을 아버지라 부르는 것입니다. 따라서 여기서의 '아버지'는 성자와 성령과 구별이 되는 위격을 가리키는 말이 아니라, 구원을 받은 피조물이 하나님을 가리켜 부르는 말입니다. 즉 위격에 따라 일컫는 아버지가 아니라, 피조물과 대비가 되는 신성에 따른 것으로 그리스도 안에서 구원받은 자들의 아버지이십니다. 그리스도 안에서 성령으로 말미암아 하나님을 '아빠 아버지'라고 부르는 은혜를 입게 된 것입니다. "무릇 하나님의 영으로 인도함을 받는 사람은 곧 하나님의 아들이라 너희는 다시 무서워하는 종의 영을 받지 아니하고 양자의 영을 받았으므로 우리가 아빠 아버지라고 부르짖느니라"(롬 8:14~15). 그러므로 성자 하나님도 하나님으로서 신성에 따라 우리 아버지이시며, 성령 하나님도 하나님으로서 신성에 따라 우리 아버지이십니다. 우리가 하나님 아버지께 기도를 할 때, 그 기도는 성부 하나님뿐만 아니라, 성자 하나님과 성령 하나님께서도 신성에 따라 우리의 아버지로서 기도를 받으십니다. 예수님께서 인성에 따라 중보자로서 하나님 아버지께 기도를 하실 때 그는 자신을 하나님 아버지보다 낮추시지만, 그 기도를 신성에 따라서는 성자 하나님으로서 자신이 또한 받으십니다. 성령 하나님께서 우리로 하여금 그리스도 안에서 기도하게 하실 때, 성령 하나님께서는 또한 그 기도를 받으십니다. 그래서 성자 하나님이 또한 성부 하나님과 더불어 또한 피조물에 대하여 하나님 아버지가 되심을 다음과 같이 요한 사도가 증거를 합니다. "태초에 말씀이 계시니라 이 말씀이 하나님과 함께 계셨으니 이 말씀은 곧 하나님이시니라"(요 1:1), "또 아는 것은 하나님의 아들이 이르러 우리에게 지각을 주사 우리로 참된 자를 알게 하신 것과 또한 우리가 참된 자 곧 그의 아들 예수 그리스도 안에 있는 것이니 그는 참 하나님이시오 영생이시라"(요일 5:20).

이제 이어서 살필 것은 예수님께서 "우리 아버지" 앞에 더하여 붙이신 "하늘에 계신"이라는 표현의 의미입니다. 하늘은 단순히 공간적으로 높은 곳에 계시다는 것을 뜻하는 것이 아닙니다. 솔로몬이 잘 말하였듯이 "하늘과 하늘들의 하늘이라도" 하나님을 용납하지 못할 것이기 때문입니다(왕상 8:27). 그럼에도 불구하고 하나님께서는 하늘을 가리켜 자신의 보좌라고 말씀하십니다(사 66:1). 이 말씀은 하늘이라는 어떤 특수한 공간에 하나님이 제한적으로 계신다는 것을 뜻할 수가 없습니다. 하나님은 어디에나 계시기 때문입니다.

여기서 하나님의 보좌가 있는 하늘이란 표현으로 하나님의 초월성과 무한성과 영원성과 불가해성과 전능성 등을 나타내며,

또한 하나님께서 자신의 임재를 이 땅에서 보다 더 영광스럽게 나타내시는 곳을 뜻합니다. 그러한 의미를 더하여 하나님을 물질적인 어떤 것으로 그릇 예배하는 일이 없도록 철저한 주의를 줍니다. "우주와 그 가운데 있는 만물을 지으신 하나님께서는 천지의 주재시니 손으로 지은 전에 계시지 아니하시고 또 무엇이 부족한 것처럼 사람의 손으로 섬김을 받으시는 것이 아니니 이는 만민에게 생명과 호흡과 만물을 친히 주시는 이심이라"(행 17:24~25).

끝으로 우르시누스가 요리문답을 해설하면서 풀이한 "하늘에 계신" 우리 아버지의 의미를 참고로 살펴보는 일은 매우 유익이 될 것입니다. 첫째로 육신의 부모와 달리 하나님은 실로 높고 높으신 영광 중에 거하시는 분이시며, 만물을 뜻대로 다스리시고, 거룩하여 흠이 없으시다는 점과, 둘째로 우리 아버지 하나님은 하늘에 계시니 그가 능히 감당하지 못할 일이 없으며 그의 선한 뜻에 따라 택한 자들에게 구원의 은혜를 베푸시는 분이시라는 것과, 셋째로 그 결과 죄인인 피조물로서 하나님의 높으심을 바르게 깨달아 하나님께 영광을 돌리며 그 앞에서 겸손한 자들이 되게끔 하는 것과, 넷째로 기도를 들어주시는 좋으신 아버지 하나님인 줄을 믿고 하늘 보좌를 향해 간절히 기도하도록 하는 것과, 다섯째로 사람의 모든 생각을 하늘에 붙들어 매도록 하는 것과, 여섯째로 하나님의 보좌가 있는 곳을 바라며 그 곳에 이르기 위하여 하나님과 하늘에 속한 것들을 사모하게 하는 것과, 일곱째로 피조물의 우상으로 하나님을 예배할 수 있다고 주장하는 불신자들의 오류에 빠지지 말도록 하는 것과, 마지막 여덟 번째로 구약시대처럼 어느 특정한 시간과 공간에서만 기도를 드리는 것으로 오해를 하지 않도록 권고를 하기 위함입니다.

 이상의 이유와 목적들을 잘 마음에 새겨 우리의 기도를 들으시는 우리 아버지는 하늘에 계신 하나님 아버지이시며, 그 하나님 우리 아버지는 구하는 바를 들으시고 그의 선하심과 지혜에 따라서 응답을 하시는 하나님이심을 바르게 알아 더욱 기도에 힘을 써야 하겠습니다.

... 생각 나누기

· 새로운 질문

1_ 올바른 기도생활을 위하여서는 신앙의 일정한 성장이 필요한 까닭은 무엇인가요?

2_ 기도의 구성요소 두 가지는 무엇인지 설명해 봅시다.

3_ 기도는 어떻게 하여야 합니까?

· 새로운 질문

4_ 주님께서 기도를 가르치시면서 기도의 첫머리에 "하늘에 계신 우리 아버지"라고 부르도록 하신 까닭은 무엇입니까?

5_ 하나님 아버지께서 그의 자녀들을 사랑하심은 어떠합니까?

6_ 예수님께서 "내 아버지"가 아니라 "우리 아버지"라고 부르도록 하신 데에는 어떠한 이유가 있습니까?

7_ 주기도문의 "우리 아버지"는 누구를 가리킵니까?

8_ "하늘에 계신"이라는 표현에서 "하늘"이 뜻하는 바는 무엇입니까?

9_ 우르시누스가 해설한 "하늘에 계신 우리 아버지"의 의미는 무엇입니까?

49. 첫째 간구: 이름이 거룩히 여김을 받으시오며

제47주일 | 122문

질문 122 첫째로 간구하는 것은 무엇입니까?

답 하나님의 이름이 거룩히 여김을 받으시기를 간구합니다.

즉 무엇보다도 먼저 하나님의 능력과 지혜와 선하심과 공의와 긍휼과 진리가 분명하게 나타나 있는 하나님의 모든 일로 인하여,(출 34:5-8; 시 145; 렘 32:16-20; 계 5:12)

우리로 하여금 하나님을 올바르게 알도록 하시고,(렘 9:23-24; 31:33-34; 마 16:17; 요 17:3)

그리하여 하나님을 거룩히 높이고 영화롭게 하며 찬송하게 하시기를 간구합니다.(눅 1:46-55, 68-75; 롬 11:33-36)

또한 우리로 인하여 하나님의 이름이 결코 모욕을 당하지 않고 오히려 존귀하게 되며 찬양을 받게 되도록 우리의 모든 생활과 생각과 말과 행실을 지도하고 이끌어 주시기를 간구합니다.(시 71:8; 115:1; 마 5:16)

─ 기도를 바르게 하려면, 기도를 드리는 대상, 곧 기도를 받으시는 분이 누구이신지를 알아야 합니다. 그 까닭은 기도

란 기도를 하는 우리들과 기도를 받으시는 하나님과의 관계성에 그 기반을 두고 있기 때문입니다. 우리가 왜, 어떤 근거로 창조주 하나님께 기도를 할 수 있을까요? 그것은 하나님이 비록 높고 높으시며 거룩하심과 지존하심이 영광을 홀로 받으시기에 합당한 창조주이시지만, 또한 예수 그리스도 안에서 우리의 아버지가 된다는 사실에 있습니다. 하나님은 예수 그리스도 안에 있는 우리의 아버지이시기에 우리는 하나님의 자녀로서 하나님의 나라의 상속자가 되며, 또한 하나님께서 아버지의 사랑으로 공급하시는 일용할 양식을 자녀의 신분으로 공급받으며, 날마다 짓는 모든 죄를 용서하여 주십니다.

 기도를 바르게 하기 위해서 반드시 알아야 하는 또 다른 한 가지가 있습니다. 그것은 기도를 하는 우리가 우리의 아버지이신 하나님 앞에서 어떠한 존재인가를 바르게 아는 것입니다. 그것은 바로 우리 자신이 존엄하시며 전능하신 하나님 아버지의 이름을 거룩히 여기지 않은 자들이며, 그러한 죄를 반복하여 범하여 온 자들인지라, 하나님의 자녀라 일컬음을 도무지 받을 수 없는 자라는 깊이 인정하는 것이라 하겠습니다. 곧 우리가 하나님 아버지 앞에 기도할 때 우리 자신의 옛 성품에 대항하여서, 육체의 정욕과 죄의 욕심을 거슬러서 기도하여야 함을 의미합니다.

 우리가 부패한 성정대로 기도한다면 무엇을 바라게 될까요? 결국 하나님의 이름을 부르나 하나님을 경배하지 않고 자신의 욕심을 경배하는 우상숭배의 죄악을 범하게 될 뿐입니다. "하나님을 알되 하나님을 영화롭게도 아니하며 감사하지도 아니하고 오히려 그 생각이 허망하여지며 미련한 마음이 어두워졌나니 스스로 지혜 있다 하나 어리석게 되어 썩어지지 아니하는 하나님의 영광을 썩어질 사람과 새와 짐승과 기어 다니는 동물 모양의 우상으로 바꾸었느니라"(롬 1:21~22). 왜냐하면 우리는 본성상 하나님을 마음에 두기 싫어하며 미워하는 자들이었기 때문입니다. 하나님 앞에서 "곧 모든 불의, 추악, 탐욕, 악의가 가득한 자요, 시기, 살인, 분쟁, 사기, 악독이 가득한 자요, 수군수군하는 자요, 비방하는 자요, 교만한 자요, 자랑하는 자요, 악을 도모하는 자요, 부모를 거역하는 자요, 우매한 자요, 배약하는 자요, 무정한 자요, 무자비한 자"(롬 1:29~31)는 심판을 피할 수가 없는 자들입니다.

죄의 부패는 더욱 더 심각하여 여기에 그치지 않고 이러한 일을 행하는 자들을 옳다 함으로 죄의 심각성을 더욱 더 드러냅니다. "그들이 이같은 일을 행하는 자는 사형에 해당한다고 하나님께서 정하심을 알고도 자기들만 행할 뿐 아니라 또한 그런 일을 행하는 자들을 옳다 하느니라"(롬 3:32). 그러므로 정욕을 따라 구하는 기도는 그것이 비록 기도의 모양과 형식을 갖추고 있다고 하더라도, 결국 이러한 죄악에서 벗어날 수가 없습니다.

그러나 예수 그리스도 안에 있는 자들은 전혀 다른 존재로 그 신분이 하나님의 자녀로 바뀐 자들입니다. 하나님의 자녀는 전혀 하나님과 새로운 관계 아래에 있는 자들입니다. 그들은 하나님의 자녀로 입양이 된 하나님의 자녀입니다. "그러므로 이제 그리스도 예수 안에 있는 자에게는 결코 정죄함이 없나니 이는 그리스도 예수 안에 있는 생명의 성령의 법이 죄와 사망의 법에서 너를 해방하였음이라"(롬 8:1~2).

이어서 다음의 말씀을 보시기 바랍니다. "너희는 다시 무서워하는 종의 영을 받지 아니하고 양자의 영을 받았으므로 우리가 아빠 아버지라고 부르짖느니라"(롬 8:15). 생명의 성령의 법이 신자들을 죄와 사망의 법에서 해방한 결과 이제 그들은 하나님의 양자의 영을 받아 하나님을 아빠 아버지라 부르게 됩니다. 본성상 하나님을 싫어하고 미워하였던 자가 이제 하나님을 사랑하고 하나님을 찾는 자로 변화를 갖게 됩니다. 따라서 하나님의 자녀들이 구하는 기도 또한 근본적으로 변화를 갖게 됩니다. "주여 내 입술을 열어 주소서 내 입이 주를 찬송하여 전파하리이다"(시 51:15).

이제부터 주님께서 가르쳐 주신 기도를 차례로 살펴보도록 합니다. 주님께서 기도를 가르쳐 주시면서 여섯 가지에 걸친 간구를 내용에 포함하도록 하시며 그 내용에 따라 기도를 구성하도록 형식을 또한 교훈하셨습니다. 그 여섯 가지 간구들은 첫째 "주의 이름이 거룩히 여김을 받으시오며"이며, 둘째 "주의 나라가 임하시오며"이고, 셋째 "주의 뜻이 하늘에서 이루어진 것 같이 땅에서도 이루어지이다"입니다. 넷째는 "오늘 우리에게 일용할 양식을 주시옵고"이며, 다섯째는 "우리가 우리에게 죄 지은 자를 사하여 준 것 같이 우리 죄를 사하여 주시옵고"이고, 여섯째는 "우리를 시험에 들게 하지 마시옵고 다만 악에서 구하시옵소서"입니다.

첫째부터 셋째까지의 앞의 세 간구들은 하나님과 관련한 것으로, 하나님의 영광을 구하는 것입니다. 뒤의 세 간구들은 우리와 관련한 것으로 우리의 필요를 구하는 것입니다. 첫 번째 세 가지 간구는 하나님 아버지의 이름이 가장 높임을 받고, 하나님 아버지께서 하시는 일, 곧 하나님 나라가 이루어지기를 바라며, 그 결과로 하나님의 뜻이 이루어짐으로 하나님의 목적하신 바가 이루어지기를 바라는 간구입니다. 두 번째 세 가지 간구는 오늘을 살아가기 위한 물질의 공급을 위해 기도하는 것이며, 과거에 이미 범했던 죄의 책임에서 벗어나기를 위해 용서를 구하는 기도이며, 미래의 삶 가운데 시험에 들어 죄를 범하는 일이 없도록 보호하심을 구하는 기도입니다. 즉 과거와 현재와 미래의 시간에 걸쳐서 육적인 삶의 필요와 죄의 용서와 또한 거룩한 삶을 위하여 기도하는 것입니다.

여기서 하나님의 영광을 구하는 기도와 우리의 필요를 구하는 기도는 서로 분리된 각각의 것이 아니며, 서로 유기적으로 연결이 되어 있음을 유의하여야 합니다. 첫 세 간구들과 같이 하나님의 영광을 구하는 기도는 우리가 기도하는 궁극적인 목적을 밝혀줍니다. 우리는 무엇을 위해 기도합니까? 우리의 아버지이신 하나님의 이름이 거룩히 여김을 받고, 그의 나라가 임하기를 바라며, 또한 그의 뜻이 이루어지기를 위해 기도합니다. 이것이 기도의 목적입니다.

이제 우리의 필요를 간구하는 두 번째 세 간구들은 바로 이러한 목적을 이루는 수단들이 됩니다. 어떻게 하나님의 이름이 거룩히 여김을 받으시며, 하나님 나라가 임하며, 또한 하나님의 뜻이 이루어집니까? 그것은 바로 하나님께서 우리에게 일용할 양식을 공급하여 주심으로 매일의 삶을 살아가도록 하시고, 우리가 과거에 범했던 죄들을 용서하여 주심으로 의롭게 하시고, 또한 앞으로 시험에서 보호하여 주심으로 장차 거룩한 삶을 살아가게 하실 때, 바로 하나님의 이름이 거룩히 여김을 받고, 그의 나라와 그의 뜻이 실현이 됩니다. 그러면 우리는 어떠한 태도로 기도하여야 합니까? 하나님께서 우리의 아버지이시며 우리는 하나님의 자녀라는 사실, 그리고 하나님은 그의 나라의 왕이시며 우리는 그의 백성이라는 사실, 그리고 하나님은 자신의 뜻을 이루시는 주인이시며 우리는 그의 뜻에 순종하여야 할 종이라는 사실을 기억하며 기도하여야 할 것입니다. 그러한 태도를 가지고 아버지이신 하나님께서 우리에게 일용할 양식을 주시며, 왕이신 하나님께서 우리의 죄를 사하여 주시고, 주인이신 하나님께서 우리를 시험에서 보호하시어 그의 뜻에 순종토록 하실 것을 기도하여야 합니다.

따라서 기도할 때 우리는 하나님의 뜻을 우리의 욕망에 맞추려고 하여서는 안 됩니다. 오히려 우리의 뜻을 하나님의 뜻에 맞추어야 합니다. 우리는 기도할 때에 자녀로서 아버지 앞에 나가는 행복과 담대함을 가지되, 거룩한 하나님의 이름을 경외하는 심령으로 나가야 할 것이며, 하나님 나라의 백성이라는 시민권적 자세를 가지고, 하나님의 뜻이 이루어지기를 바라는 순종의 정신으로 나가야 합니다. 그리고 일용할 양식을 겸손히 구하는 의존적 자세로, 죄의 용서를 바라는 회개의 심령으로, 그리고 시험에 들지 않도록 보호를 구하는 겸손한 심령으로 나가야 합니다. 그리고 마침내 주의 나라와 권세와 영광이 영원할 것을 확신하며, 승리로 인한 벅찬 가슴으로 찬미를 올려야 할 것입니다.

그러면 여섯 가지 간구들 가운데 첫 번째 간구에 대해서 살펴보도록 합니다. 하나님의 자녀는 하늘의 아버지께 무엇을 구하여야 할까요? 주님께서는 "하나님 아버지의 이름이 거룩히 여김을 받으시오며"를 가장 먼저 구할 것을 교훈하십니다.

거룩히 여김을 받기를 기원하는 대상은 "하나님 아버지의 이름"입니다. 하나님의 이름이란 하나님 자신을 뜻하며(시 5:11; 9:2; 116:13; 왕상 5:5), 또 하나님의 속성과 하신 일들을 뜻하기도 하며(출 34:14), 하나님의 계명과 뜻과 권위를 뜻하기도 하며(삼상 17:45; 마 28:19), 아울러 하나님을 향한 예배와 찬양과 신뢰의 대상이기도 합니다(행 21:13; 2:38).

그러면 "하나님의 이름을 거룩히 여김을 받으시오며"라는 의미가 무엇인지를 알아야 하겠습니다. 거룩함이라는 말로 표현하는 바는 첫째로 더할 수 없이 거룩하시며 순결하신 하나님 자신의 특별하신 신성의 특성을 의미합니다. 하나님은 그 분 자체로 거룩하시며, 그럴 때 거룩함은 오직 하나님만의 특성입니다(사 6:3). 이런 의미를 따를 때 "거룩히 여긴다"는 말은 이미 거룩하신 분을 거룩하신 것으로 인정하고 높이고 찬양을 한다는 것을 뜻하게 됩니다.

둘째로 피조물 가운데서도 천사나 경건한 주의 백성들이 하나님을 경건히 섬김으로 그들에게서 나타나는 특성들이 있습니다. 이러한 의미를 따를 때 "거룩히 여긴다"는 말은 하나님의 교회와 성도를 부패와 오염으로부터 분리시켜 그것에 완전한 거룩을 입히시고 그 거룩함을 계속해서 유지하도록 하시는 일을 뜻하게 됩니다.

셋째로 일상의 것과 구분을 하여, 가장 존귀하게 소중히 여긴다는 것을 의미하기도 합니다. 가장 중요한 가치, 다른 무엇과도 바꿀 수 없는 최고의 가치로 여기며 거룩한 목적을 위하여 소중히 여김을 뜻합니다. 성자 하나님께서 사람이 되시어 중보자의 직분을 담당하시도록 구별이 되시고, 또한 그리스도의 사역을 예표하도록 안식일, 성전, 제사장과 희생제물 등을 구분하여 거룩하다고 하신 것은 바로 이러한 의미를 따른 것입니다.

"하나님의 아버지의 이름이 거룩히 여김을 받으시옵소서"라고 간구하는 것은 위의 세 가지 의미들 가운데 첫째와 둘째와 관련이 됩니다. 첫째와 관련하여서는 하나님의 하나님 되심의 지극한 거룩함과 순결함을 우리에게 알려 주셔서 우리로 하여금 하나님의 하나님 되심을 올바르게 알아 하나님께 합당한 영광과 존귀를 드리고 영광의 찬송을 드리게 하옵소서라고 간구하는 것입니다. 둘째와 관련하여서는 부패한 죄인들인 우리에게 참된 믿음과 회개의 심령을 주시어 우리를 새롭게 하시므로 하나님께서 거룩하신 것처럼 우리를 거룩하게 하시어, 과연 하나님의 거룩한 이름이 우리 가운데 드러나 우리로 하여금 하나님의 거룩하심을 찬송드리게 하시옵고 그 결과 우리를 통하여 하나님의 거룩하신 이름이 모든 것으로부터 찬양과 영광을 받으시옵기를 간구하는 것입니다.

그렇다면 하나님의 이름이 거룩히 여김을 받으시기를 진실히 바라는 자는 그의 간구를 드림에 있어서 다음과 같은 특징을 갖게 됩니다. 하나님을 경외하며, 그를 전적으로 신뢰하고 그의 약속을 의지하며 나갈 때 경외하는 마음이 아니고서는 설불리 하나님을 입에 올리지 않으며, 하나님으로 인해 기뻐하고 즐거워하며, 거룩하고 마음과 뜻을 다해 예배를 드리며, 주일을 소중히 여기고, 모든 영예와 영광을 하나님께 돌리며, 주님의 교훈과 명령에 순종하고, 언제 어느 상황에서나 하나님 편이 되기를 기뻐하고 하나님의 이름을 인정하며, 자신의 이름이나 명예보다 하나님의 명예를 더욱 소중히 여기며, 그렇지 않을 때에는 애통합니다.

하나님의 이름을 거룩히 여기는 일은 실로 엄격한 일입니다. 이러한 사실을 보여주는 한 사례가 있습니다. 민 20장에 보면 가데스 광야에 출애굽 2세대가 모였습니다. 그곳에서 이들은 물과 양식이 없는 고통 때문에 모세를 원망합니다. "백성이 모세와 다투어 말하여 이르되 우리 형제들이 여호와 앞에서 죽을 때에 우리도 죽었더라면 좋을 뻔 하였도다 너희가 어찌하여 여호와의 회중을 이 광야로 인도하여 우리와 우리 짐승이 다 여기서 죽게 하느냐 너희가 어찌하여 우리를 애굽에서 나오게 하여 이 나쁜 곳으로 인도하였느냐 이 곳에는 파종할 곳이 없고 무화과도 없고 포도도 없고 석류도 없고 마실 물도 없도다"(민 20:3~5). 얼마나 모세가 힘이 들었을까요? 이들의 불평은 이미 출애굽 17장에서 출애굽 1세대가 모세에게 행한 것과 그대로 똑 같습니다. 광야에서 40년의 세월이 지나가지만, 한 세대 전 자기 아버지 세대의 죄를 그대로 반복하고 있는 것입니다.

모세와 아론이 회막 문 앞에 엎드렸습니다. 그리고 여호와의 영광이 나타나 말씀하셨습니다. "지팡이를 가지고 네 형 아론과 함께 회중을 모으고 그들의 목전에서 너희는 반석에게 명령하여 물을 내라 하라 네가 그 반석이 물을 내게 하여 회중과 그들의 짐승에게 마시게 할지니라"(민 20:8).

그런데 이 중요한 순간에 모세가 죄를 범하고 맙니다. 모세가 범한 죄가 어떠한 것인지를 잘 분별하여 아는 일이 매우 중요합니다. 이것은 일상의 생활 속에서 아주 흔히 범하는 일이기 때문입니다. "모세와 아론이 회중을 그 반석 앞에 모으고 모세가 그들에게 이르되 반역한 너희여 들으라 우리가 너희를 위하여 이 반석에서 물을 내랴 하고 모세가 그의 손을 들어 그의 지팡이로 반석을 두 번 치니 물이 많이 솟아나오므로 회중과 그들의 짐승이 마시니라"(민 20:10~11). 모세가 어떠한 죄를 범했나요? 하나님께서 다음과 같이 책망을 하셨습니다. "여호와께서 모세와 아론에게 이르시되 너희가 나를 믿지 아니하고 이스라엘 자손의 목전에서 내 거룩함을 나타내지 아니한 고로 너희는 이 회중을 내가 그들에게 준 땅으로 인도하여 들이지 못하리라 하시니라"(민 20:12).

모세가 범한 죄는 이스라엘 백성들의 패역함에 그만 격분하여 자신이 하나님인 양 하나님을 대신하는 잘못을 범한 것입니다. 하나님의 지혜를 믿고 그의 선하심을 믿고 그저 순종하여야 했습니다. 그러나 모세는 자신의 마음을 드러내고 판단의 날을 세우며 하나님을 대신하고 말았습니다. 그의 말과 행동을 통해 모세는 자신을 드러내고 하나님을 뒤로 감추고 말았던 것입니다. 하나님께서는 그러한 모세의 말과 행동이 결국 "하나님의 거룩함"을 나타내지 않은 것이라고 책망을 하셨습니다.

하나님의 이름이 거룩히 여김을 간구하여야 한다는 주님의 교훈은 가장 흔하게 범하는 일반 종교성의 오류, 곧 기복신앙이 왜 잘못인가를 깨닫게 합니다. 기복신앙은 부패한 사람의 본성에 뿌리 깊이 내려져 있으며, 본질상 이교도적 입니다. 하나님을 섬기기 보다 자신의 욕망을 섬기는 오류를 범하기 때문입니다. 어떤 이들은 이러한 판단에 저항을 하며 이르기를 하나님이 만복의 근원이시지 않으냐고 합니다. 그러나 이러한 저항은 소용이 없습니다. 분명한 것은 기복신앙은 하나님의 이름을 거룩히 여기는 신앙이 아닙니다. 자신이 바라는 복을 얻기 위해 제 아무리 하나님을 높인다고 하더라도, 그것은 하나님을 존귀하게 여기지 않는 것이니, 곧 하나님을 목적이 아니라 수단으로 삼는 것에 불과한 왜곡된 종교성이기 때문입니다.

여기서 욥을 생각해 보시기를 바랍니다. "여호와께서 사탄에게 이르시되 네가 내 종 욥을 주의 하여 보았느냐 그와 같이 온전하고 정직하여 하나님을 경외하며 악에서 떠난 자는 세상에 없느니라"(욥 1:8). 하나님께서 욥을 칭찬하셨을 때에 사탄의 반응이 어떠했습니까? "욥이 어찌 까닭 없이 하나님을 경외하리이까 주께서 그와 그의 집과 그의 모든 소유물을 울타리로 두르심 때문이 아니니이까 주께서 그의 손으로 하는 바를 복되게 하사 그의 소유물이 땅에 넘치게 하셨음이니이다. 이제 주의 손을 펴서 그의 모든 소유물을 치소서 그리하시면 틀림없이 주를 향하여 욕을 하지 않겠나이까?"(욥 1:9~11)

사탄의 반응은 단순합니다. 욥이 하나님을 섬긴 것은 그저 기복신앙일 뿐이라는 것입니다. "사탄이 여호와께 대답하여 이르되 가죽으로 가죽을 바꾸오니 사람이 그의 모든 소유물로 자기의 생명을 바꾸올지라 이제 주의 손을 펴서 그의 뼈와 살을 치소서 그리하시면 틀림없이 주를 향하여 욕하지 않겠나이까?"(욥 2:4~5) 따라서 사탄이 하나님께 도발하는 질문은 욥에게 주신 모든 복을 다 거두어 보라는 것입니다. 그러면 하나님께서 그렇게 칭찬하신 욥의 높은 경건의 실체가 허상이며 다만 자신의 욕망을 위한 기복신앙이었을 뿐임을 확인할 수 있을 것이라고 주장을 합니다.

이러한 도발과 시험을 사탄의 것으로 그치지 않습니다. 욥의 아내가 사탄보다 더 큰 시험을 도발합니다. 욥은 하나님의 허락을 입은 마귀의 도발로 인하여 정수리에서 발바닥까지 종기가 나서 질그릇 조각으로 몸을 긁어야 했습니다. 그 때 욥의 아내가 말합니다. "... 당신이 그래도 자기의 온전함을 굳게 지키느냐 하나님을 욕하고 죽으라"(욥 2:9).

욥의 대답이 매우 훌륭합니다. 그의 경건은 단순한 것이 아니었고 기복신앙은 더더구나 아니었습니다. "그가 이르되 그대의 말이 한 어리석은 여자의 말 같도다 우리가 하나님께 복을 받았은즉 화도 받지 아니하겠느냐 하고 이 모든 일에 욥이 입술로 범죄하지 아니하니라"(욥 2:10).

하지만 욥의 시험을 통하여 하나님을 경외하는 믿음이 무엇인지를 말씀하는 교훈은 여기서 끝이 나지 않습니다. 욥은 적어도 기복신앙이 아닌 것은 분명하지만 아직은 욥의 그 고백만으로는 충분치 않았습니다. 하나님의 이름은 그 이름 자체로 절대적인 존귀를 받아야 하기 때문입니다. 하나님 앞에서 피조물은 절대적으로 순종해야 합니다. 하나님을 믿고 경외하며 섬긴다는 것은 절대 순종을 요구합니다. 욥은 비록 기복신앙은 아니었지만 고난을 받는 동안에 의인의 고난을 허락하시는 하나님의 지혜에 대하여 그 까닭이 무엇인지를 말씀하시지 않는 하나님은 오히려 잔인하신 것이 아닌가를 물었습니다. 그 물음 앞에서 욥은 하나님을 향해 신앙의 자세를 벗어나, 하나님 앞에서 변론을 하기를 주저하지 않습니다.

그러나 이러한 욥은 거룩하신 하나님 앞에서 절대 순종을 하여야 하는 믿음에서 벗어난 것입니다. 그는 자신이 겪은 일로 인하여 거룩하신 하나님의 존엄성을 하나님에게 합당한 대로 충분하게 드리지 못한 것입니다. 그가 경건한 자인만큼 그의 의문은 더욱 더 힘을 가졌고 그런 만큼 역설적으로 그는 더욱 더 하나님에게 돌려야 하는 합당한 영광을 돌리지 못하는 죄를 범하게 되었습니다.

마침내 하나님께서 욥에게 은혜를 베푸시어 자신을 욥에게 계시함으로써, 하나님의 영광을 본 욥은 하나님의 하나님되심이 무엇인지를 깨닫고 크게 회개하며 하나님께 영광을 돌립니다. "주께서는 못 하실 일이 없사오며 무슨 계획이든지 못 이루실 것이 없는 줄 아오니 무지한 말로 이치를 가리는 자가 누구니이까 나는 깨닫지도 못한 일을 말하였고 스스로 알 수도 없고 헤아리기도 어려운 일을 말하였나이다 내가 말하겠사오니 주는 들으시고 내가 주께 묻겠사오니 주여 내게 알게 하옵소서 내가 주께 대하여 귀로 듣기만 하였사오나 이제는 눈으로 주를 뵈옵나이다 그러므로 내가 스스로 거두어들이고 티끌과 재 가운데에서 회개하나이다"(욥 42:2~6).

이것이 하나님의 이름을 거룩히 여기는 간구가 무엇을 뜻하는지에 대한 바른 이해입니다. 신자에게 있어서, 바로 우리들에게 있어서 하나님은 어떤 분이십니까? 하나님께 절대 순종을 한다는 것은 운명론적으로 하나님의 섭리를 받아들이는 것이 아닙니다. 그것은 하나님의 섭리 가운데 있는 하나님의 지혜와 선을 굳게 믿고, 절대 신뢰 가운데 그를 찬미하는 것입니다. 이것이 바로 믿음이며, 하나님의 자녀의 아주 특별한 영적 특성을 드러냅니다. 이것은 세상이 감당치 못하는 믿음의 세계입니다. "하나님의 이름이 거룩히 여김을 받으시옵소서"라는 간구에 담긴 믿음의 진정성이며 본질입니다.

... 생각 나누기

· 되짚는 질문 ·

1_ 기도를 받으시는 분이 누구인지를 아는 일과 또 기도를 하는 우리 자신이 어떠한 존재인지를 아는 일이 기도를 바르게 하기 위하여 필요한 까닭은 무엇입니까?

2_ 우리가 우리의 성정대로 기도한다면 어떤 기도가 되겠습니까? 우리가 부패한 자임에도 불구하고 하나님께 기도를 드릴 수 있는 까닭은 무엇입니까?

3_ 주님께서 가르쳐 주신 기도의 여섯 간구들은 무엇이며, 서로 어떻게 연결이 되어 있습니까?

· 새로운 질문 ·

4_ 첫 번째 간구의 "하나님 아버지의 이름"은 무엇을 뜻합니까?

5_ "이름이 거룩히 여김을 받으시오며"가 의미하는 바는 무엇입니까?

6_ 첫 번째 간구를 진실히 드리는 자는 어떠한 태도를 갖습니까?

7_ 첫 번째 간구에 비추어 생각할 때 기복신앙은 왜 잘못된 것입니까?

8_ 욥을 향하여 사탄은 욥의 신앙의 성격에 대해 무엇이라 말합니까?

9_ 욥의 신앙고백이 아직 충분치 않았던 까닭은 무엇입니까?

50. 둘째 간구:
나라가 임하시오며

제48주일 | 123문

질문 123 **둘째로 간구하는 것은 무엇입니까?**

답 나라가 임하시기를 간구합니다.

즉 우리들이 더욱 더 하나님께 순종하여 가도록 말씀과 성령으로 우리를 다스려 주시기를 간구합니다.(시 119:5, 105; 143:10; 마 6:33)

하나님의 교회를 보존하시고 흥왕하게 하시고,(시 122:6-9; 마 16:18; 행 2:42-47)

하나님 나라가 완성이 되어 하나님께서 만유의 주가 되시기까지(롬 8:22-23; 고전 15:28; 계 22:17, 20)

마귀의 일들과, 스스로를 높이어 하나님을 대적하는 모든 세력들과, 하나님의 거룩한 말씀에 대항하는 모든 사악한 도모들을 멸하시기를 간구합니다.(롬 16:20; 요일 3:8)

— 주님께서 가르쳐 주신 첫 번째 간구는 "하나님 아버지의 이름이 거룩히 여김을 받으시오며"입니다. 이 간구보다 먼저 구할 것은 없으며 모든 간구의 근본이며 또한 전제이기 때문입

니다. 이 기원을 통해서 하나님 자신이 거룩히 여김을 받음은 물론 그의 속성과 그가 하신 일과 그가 주신 계명이 거룩히 여김을 받기를 바랍니다.

"하나님의 이름을 거룩히 여김을 받으시오며"라는 말은 첫째로 하나님은 더할 수 없이 거룩하시며 순결하신 분이시므로 하나님만이 거룩하신 분이심을 교회에 알리시어 교회로 하여금 이를 깨닫고 깊이 인정하고 높이고 찬양을 올리도록 하시옵기를 기원함을 뜻합니다. 둘째로 하나님의 거룩하심을 찬양하기에 합당한 자로 죄인인 우리를 새롭게 하시어 과연 하나님의 백성으로서 하나님의 거룩하심을 찬송하기에 부족함이 없도록 하여 주시옵기를 기원함을 뜻합니다.

따라서 하나님의 이름이 거룩히 여김을 받으시기를 진실히 기원하는 자는 하나님과 그의 약속을 전심으로 신뢰하고 의지하며, 경외하는 마음이 아니면 하나님을 입에 올리지 않으며, 거룩하고 마음과 뜻을 다해 기쁨으로 예배를 드리며, 하나님께만 모든 영예와 영광을 돌리며, 언제 어느 상황이고 주님의 교훈과 명령을 자원하는 마음으로 순종하며, 하나님의 명예를 자신의 이름이나 명예보다 소중히 여기며, 하나님의 명예가 훼손을 당할 때 애통합니다.

하나님의 이름이 거룩히 여김을 간구하는 신앙은 일반 종교성이 범하는 오류인 기복신앙과 근본적으로 다른 원리에 있음을 말해줍니다. 기복신앙은 부패한 사람에게 본성상 뿌리가 깊은 이교도적 성향입니다. 하나님을 섬기기 보다 자신의 욕망을 섬기는 오류를 범하기 때문입니다. 기복신앙은 하나님이 만복의 근원이라는 고백을 자신이 바라는 복을 얻기 위해 수단으로 삼는 것에 불과한 왜곡된 종교성이기 때문입니다.

욥의 고난을 통해 우리가 배우는 신앙은 바로 이러한 사실을 잘 교훈해 줍니다. 사탄은 욥이 하나님을 경외함이 하나님께서 욥에게 그의 손으로 하는 바를 복되게 하여 그의 소유물이 넘치도록 하였기 때문이라고 주장을 하였습니다. 이에 하나님께서는 사탄에게 시험을 허락하였고, 욥이 겪는 시험의 과정을 통해 성경은 하나님에 대한 참된 신앙은 피조물이 자신의 만족을 조건으로 내세워 순종하는 것일 수 없는 오직 절대적 순종임을 깨우쳐 줍니다. 이것을 깨달은 욥은 비로소 자신은 깨닫지 못한 일을 말하였고 알 수도 없고 헤아리기도 어려운 일을 말하였다고 회개를 합니다. 여기에 신앙의 참된 본질과 원리가 나타납니다.

하나님의 이름을 거룩히 여기는 간구는 바로 하나님에 대한 바른 고백을 드러냅니다. 하나님을 믿는 신앙이란 하나님의 지혜와 선을 굳게 믿고, 절대 신뢰 가운데 그를 찬미하는 것임을 교훈합니다. 이러한 신앙의 특성 때문에 모든 기도는 "하나님의 이름이 거룩히 여김을 받으시옵소서"라는 기원을 첫 번째로 시작합니다.

주님께서 가르치신 기도의 두 번째 간구는 "나라가 임하시오며"입니다. 여기서 임하기를 간구하는 "나라"는 세상에 있는 어떤 나라가 아닙니다. 이 나라는 대한민국도 아니고 미국이나 중국도 아닙니다. 곧 세속적인 의미에서의 어떤 정치적으로 결속이 되어 있는 나라가 아닙니다. 이 나라를 예수님의 제자들도 한때 이해하지 못하였으며 유대인들의 요구에 굴복하여 무죄한 예수님을 십자가에 처형하도록 명한 빌라도도 또한 이해하지 못하였습니다. "예수를 불러 이르되 네가 유대인의 왕이냐"(요 18:33) 빌라도가 물었습니다.

이에 대해 예수님의 답변은 실로 예수님이 왕이시지만 그의 나라는 세상에 속한 나라가 아님을 선포하셨습니다. "내 나라는 이 세상에 속한 것이 아니니라 만일 내 나라가 이 세상에 속한 것이었더라면 내 종들이 싸워 나로 유대인들에게 넘겨지지 않게 하셨으리라 이제 내 나라는 여기에 속한 것이 아니니라"(요 18:36). 이 말을 듣고 그 뜻을 깨닫지 못한 빌라도는 다시 어리둥절하여 묻습니다. "빌라도가 이르되 그러면 네가 왕이 아니냐"(요 18:37a) 이에 주님께서 다시 대답하여 주시되 "네 말과 같이 내가 왕이니라 내가 이를 위하여 태어났으며 이를 위하여 세상에 왔나니 곧 진리에 대하여 증언하려 함이로라 무릇 진리에 속한 자는 내 음성을 듣느니라"(요 18:37b). 예수님께서 그의 나라는 세상에 속한 나라가 아니라 진리로 설명이 되는 나라임을 말씀하셨으나 빌라도는 이해할 수가 없었습니다. 그는 진리에 속한 사람이 아니었기 때문입니다.

일찍이 주님께서는 주님의 교훈을 배척하는 유대인들에게 이르시기를 "내가 진리를 말하므로 너희가 나를 믿지 아니하는도다 … 하나님께 속한 자는 하나님의 말씀을 듣나니 너희가 듣지 아니함은 하나님께 속하지 아니하였음이로다"(요 8:45, 47). 하셨습니다. 진리를 듣는가 그렇지 않은가는 바로 죄의 문제와 연결이 됩니다. 주님께서 이르시기를 "... 너희가 나를 찾다가 너희 죄 가운데서 죽겠고 내가 가는 곳에는 너희가 오지 못하리라"(요 8:21) 하셨습니다. 유대인들은 성경에서 메시야를 찾았고 그가 오시기를 기다린다고 하였으나 정작 메시야이신 예수님의 말씀을 듣지 아니하니, 그들이 메시야를 찾다가 결국 죄의 용서를 받지 못한 채 죄 가운데 죽을 것이며 예수님께서 가시는 곳 낙원에 나오지 못할 것이라고 말씀을 하셨습니다. 성도가 죽어 이르는 곳이 낙원이며, 그 낙원에는 하나님 나라가 이루어지고 있는 곳입니다. 유대인들이 진리의 말씀을 듣고 죄 가운데서 해방이 되는 은혜를 구하기는 고사하고 그를 배척하니 그들이 하나님 나라에 이르지 못할 것임을 말씀하신 것입니다.

그리스도의 나라는 이처럼 진리의 말씀, 그리고 그 말씀으로 인하여 받는 죄의 용서를 통해 들어가는 나라이며, 따라서 세상에 속하지 않은 영적인 나라입니다. 하나님께서 모든 만물을 홀로 다스리시며 또한 특별히 구원받은 자들을 진리와 성령으로 다스리시며 모든 마귀 권세를 멸하시고 하나님의 뜻이 이루어지는 나라입니다. 진리 가운데 들어오지 못한 유대인들이나 빌라도는 이 나라에 대해 전혀 깨달을 수가 없는 나라입니다.

예수님께서 그의 메시야 사역을 시작하시면서 바로 이 "하나님의 나라"를 선포하셨으며, 또한 사도들도 계속적으로 선포하였습니다. 예수님께서 사역을 시작하시면서 선포하신 말씀은 바로 "회개하라 천국이 가까웠느니라"(마 4:17)이었습니다. 그리고 "이 천국 복음이 모든 민족에게 증언되기 위하여 온 세상에 전파되리니 그제야 끝이 오리라"(마 24:14) 말씀하셨습니다. 천국 복음, 곧 하나님 나라에 관한 복된 소식이 역사의 목적임을 선포하신 것입니다. 예수님은 부활하신 후에 제자들에게 사십 일 동안 하나님 나라의 일에 관하여 가르치셨고,(행 1:3) 이 가르침을 받은 사도들도 또한 "하나님 나라를 전파하며 주 예수 그리스도에 관한 모든 것을 담대하게 거침없이 가르쳤습니다"(행 28:31). 하나님 나라는 모든 복음의 시작이며 또한 끝입니다.

요컨대 하나님 나라는 예수님께서 메시야로서 왕이 되어 다스리는 그의 나라이며, 또 그가 하나님께 그의 나라를 드릴 때 또한 이루어지는 완성된 하나님의 나라이기도 합니다. 이것은 십계명 가운데 "부모를 공경하라"는 5계명의 말씀을 통해 가르치신 교훈, 곧 하나님께서 세우신 권위에 대해 순종하라는 교훈과 직접적인 연결이 됩니다. 하나님 또는 그리스도의 나라는 하나님 또는 그리스도의 권위에 순종하는 나라라는 의미를 갖게 됩니다.

여기서 잠깐 혹시 하나님의 나라와 그리스도의 나라가 동일한 나라인가에 대해 의문을 갖는 분이 있을 수 있겠습니다. 하나님 나라는 하나님의 권위에 순종하는 나라이며 그리스도의 나라는 그리스도의 권위에 순종하는 나라라고 말씀드린 것을 생각해 보시기 바랍니다. 하나님의 통치의 권위와 그리스도의 통치의 권위는 동일합니다. 그리스도는 하나님과 신성에 있어서 동일하며 그의 생각과 가치와 계명은 하나님의 것과 완전히 동일합니다.

"태초에 말씀이 계시니라 이 말씀이 하나님과 함께 계셨으나 이 말씀은 곧 하나님이시니라"(요 1:1). 예수님은 이 땅에 오셔서 사람이 되시기 이전에 본래부터 성부 하나님과 더불어 교통하시는 신성이 충만한 완전한 하나님이십니다. 즉 성자 하나님이십니다. 주님께서는 자신에 대해 이르시기를 "나와 아버지는 하나이니라"(요 10:30)고 말씀하셨습니다.

뿐만 아니라 예수님은 이 땅에서 행하신 모든 일이 하나님의 뜻을 이루시는 일이었습니다. 그것이 예수님께서 이 땅에 오신 참 목적이며 이유였습니다. 우리 주 예수님께서는 이르시기를 "나의 양식은 나를 보내신 이의 뜻을 행하며 그의 일을 온전히 이루는 이것이니라"(요 4:34)하셨고 또한 "내가 아버지 안에 거하고 아버지는 내 안에 계신 것을 네가 믿지 아니하느냐 내가 너희에게 이르는 말은 스스로 하는 것이 아니라 아버지께서 내 안에 계셔서 그의 일을 하시는 것이니라"(요 14:10). 주님께서 이처럼 하나님의 뜻에 따라 행하시는 모든 사역은 이미 시편(40:7)에 예언이 된 바이며, 또한 그 예언의 성취가 확인이 되고 있습니다. "이에 내가 말하기를 하나님이여 보시옵소서 두루마리 책에 나를 가리켜 기록된 것과 같이 하나님의 뜻을 행하러 왔나이다 하셨느니라"(히 10:7). 이처럼 그리스도는 곧 신성에 있어서 완전한 하나님이시며, 그가 중보자로 하시는 일은 곧 하나님의 뜻을 행하는 일이기 때문에 그리스도의 나라는 곧 하나님의 통치가 이루어지는 하나님의 나라입니다.

그런데 하나님께서는 그의 나라를 그리스도를 통하여 이루실 때에 그의 영, 곧 성령으로 말미암아 다스리시기 때문에 하나님 나라는 그리스도의 나라이면서 또한 성령님의 나라입니다. 성령님은 곧 그리스도의 영이시기도 합니다. 그러므로 성령님을 통하여 다스리시는 하나님의 나라는 곧 그리스도께서 그의 영을 통하여 다스리시는 그리스도의 나라이며, 또한 성령님의 나라입니다. 이러한 이치는 성부, 성자, 성령 하나님은 모두 한 하나님이시라는 사실을 믿을 때에 분명하게 이해가 될 것입니다.

그러면 좀 더 구체적으로 무엇을 구함으로써 하나님 나라가 임하기를 간구하게 될까요? 요리문답은 이에 대하여 가장 먼저 간구할 것으로 하나님 나라의 본질에 대해 교훈을 합니다. 그것은 진리의 말씀과 성령에 의한 통치입니다. "우리들이 더욱 더 하나님께 순종하여 가도록 말씀과 성령으로 우리를 다스려 주시기를 간구합니다"(문답 123). 앞서 말씀드린 바처럼 하나님의 나라는 영적인 나라입니다.

그것은 영적으로 감동되어 내면에서 변화와 순종을 통해 이루어지는 나라입니다. 그 변화와 순종의 준거와 원리는 오직 하나님의 말씀뿐입니다. "주의 말씀은 내 발에 등이요 내 길에 빛이니이다"(시 119:105), "내 길을 굳게 정하사 주의 율례를 지키게 하소서"(시 119:5).

성경은 성령 하나님의 영감을 통하여 성령 하나님에 의해 기록된 하나님의 말씀입니다. 사람을 통하여 기록하게 하셨으나 사람이 임의로 자신의 생각을 적은 것이 아닙니다. 기록한 모든 내용은 성령 하나님께서 영감하여 기록하게 하신 것입니다. 이처럼 성령 하나님의 영감으로 기록된 글이라는 성경의 성격으로 말미암아 그 내용을 깨달아 이해하는 것도 성령 하나님의 도우심이 아니면 불가능합니다. 글을 읽을 수는 있겠지만 믿음으로 성경의 교훈을 진리로 받으며 그 뜻을 깨달아 자신의 삶에 적용하여 살아가는 일은 성령 하나님의 도움이 없이는 전적으로 불가능합니다.

"하나님 나라가 임하시오며"라는 간구는 하나님의 교훈에 더욱 더 순종하여 살아가는 말씀과 성령에 의한 다스림을 기도할 뿐만 아니라, 그것이 "더욱 더" 그렇게 되기를 기도합니다. "더욱 더" 그렇게 되기를 바라는 것은 비록 성령 하나님에 의하여 중생한 자라 할지라도 죄의 소욕에 의하여 여전히 영향을 받는 옛 사람의 흔적이 있기 때문입니다. 신자는 계속적으로 새 사람을 입어가는 거룩한 소망을 간구하며 이루어가야 합니다. "주는 나의 하나님이시니 나를 가르쳐 주의 뜻을 행하게 하소서 주의 영은 선하시니 나를 공평한 땅에 인도하소서"(시 143:10).

하나님의 말씀과 성령의 통치에 의하여 하나님 나라가 임하기를 바라는 주기도문의 간구는 구체적으로 두 가지 일이 이루어지기를 기도합니다. 하나는 교회의 보존과 흥왕이며, 다른 하나는 하나님의 말씀에 대항하여 하나님을 대적하는 모든 마귀와 사악한 세력의 궤멸입니다.

승천하신 주님께서 약속하신 대로 오순절에 성령 하나님의 역사가 나타난 결과로 신약교회가 탄생하게 되었던 일을 생각해보면 교회의 보존과 흥왕의 간구가 무엇을 바라는 기도인지를 알 수가 있습니다. "그들이 사도의 가르침을 받아 서로 교제하고 떡을 떼며 오로지 기도하기를 힘쓰니라 사람마다 두려워하는데 사도들로 말미암아 기사와 표적이 많이 나타나니 믿는 사람이 다 함께 있어 모든 물건을 서로 통용하고 또 재산과 소유를 팔아 각 사람의 필요를 따라 나눠주며 날마다 마음을 같이 하여 성전에 모이기를 힘쓰고 집에서 떡을 떼며 기쁨과 순전한 마음으로 음식을 먹고 하나님을 찬미하며 또 온 백성에게 칭송을 받으니 주께서 구원 받는 사람을 날마다 더하게 하시니라"(행 2:42~47). 이 아름다운 증언은 하나님 나라의 통치가 어떻게 이루어지며 또 어떠한 모습을 갖는 것인지를 잘 드러내 줍니다. 사도의 가르침을 받아 더욱 더 기도하기를 힘쓰고, 탐욕을 버리고 마음을 같이하여 서로 사랑하며 하나님을 찬미한 초대 교회의 모습은 모든 교회가 실현되기를 바라며 간구하여야 하는 복된 하나님 나라의 통치를 보여 줍니다.

교회의 보존과 흥왕은 하나님의 뜻입니다. 이것은 마귀의 세력과의 싸움에서 교회를 지켜나가며 성장시키는 것을 의미합니다. 이러한 영적 상황은 일찍이 바울이 하나님의 교회를 보존하고 흥왕케 하는 일을 간절한 마음으로 동역자인 목사 또는 장로들에게 남긴 그의 부탁에서 잘 드러납니다. "여러분은 자기를 위하여 또는 온 양 떼를 위하여 삼가라 성령이 그들 가운데 여러분을 감독자로 삼고 하나님이 자기 피로 사신 교회를 보살피게 하셨느니라 내가 떠난 후에 사나운 이리가 여러분에게 들어와서 그 양 떼를 아끼지 아니하며 또한 여러분 중에서도 제자들을 끌어 자기를 따르게 하려고 어그러진 말을 하는 사람들이 일어날 줄을 내가 아노라"(행 20:28~30).

마귀는 결코 교회를 무너뜨리지 못합니다. "죄를 짓는 자는 마귀에게 속하나니 마귀는 처음부터 범죄함이라 하나님의 아들이 나타나신 것은 마귀의 일을 멸하려 하심이라"(요일 3:8). 교회는 그리스도의 반석 위에 서 있으며, 이미 마귀를 궤멸하신 그리스도께서 교회의 머리이시며 또한 왕이시기 때문입니다. 예수님께서 베드로에게서 주님이 그리스도이시며 또한 살아계신 하나님의 아들이시라는 고백을 받은 후에, 교회에 대하여 다음과 같이 교훈을 하셨습니다.

"또 내가 네게 이르노니 너는 베드로라 내가 이 반석 위에 내 교회를 세우리니 음부의 권세가 이기지 못하리라 내가 천국 열쇠를 네게 주리니 네가 땅에서 무엇이든지 매면 하늘에서도 매일 것이요 네가 땅에서 무엇이든지 풀면 하늘에서도 풀리리라"(마 16:18~19). 천국 열쇠는 교회에 맡겨진 예수 그리스도의 복음을 가리킵니다. 곧 말씀과 성령으로 다스려지는 교회의 본질과 관련된 말씀입니다. 이러한 천국 열쇠인 복음을 믿고 순종하는 자에게는 천국이 열릴 것이며, 그와 반대로 거부하고 불순종하는 자에게는 천국이 닫힐 것입니다. 예수님께서는 베드로에게 그리스도의 복음 사역을 이루어가는 교회는 그리스도의 반석 위에 세워졌으며 그로 인하여 결코 음부의 권세, 곧 마귀가 무너뜨리지 못할 것임을 선언하고 약속해 주셨습니다. "평강의 하나님께서 속히 사탄을 너희 발 아래에서 상하게 하시리라 우리 주 예수의 은혜가 너희에게 있을지어다"(롬 16:20).

그럼에도 불구하고 역사 속에 드러난 교회는 많은 시험과 연약함을 드러내고 있는 것은 어떠한 까닭일까요? 오늘날 한국 교회를 바라보며 많은 문제가 있음을 탄식하는 이들이 많습니다. 교회는 가시적으로 존재하는데 하나님 나라는 눈에 보이지 않는 것입니다. 신앙고백과 그에 따르는 실천적 삶이 있을 때에 비로소 하나님의 통치가 굳건히 세워지고 확장될 수 있는 법이지만, 한국 교회는 그러한 면에서 현저히 부족하여 하나님 나라의 증인으로서의 능력이 크게 약화되었으며 상실한 위기에 이르렀다는 안타까움의 소리가 높습니다.

예수 그리스도께서 자신의 교회를 반석 위에 세우며 또한 음부의 권세가 결코 이기지 못할 것이라 하였는데, 이러한 탄식을 낳게 하고 있는 한국교회의 모습은 어떻게 된 일일까요? 그것은 요리문답이 교훈하고 있듯이 아직은 "하나님 나라가 완성이 되어 하나님께서 만유의 주가 되시기까지"에 이르지 못하였기 때문입니다. "피조물이 다 이제까지 함께 탄식하며 함께 고통을 겪고 있는 것을 우리가 아느니라. 그뿐 아니라 또한 우리 곧 성령의 처음 익은 열매를 받은 우리까지도 속으로 탄식하여 양자 될 것 곧 우리 몸의 속량을 기다리느니라"(롬 8:22~23). 교회는 이미 하나님 나라의 임재를 드러내고 있으며 또한 내적으로 성령의 첫 열매를 맺고 있지만 아직도 하나님 나라가 완성된 모습으로 이루어지지는 못하고 있습니다. 하나님 나라의 완성은 아직은 간절한 바람으로 구하며 기다려야 할 약속입니다. 요한계시록에 나오는 일곱 교회들 가운데 빌라델비아 교회를 제외한 모든 교회들에게서 다 연약성과 죄성을 봅니다. 이러한 모습은 "더욱 더" 주님의 뜻에 순종하도록 말씀과 성령으로 우리를 다스려주시기를 바라는 간구를 쉼이 없이 해야 할 이유를 보여줍니다.

하나님 나라의 임재를 위한 간구를 진실히 하는 자는 반드시 영적 전투에서 승리를 얻을 것이며, 그 승리는 그리스도로 말미암아 이미 보장이 되어 있습니다. 이러한 영적 사실을 확실히 믿고 하나님 나라의 영광을 바라보며 담대하게 믿음의 길을 감당하며 나가야 할 것입니다. "그 후에는 마지막이니 그가 모든 통치와 모든 권세와 능력을 멸하시고 나라를 아버지 하나님께 바칠 때라 그가 모든 원수를 그 발 아래에 둘 때까지 반드시 왕 노릇 하시리니 맨 나중에 멸망받을 원수는 사망이니라"(고전 5:24~26).

...생각 나누기

되짚는 질문

1_ 모든 간구의 으뜸이 되는 원리는 무엇입니까?

2_ 하나님께서는 거룩한 분이신데 어찌하여 그 분의 이름이 거룩하게 되기를 기원하며, 기원은 우리에게 고백과 반응을 요구합니까?

3_ 욥의 사례가 첫 번째 간구와 관련하여 시사하는 교훈은 무엇입니까?

새로운 질문

4_ 주님께서는 교훈하신 하나님 나라를 빌라도와 유대인들이 이해하지 못한 까닭은 무엇입니까?

5_ 하나님 나라는 어떠한 나라입니까?

6_ 하나님 나라는 그리스도와 성령님과 어떠한 관계를 갖습니까?

7_ 하나님 나라는 어떠한 방식으로 임합니까?

8_ 말씀과 성령의 다스림으로 임하는 하나님 나라는 구체적으로 어떠한 결과로 나타납니까?

9_ 교회 가운데 임재하는 하나님 나라가 완전하지 않은 까닭은 무엇 때문입니까?

51. 셋째 간구: 뜻이 하늘에서와 같이 땅에서도 이루어지이다

제49주일 124문

질문 124 **셋째로 간구하는 것은 무엇입니까?**

답 뜻이 하늘에서 이루어진 것 같이 땅에서도 이루어지기를 간구합니다.
즉 우리와 모든 사람들이 자신들의 뜻을 포기하고 오직 유일하게 선할 따름인 하나님의 뜻에 불평없이 순종하도록 하시며,(마 7:21; 16:24-26; 눅 22:42; 롬 12:1-2; 딛 2:11-12)
각 사람으로 하여금, 하늘의 천사들이 그러하듯이,(시 103:20-21)
자기 자신의 직분과 소명에 따라 감당해야 할 의무들을 기꺼이 그리고 충성스럽게 받들어 수행할 수 있게 하시기를 간구합니다.(고전 7:17-24; 엡 6:5-9)

— 성경 전체의 흐름을 이어가는 중심 주제는 하나님 나라입니다. 창조는 하나님 나라를 세우시는 일이며, 타락은 하나님 나라에 대한 반역이며, 구속은 하나님 나라를 회복하심이고,

재창조는 하나님 나라의 회복의 완성입니다. 예수님께서는 그의 메시야 사역을 시작하시며 회개할 것을 촉구하시며 하나님 나라의 도래를 선포하셨습니다. 하나님 나라에 대한 선포는 사도들에 의하여 계속되었으며, 오늘에 이르기까지 계속되는 구속 역사의 중심 주제이며 목적입니다. 하나님 나라는 모든 복음의 시작이며 또한 끝입니다.

하나님 나라는 세상에 있는 어떤 나라가 아닙니다. 이 나라를 빌라도나 유대인들은 이해하지 못했으며, 제자들조차도 처음에는 깨닫지를 못했습니다. 하나님 나라는 오직 진리의 말씀을 통해서 깨달아 알며 들어가는 나라이기 때문입니다. 주님께서 유대인들에게 이르신 바처럼 하나님의 진리의 말씀을 깨닫지 못한 채 죄 가운데 죽는 자들은 하나님 나라의 통치 아래에 들어오지를 못합니다. 하나님 나라는 진리인 하나님의 말씀으로 인하여 죄의 용서를 받는 자들에게 허락이 되는 나라이며, 세상에게는 알려지지 않는 영적인 나라입니다. 이 나라는 하나님께서 진리와 성령으로 다스리시며 모든 마귀 권세를 멸하시고 하나님의 뜻이 이루어지는 나라입니다. 즉 하나님 나라는 예수님께서 메시야로서 왕이 되어 다스리는 그의 나라이며, 또 그가 하나님께 그의 나라를 드릴 때 또한 완성이 되는 나라입니다.

하나님의 통치의 권위와 그리스도의 통치의 권위는 동일하기 때문에 하나님 나라는 곧 그리스도의 나라입니다. 하나님께서는 그의 나라를 그리스도를 통하여 이루실 때에 또한 그의 영, 곧 성령으로 말미암아 다스리십니다. 이러한 하나님 나라의 원리는 하나님 나라가 곧 그리스도의 나라이면서 또한 성령님의 나라임을 말해 줍니다. 성령님은 곧 그리스도의 영이시기도 합니다. 그러므로 성령님을 통하여 다스리시는 하나님의 나라는 곧 그리스도께서 그의 영을 통하여 다스리시는 그리스도의 나라이며, 또한 성령님의 나라입니다.

이러한 이치를 생각할 때, 하나님 나라는 요리문답이 교훈하는 바처럼(문답 123), 진리의 말씀과 성령에 의한 통치를 그 본질로 합니다. 하나님의 나라는 영적인 나라입니다. 그것은 영적으로 감동되어 내면에서 변화와 순종을 통해 이루어지는 나라입니다. 그 변화와 순종의 준거와 원리는 오직 하나님의 말씀뿐입니다.

"하나님 나라가 임하시기"를 간구해야 하는 이유는 비록 성령 하나님에 의하여 중생한 자라 할지라도 죄의 소욕에 의하여 여전히 영향을 받는 옛 사람의 흔적이 있기 때문입니다. 신자는 계속적으로 새 사람을 입어가는 거룩한 소망을 간구하며 이루어가야 합니다.

하나님의 말씀과 성령의 통치에 의하여 하나님 나라는 두 가지 방식을 통하여 이 땅에 임하게 됩니다. 하나는 교회의 보존과 흥왕이며, 다른 하나는 하나님의 말씀에 대항하여 하나님을 대적하는 모든 마귀와 사악한 세력의 궤멸입니다. 하나님 나라는 견고하며 그 어떤 권세도 하나님 나라를 무너뜨릴 수 없습니다. 그럼에도 불구하고 교회는 역사 속에서 많은 시험과 연약함을 드러내고 있는 것은 교회가 한편으로는 내적으로 성령의 첫 열매를 맺고 있지만 다른 한편으로는 아직도 하나님 나라가 완성된 모습으로 이루어지지는 못하고 있기 때문입니다. 하나님 나라의 완성은 아직은 간절한 바람으로 구하며 기다려야 할 약속으로 남아 있습니다. 그러나 하나님 나라의 임재를 위한 간구를 진실히 하는 자는 반드시 영적 전투에서 승리를 얻을 것입니다. 이러한 보장된 약속을 굳게 믿고 성도는 영광된 하나님 나라의 완성을 바라보며 이 땅에서 하나님 나라의 임재 가운데 살아가야 할 것입니다.

주님께서 가르치신 기도의 세 번째 간구는 "뜻이 하늘에서 이루어진 것 같이 땅에서도 이루어지기를" 바라는 것입니다. 여기서 뜻이란 당연히 하나님의 뜻을 의미합니다. 그런데 하나님의 뜻이면 반드시 이루어지는 것이 아닌가요? 하나님만이 창조주이시며, 다른 모든 존재들은 다 피조물에 불과합니다. 그 어떤 피조물들이 전능하시며 지혜로우신 하나님의 뜻을 거슬러 행할 수가 없습니다. 그런데 어찌하여 피조물인 우리가 하나님의 뜻이 이루어지기를 기원할 필요가 있겠습니까? 따라서 셋째 간구는 다소 의아하게 여겨질 수가 있습니다.

이 때 기억할 것은 여기서 말하는 "하나님의 뜻"이 무엇인가 하는 것입니다. 그것은 "비밀한 의지"라고 흔히들 말하는 하나님의 작정을 가리키는 말이 아닙니다. 하나님의 작정은 하나님께서 만드신 이 세상을 다스려 나가시는 주권적 계획과 이의 실행으로서의 섭리와 관련한 것으로 결코 사람들에게 미리 알려지지 않는 하나님의 의지입니다. 비밀한 뜻인 하나님의 작정은 피조물이 결코 저항할 수 없는 하나님의 주권에 따라 필연적으로 실행이 됩니다. 따라서 주님께서 기도하라 명하신 세 번째 간구는 이러한 비밀한 의지의 실행을 위하여 기도하라는 뜻은 아닙니다.

하나님의 뜻에는 이러한 작정적 의지와 달리 사람에게 알려 그들로 하여금 순종하기를 바라시는 교훈적 의지가 또한 있습니다. 교훈적 의지란 하나님께서 그의 형상으로 지음을 받은 사람들이 마땅히 순종하도록 정하신 규범으로서의 뜻을 말합니다. "하나님의 뜻은 이것이니 너희의 거룩함이라"(살전 4:3). 타락한 이후에 사람들은 이러한 규범적 혹은 교훈적 의지를 불순종하며 저항을 할 수가 있습니다. 그것의 결과가 곧 죄입니다.

따라서 "주의 뜻이 이루어지기를" 바라는 간구의 내용은 주님의 교훈과 규범을 거슬리는 악하고 부패한 사람의 뜻이 이루어지지 아니하고, 오히려 주님의 거룩한 뜻에 순종하여 이루어지기를 바라는 것입니다. "그러므로 형제들아 내가 하나님의 모든 자비하심을 너희를 권하노니 너희 몸을 하나님이 기뻐하시는 거룩한 산 제물로 드리라 이는 너희가 드릴 영적 예배니라 너희는 이 세대를 본받지 말고 오직 마음을 새롭게 함으로 변화를 받아 하나님의 선하시고 기뻐하시고 온전하신 뜻이 무엇인지 분별하도록 하라"(롬 12:1~2). 요리문답에 따르면, 사람들이 자신들의 뜻을 포기하고 오직 유일하게 선할 따름인 하나님의 뜻에 불평없이 순종하도록 하시며, 자기 자신의 직분과 소명에 따라 감당해야 할 의무들을 기꺼이 그리고 충성스럽게 받들어 수행할 수 있게 하시기를 간구하는 것이라고 할 수 있겠습니다.

"종들아 두려워하고 떨며 성실한 마음으로 육체의 상전에게 순종하기를 그리스도께 하듯 하라 눈가림만 하여 사람을 기쁘게 하는 자처럼 하지 말고 그리스도의 종들처럼 마음으로 하나님의 뜻을 행하고 기쁜 마음으로 섬기기를 주께 하듯 하고 사람들에게 하듯 하지 말라"(엡 6:5~9).

이처럼 충성된 종으로 하나님의 교훈을 순종하는 자세는 오직 그리스도의 영광의 나타나심을 바라는 복된 소망을 가지고 있음으로 가능합니다. 그러니까 주의 뜻이 이루어지기를 바라는 간구는 곧 하나님의 은혜로 양육을 받아 충성된 종이 되기를 바라는 기원이라 할 수도 있습니다. "모든 사람에게 구원을 주시는 하나님의 은혜가 나타나 우리를 양육하시되 경건하지 않은 것과 이 세상 정욕을 다 버리고 신중함과 의로움과 경건함으로 이 세상에 살고 복스러운 소망과 우리의 크신 하나님 구주 예수 그리스도의 영광이 나타나심을 기다리게 하셨으니"(딛 2:11~13).

이러한 기도는 곧 하나님께 구할 바와 자신이 행할 바로 구별하여 살필 때, 후자와 관련하여 기도하는 이를 포함하여 모든 사람들이 육체의 욕망을 버리고 자신을 부인하며 하나님께서 행하도록 명하신 할 일들을 기쁨으로 순종하는 일이 있기를 바라는 내용을 포함합니다. 그리고 이어서 전자와 관련하여 부패한 사람 스스로는 이러한 일을 행할 능력이 없기 때문에 하나님께서 새로운 심령을 부어주시어 새 사람으로 창조하여 주시기를 바라는 간구를 포함합니다.

다윗이 밧세바와 동침한 일로 인하여 선지자 나단에 의하여 책망을 받은 후에 하나님께 은혜를 구한 일이 있습니다. 그 때 다윗이 하나님께 드린 기도를 살피면 하나님의 뜻이 이루어지기를 바라는 두 가지 간구의 내용들을 담고 있습니다. "주의 얼굴을 내 죄에서 돌이키시고 내 모든 죄악을 지워 주소서 하나님이여 내 속에 정한 마음을 창조하시고 내 안에 정직한 영을 새롭게 하소서 나를 주 앞에서 쫓아내지 마시며 주의 성령을 내게서 거두지 마소서 주의 구원의 즐거움을 내게 회복시켜 주시고 자원하는 심령을 주사 나를 붙드소서"(시 51:9~12). 다윗은 밧세바와 간음을 범함으로써 하나님의 뜻을 얼마나 불순종하며 멀어졌는지를 고백합니다.

자신의 죄를 고백하고 하나님 앞에서 쫓겨남이 마땅함을 인정하며 회개를 합니다. 그리고 하나님의 용서와 긍휼을 간구합니다. 이 모든 죄악이 근원적으로 자신의 부패한 심령에서 비롯된 것임을 고백하면서 다윗은 하나님께 정한 영을 새롭게 하여 주시기를 간구합니다. 즉 자신으로 하여금 하나님의 거룩한 뜻을 순종할 수 있도록 새로운 사람으로 빚어 주시기를 하나님께 간구하는 것이며, 그 결과로 자신의 더러운 욕망을 회개로써 버리고 하나님의 교훈에 순종하는 정한 마음과 정한 영, 그리고 기쁨으로 나가는 자원하는 심령을 간구합니다. 즉 앞서 말한 하나님께 구할 바와 자신이 행할 바에 대한 요소를 다 포함하여 하나님 앞에 회개의 기도를 드리고 있는 것입니다.

그런데 하나님의 뜻이 이루어지기를 구하는 세 번째 간구는 결국 하나님의 다스림을 받기를 바라는 두 번째 간구와 별 다른 것이 없는 것이 아닐까요? 이 의문에 대하여 칼빈은 답하기를 사실상 하나님 나라의 다스림이 임하기를 기원하는 것과 하나님의 뜻이 이루어지기를 바라는 것은 따로 분리될 수 없는 것이지만, 사람들이 무지하여 하나님의 다스림이 무슨 의미를 갖는 것인지를 이해하지 못하고 어려워하는 일이 있을 수 있기 때문에, 두 번째 간구에 세 번째 간구가 덧붙여진 것이라고 말합니다. 즉 하나님의 뜻이 이루어질 때, 하나님의 통치가 이루어지는 것이며, 그러할 때 하나님 나라가 임하게 되는 것임을 교훈하기 위한 것이라는 설명입니다.

요리문답을 해설한 우르시누스도 칼빈과 같은 취지의 설명을 줍니다. 그가 잘 말한 바와 같이, 주기도문의 전반부에 있는 세 간구들이 간구의 내용에 있어서 내용적으로 서로 유기적으로 연결되어 있습니다. "이름이 거룩히 여김을 받으시오며"라는 첫째 간구는 하나님의 거룩하심, 그리고 그가 행하신 모든 일들을 우리가 참으로 알 수 있도록 하시어 과연 하나님의 이름이 높이며 찬송을 하게 하시옵소서를 구하는 것이며, "나라가 임하시오며"라는 둘째 간구는 하나님께 이러한 찬송을 올릴 하나님의 백성의 교회를 말씀과 성령으로 모아 세우시고, 보존하시고, 통치하시기를 기원하는 것이며, 끝으로 "뜻이 이루어지이다"라는 셋째 간구는 하나님의 교회가 하나님의 다스림 가운데 보존되고 영화롭게 되도록 각각 하나님의 거룩한 교훈에 따라서 하나님을 부지런히 섬기고 순종하는 일이 있도록 도와 주시기를 기원하는 것입니다.

결국 세 기원들은 먼저 하나님의 이름이 거룩히 여김을 받으시기를 기원하는 커다란 궁극적 목적을 간구하며, 이어서 그것이 이루어지는 구체적인 방안으로 하나님 나라의 통치가 이루어지기를 간구하며, 끝으로 하나님 나라의 통치가 실제적으로 이루어지기 위한 적용으로써 하나님의 거룩한 교훈에 기쁨으로 순종하는 일이 있고 이러한 일이 있도록 하나님께서 도와주시기를 간구하는 것으로, 요컨대 목적과 방안과 적용의 세 가지 간구들입니다.

끝으로 "뜻이 이루어지기를" 간구함에 있어 "하늘에서 이루어진 것 같이"라는 말이 더해주는 특별한 의미에 대해 기억할 필요가 있습니다. 그것은 뜻이 이루어지기를 기도하되 하늘에서 이루어진 것 같이 땅에서도 이루어지기를 간구하는 것은 이 땅에서 이루어져야 할 하나님의 뜻의 순종이 완전함에 이르기를 바라는 기원의 수준과 목표를 보여줍니다. 하늘에서는 하나님 나라의 완전한 임재와 역사가 실현이 되고 있습니다. 하늘에서는 하나님의 뜻에 대해 그 어떤 불순종도 있지 않으며 그러한 가능성도 존재하지 않습니다. "하늘에서 이루어진 것 같이"를 기원하는 것은 하나님의 자녀들을 통해 지상 교회에서도 천상 교회에서의 복된 하나님의 통치가 완전하게 이루어지고 그러기 위하여 지상 교회에 속한 모든 신자들이 마치 하늘의 천사들이 그러하듯이 하나님의 뜻을 행하는 충성된 종이 되기를 바라는 간구를 담고 있습니다. "능력이 있어 여호와의 말씀을 행하며 그의 말씀의 소리를 듣는 여호와의 천사들이여 여호와를 송축하라 그에게 수종들며 그의 뜻을 행하는 모든 천군이여 여호와를 송축하라"(시 103:20~21).

하나님의 거룩한 뜻이 이루어지기를 바라는 간구는 단지 일정한 수준에 이르면 만족하며 계속적으로 간구하기를 멈추어도 괜찮은 하나의 가치가 아닙니다. 하나님의 거룩한 뜻의 실현은 모든 성도들의 존재의 이유이며 또한 목적입니다. 그것은 무한한 하나님의 영광을 바라며 모든 성도들이 소망하여야 할 존재의 지향점입니다. 물론 지상 교회를 통해서 이러한 간구가 실현되지는 않을 것입니다. 하늘에서 이루어진 것처럼 땅에서도 이루어지는 복된 상태는 주 예수 그리스도께서 재림하시어 천상 교회와 지상 교회가 하나가 되는 새 예루살렘 교회에서 이루어지게 될 미래의 소망입니다. 그렇지만 이 땅에서 이러한 간구를 하는 것은 소용이 없는 일이 아닙니다. 하늘에서 하나님의 거룩한 뜻이 이루어진 것처럼 땅에서도 그 뜻이 이루어지기를 바라는 자라야 마지막 날에 마침내 이루어질 하나님 나라의 완성을 복되게 누리게 되기 때문입니다. 하나님께서는 이러한 간구를 통하여 그의 성도를 끝까지 보호하시며 이끌어 가십니다. 이것은 마치 주님을 뵐 것을 소망 중에 바라는 자라야 오늘 이 땅에서 자신을 깨끗이 하는 거룩한 삶을 간구하며 살아가는 것과 같은 이치입니다. "사랑하는 자들아 우리가 지금은 하나님의 자녀라 장래에 어떻게 될지는 아직 나타나지 아니하였으나 그가 나타나시면 우리가 그와 같을 줄을 아는 것은 그의 참모습 그대로 볼 것이기 때문이니 주를 향하여 이 소망을 가진 자마다 그의 깨끗하심과 같이 자기를 깨끗하게 하느니라"(요일 3:2~3).

...생각 나누기

되짚는 질문

1_ 성경 전체의 중심 주제는 무엇입니까?

2_ 하나님 나라는 세상의 나라가 아니라 영적인 나라라는 말이 뜻하는 바는 무엇입니까?

3_ 하나님 나라의 임재를 위하여 계속적으로 기도하여야 하는 까닭은 무엇입니까?

새로운 질문

4_ 하나님의 뜻을 작정적 의지에 따른 뜻과 교훈적 의지에 따른 뜻으로 구별하여 설명하여 봅시다.

5_ 앞서 살핀 두 가지 뜻 가운데 세 번째 간구에서 기원하는 "뜻"은 어떤 것을 의미합니까?

6_ 하나님의 뜻의 성취를 위한 간구가 우리에게 요구하는 바는 무엇입니까?

7_ 두 번째 간구와 세 번째 간구는 어떻게 구별이 됩니까?

8_ 주기도문 전반부의 세 기원들은 서로 어떻게 연결이 됩니까?

9_ "하늘에서 이루어진 것같이"를 덧붙이는 까닭은 무엇입니까?

52. 넷째 간구: 일용할 양식을 주시옵고

제50주일 | 125문

질문 125 **넷째로 간구하는 것은 무엇입니까?**

답 오늘 우리에게 우리의 일용할 양식을 주시기를 간구합니다. 즉 몸에 필요한 모든 것들을 베풀어 주심으로써, (시 104:27-30; 145:15-16; 마 6:25-34) 하나님이 모든 좋은 것들의 유일한 근원이심을 깨닫게 하시고,(행 14:17; 17:25; 약 1:17) 하나님께서 복을 내려 주시지 않으면 우리의 염려나 수고는 물론 심지어 하나님께서 주시는 은사조차도 아무런 유익을 주지 못함을 알게 하시며, (신 8:3; 시 37:16; 127:1-2; 고전 15:58) 그러므로 어떤 피조물도 의지하지 않고 오직 주님만을 의지하게 하여 주시기를 간구합니다. (시 55:22; 62; 146; 렘 17:5-8; 히 13:5-6)

— 주님께서 가르치신 기도에 관한 교훈들을 살피고 있습니다. 지금까지 우리는 하나님을 경배하는 일과 관련한 세 가지 기도, 그러니까 하나님 아버지의 이름이 거룩히 여김을 받는 것, 하나님 나라가 우리에게 임하는 것, 하나님 아버지의 뜻이

하늘에서 이룬 것처럼 이 땅에서 이루어지는 것에 대해 살펴보았습니다.

왜 하나님 아버지의 이름이 거룩히 여김을 받도록 기도하여야 합니까? 우리의 신앙과 생활의 목적이기 때문입니다. 왜 하나님 나라가 임하기를 기도하여야 합니까? 그것이 바로 하나님께서 이 세상 가운데 이루시기를 바라는 계획이며 하나님의 열정과 열심히 이루어지는 일이기 때문입니다. 그러면 왜 하나님의 뜻이 이루어지기를 기도하나요? 하나님 나라는 하나님의 뜻이 이루어짐으로 임하는 것이므로, 지금 이 곳에서 하나님의 뜻을 받들어 순종하며 섬기지 않는다면, 하나님 나라가 임하기를 기도한다는 것은 거짓된 것이기 때문입니다. 그러하다면 하나님의 이름이 거룩히 여김을 받기를 바란다는 것도 거짓이며, 하나님의 자녀로 살고자 하는 것도 아니기 때문에 하나님을 하늘에 계신 아버지라 부르는 것도 거짓된 것이기 때문입니다.

이제 주님께서 가르치신 기도의 후반부 네 번째 기원부터 여섯 번째 기원으로 이어지는 세 가지 간구들에 대해 살펴보도록 합니다. 그것들은 모두 하나님과 관련한 앞의 세 간구들과 달리 기도하는 사람, 곧 우리들과 관련한 간구들입니다. 물론 앞의 세 간구들도 하나님과 관련한 일이지만 우리들을 위한 간구이기는 합니다.

이를테면 하나님의 이름이 거룩히 여김을 받기를 바라는 간구는 우리로 하여금 하나님의 거룩함을 깨달아 알아 찬송하게 하옵소서라는 기원을 담고 있습니다. 또 하나님의 나라가 임하기를 기원하는 것은 하나님의 교회를 흥왕케 하시고 모든 마귀로부터 보호하시며 우리들로 하여금 진리의 말씀과 성령의 능력으로 하나님 나라의 다스림을 받아 주시기를 간구합니다. 그리고 하나님의 뜻이 이루어지기를 바라는 기원은 육체의 소욕을 이기고 정한 심령으로 새롭게 되어 하나님의 교회를 위하여 성도로서 마땅히 감당하여야 할 의무를 다하도록 은혜를 베풀어주시기를 간구합니다.

이처럼 하나님과 관련한 앞의 세 간구들도 결국에는 하나님께서 우리들 자신들에게 은혜의 도움을 주시기를 간구한다는 의미에서 우리와 관련한 간구입니다. 하지만 네 번째부터 이어지는 세 기원들은 그 내용이 우리들 자신들의 삶과 관련하여 직접적으로 연결이 되는 바를 구하는 간구들이라는 점에서 앞의 세 기원들과 구별이 됩니다. 세 가지 기원들은 일용할 양식을 구하는 것, 죄 사함을 구하는 것, 시험에 들지 않도록 도우실 것 등을 구하는 것입니다.

"오늘 우리에게 우리의 일용할 양식을 주시기를" 간구하는 네 번째 기원이 교훈하는 바는 이러합니다. 사람들은 육신과 영혼으로 구성이 되어 있어서 육신을 움직이며 살아가기에 필요한 것들은 우리의 존재와 생명을 위해 필수적이며 매우 절실한 것들입니다. 일용할 양식을 기도로 구하라 말씀하시는 예수님의 교훈은 참으로 중생한 성도들이 진실한 마음으로 육체의 삶의 절실한 필요를 구하기 위해 하나님 아버지께 주실 것을 기도하여야 함을 교훈합니다.

여기서 주님께서 "일용할 양식"을 구하라고 말씀하신 "양식"은 단지 육체의 생명을 유지하기 위한 식품만을 가리키는 말이 아닙니다. 그것은 의식주 일체와 건강 등 사람이 살아가기에 필수적인 모든 것들을 다 망라하여 포함합니다. 말하자면 영적인 복 이외에 사람이 살아가기에 필요한 모든 육적인 복을 가리키는 말입니다.

하지만 주님께서는 무엇을 먹을까 무엇을 마실까 무엇을 입을까 염려하여 말하지 말고, 다만 "먼저 그의 나라와 그의 의를 구하라 그리하면 이 모든 것을 너희에게 더하시리라"(마 6:33)고 말씀하시지 않았습니까? 그런데 "양식"을 위하여 간구하는 것이 합당한 기도가 될 수가 있을까요? 이 질문의 답은 "양식"을 위한 기도의 목적이 단순히 양식만을 위한 것이 아니라 우리의 믿음을 세우기 위한 배려에 있다는 사실에 있습니다. 하나님께서는 우리가 육체 가운데 사는 자들임을 누구보다도 잘 아십니다. 지극히 작은 일까지도 세밀히 살펴 육체의 생존을 돌보아 주시는 하나님의 보호와 섭리가 없다면 사람은 그 누구도 생존을 이어갈 수가 없습니다. 영혼의 구원과 평안을 구하는 일보다 육체의 속한 일에 더 민감하며 먹을 것과 마실 것과 입을 것을 구하는 일로 인하여 염려하며 불안해 하는 일이 많음을 아시고 주님께서는 "양식"을 간구함으로 하나님께서 육체의 생활에 필요한 모든 것을 돌보시는 분이신 줄을 확신하도록 하신 것입니다. 먹는 음식 한 숟갈, 마시는 물 한 모금에 이르기까지 하나님의 도움으로 되는 일인 줄을 알고 간구하는 것은 육체의 필요을 구하는 것일 뿐만 아니라 하나님을 의지하는 영적인 믿음의 문제이기도 합니다.

그렇기 때문에 주님께서 우리들에게 양식을 구하는 기도를 하라고 말씀하신 것은 육에 속한 일로 인하여 영혼의 안정마저 잃어버리는 우리들의 성정을 생각하시고 우리들로 하여금 하나님을 바르게 신뢰하도록 하기 위하여 주신 교훈이며 또한 명령입니다. 먹을 것과 입을 것으로 인하여 염려하지 말고 "이 모든 것이 너희에게 있어야 할 줄을 아시는" 하나님을 의지하라는 명령입니다. 하나님께서 그의 자녀들에게 영혼의 구원과 영생의 복을 베푸시는 분이심을 확신하지 못한다면, 하나님께서는 또한 그의 자녀들의 육체의 생존에 속한 일도 돌보시는 분이심을 믿고 구하지 못할 것입니다. 따라서 "양식"을 구하는 간구는 단지 육체의 생존을 위한 간구이지만 영혼의 생명을 얻은 하나님의 자녀들로서의 확신이 없다면 구하지 못하는 기도이기도 합니다.

요컨대 주님께서 양식을 구하라고 명령을 하신 까닭은 첫째는 육체 가운데 사는 인생인 우리에게 양식이 필요하기 때문이며, 둘째는 하나님의 자녀로서 하나님께서 자신의 영혼을 구원하시며 보호하신다는 확신을 갖는다면 마땅히 육체의 생존도 돌보시는 하나님을 믿고 나가야 하기 때문입니다. 그리하여 하나님께서는 그의 자녀들의 한 생명이 이 세상을 떠날 때까지 그리고 이 세상을 새롭게 하실 그 때까지 끝까지 보호하시고 보존하신다는 믿음을 가지고 하나님을 의지하도록 하기 위함입니다.

따라서 "양식"을 구한다는 것은 하나님의 주권적인 섭리를 믿는 믿음에 기초하여 간구하는 기원입니다. 이처럼 하나님의 섭리를 믿는 믿음을 따라 양식을 구하는 기도는 다음과 같은 두 가지 성격을 뚜렷하게 갖습니다. 첫째는 불안과 염려에 떠는 불신앙을 떠나야 한다는 것이며, 둘째는 절제하지 못한 채 자신의 욕망을 따라 물질의 부를 추구하는 일이 없도록 하여야 한다는 것입니다. 이 두 가지 성격들은 서로 유기적으로 연결이 되어 있습니다. 육체의 힘을 보존하는 양식을 주시기를 기원하는 것은 육체의 양식 자체만을 목적으로 구하는 것이 아니라 그것을 주시는 하나님께서 이 모든 선한 것들의 주인이시라는 믿음에 따른 것입니다. 요리문답은 "하나님이 모든 좋은 것들의 유일한 근원이심을 깨닫게 하시는" 일이 네 번째 간구의 교훈임을 지적합니다. 하나님께서 선한 것을 그 뜻대로 주실 수 있는 분이시라는 능력의 하나님을 믿기 때문에 불안과 염려를 떠나야 할 것이며, 또한 선하신 하나님께서 베푸시는 것이 최선의 것임을 믿기 때문에 자신의 욕망에 만족을 추구하기 위하여 추구하는 악에서 떠나야 할 것이 요구됩니다.

이러한 성격을 고려할 때 "일용할 양식"을 구하는 기도는 두 가지의 적용을 위한 교훈을 줍니다. 하나는 하나님을 의지하지 않고 모든 필요를 스스로 공급할 수 있다는 생각이 어리석은 교만임을 말해 줍니다. 도리어 한 모금의 물이나 한 숟갈의 밥이라 할지라도 하나님께서 주시는 것인 줄을 알고 겸손히 하나님을 의지하여야 합니다. 다른 하나는 육체의 욕망을 끝없이 구하는 일이 어리석은 것임을 깨달아 탐욕을 경계하고 극복할 수 있어야 합니다. 네 번째 간구를 바르게 드릴 수 있도록 하기 위하여 이 두 가지 교훈들을 좀 더 살피도록 합니다.

첫째로 과학시대에 살고 있음를 자랑하며 하나님 없이 스스로 모든 필요를 공급한다는 교만을 가지고 있는 오늘날 현대인들에게는 "일용할 양식"을 구하는 기도의 필요성이 더욱 더 강조되어야 할 필요가 있습니다. 특별히 하나님을 부인하는 형이상적 자연주의를 과학이라고 생각하는 이들은 아예 하나님을 부정하므로 논할 필요도 없지만, 과학의 힘을 믿고 모든 양식의 필요를 넉넉히 해결할 수 있다고 생각하는 이들은 하나님을 직접적으로 의존하는 믿음을 근본적으로 거부합니다. 이것은 불신앙의 죄입니다.

과학이라는 것은 하나님께서 만드신 자연 안에 있는 일정한 규칙성을 활용하는 매우 뛰어난 도구이며 기술입니다. 그러나 과학은 자연 자체의 질서를 통제할 능력을 가지고 있지는 못합니다. 일본에서 일어났던 대지진의 참상은 자연재해의 무서움을 말해주면서 또한 자연 앞에서 인간의 무력을 잘 보여줍니다. 현재 인간이 누리고 있는 그 어떤 만족과 풍요도 본래 그것이 인간 자신의 능력에서 비롯된 것이 아님을 깨달아야 합니다. 자연재해로 인한 고통들은 인간이 누리는 어떤 풍요도 그저 하나님께서 자연을 통해 주신 것을 이용하고 있는 것일 뿐임을 보여줍니다. 근본적으로 인간의 삶은 의존적입니다. 요리문답은 "하나님께서 복을 내려 주시지 않으면 우리의 염려나 수고는 물론 심지어 하나님께서 주시는 은사조차도 아무런 유익을 주지 못함을 알게 하시며, 그러므로 어떤 피조물도 의지하지 않고 오직 주님만을 의지하게 하여 주시기를 간구할" 것을 교훈합니다.

두 번째 교훈은 탐욕에 대한 절제입니다. 양식을 구하라고 하신 주님의 말씀은 육체 가운데 사는 사람들의 필요를 하나님께서 아시고 공급하신다는 하나님의 보호를 믿음으로 의지하라는 안도와 위안의 뜻을 담고 있습니다. 그러면 양식을 구하되 어떻게 구하여야 하는 것일까요? 주님께서는 양식을 구하되 "일용할" 양식을 주시기를 기도하라고 교훈하셨습니다. 즉 양식을 구하는 기도는 겸비하며 절제된 간구이어야 함을 교훈하는 것입니다. 예를 들어 "양식", "일용할", 그리고 "우리에게" 라는 표현 등은 하나님께 전적으로 삶을 의존하며 절제되어 있는 분위기를 반영합니다. 이 기도 가운데 탐욕의 추함을 위한 자리는 없습니다. 얼마나 많이 구해야 할까요? "일용할 필요만큼"이 답입니다. 이것은 기독교인들이 물질의 욕망에 한계를 가져야 함을 뚜렷하게 가르쳐 줍니다. 사치스러움을 필요라고 주장하며 생활의 수준을 불필요하게 낭비적으로 높이고 그것에 대한 필요를 일용할 양식의 범위 안에 들여다 놓고 간구하는 것은 인정이 될 수가 없습니다. 궁핍한 삶을 살아야 한다고 말하는 것은 결코 아닙니다. 다만 "주여, 주여, 더욱 더 많이 주시옵소서"라고 기도할 수 없는 것입니다.

"일용할 양식"을 구하는 기도가 교훈하는 절제와 필요의 범위에 대한 이해는 또한 "오늘"이라는 수식을 통해서 확인이 됩니다. "오늘의 일용할 양식"을 위해 기도하라는 것은 양식을 위하여 하나님께 구하되 매일 하나님께 간구하여야 하는 것이며, 간구의 범위와 정도도 매일 매일의 모든 필요를 위해 간구하여야 할 것임을 뜻합니다. 매일 하나님께 간구함으로 바로 우리의 삶이 하나님께 있음을 인정하고 그의 도움을 의지하여야 하는 것입니다.

더욱이 만일 간구하는 바가 자신에게는 이익이 되지만 다른 이에게 부당한 손해를 끼치는 것이라면 결코 기도로 구하여서는 더욱 더 안 됩니다. 부당한 방법으로 자신은 살고 다른 이는 죽게 되는 일을 위하여 기도하는 것은 "일용할 양식"을 위한 간구가 허용하는 일이 결코 아닙니다. 주님께서는 일용할 양식을 구하되 또한 "우리에게" "우리의 양식"을 주시기를 기도하라고 말씀하신 것은 자신의 탐욕을 위한 것이 아니라 더불어 삶을 살아가는 기쁨과 감사를 위한 것임을 전제하고 있습니다.

이처럼 일용할 양식을 위하는 기도는 탐욕을 만족하는 기도일 수가 없음에도 불구하고, 양식을 구하되 자신의 탐욕을 위하여 구한다면 이것은 우상숭배의 죄를 범하는 것과 다르지 않습니다. 일용할 양식을 구하는 간구는 하나님의 이름이 높임을 받기를 원하거나 하나님 나라가 임하기를 원하거나 뜻이 하늘에서 이룬 것 같이 땅에서도 이루기를 원하는 영적 간구보다 앞서거나 상관이 없는 간구가 아니라는 점을 기억하여야 합니다. "너희가 나를 찾는 것은 표적을 본 까닭이 아니요 떡을 먹고 배부른 까닭이로다 썩을 양식을 위하여 일하지 말고 영생하도록 있는 양식을 위하여 하라"(요 6:26~27).

기도의 목적인 하나님의 영광을 구하지 않은 채 양식을 구하는 기도는 주님께서 가르치신 "일용할 양식"의 간구와 전혀 상관이 없는 잘못된 기도일 뿐입니다.

이를 테면 하나님께 구하는 것은 "간청만 하면" 무조건적으로 원하는 것을 받을 수 있다는 생각은 이러한 잘못된 기도의 습관들 가운데 한 가지 유형입니다. 기도를 할 때 정성과 진실함은 필수적인 것이지만, 간청을 얼마나 정성스럽게 하느냐에 따라서 목적하고 바라는 바를 얻을 수 있다고 생각하는 것은 위태로운 결과를 낳게 됩니다. 어떤 사람이 주장하기를 "내가 너희에게 말하노니 비록 벗됨을 인하여서는 일어나 주지 아니할찌라도 그 강청함을 인하여 일어나 그 소용대로 주리라"(눅 11:8)의 말씀을 인용하고, 또 "내 이름으로 무엇이든지 내게 구하면 내가 행하리라"(요 14:14), "지금까지는 너희가 내 이름으로 아무 것도 구하지 아니하였으나 구하라 그리하면 받으리니 너희 기쁨이 충만하리라"(요 16:24) 하셨으니, 열심히 기도하고 강청을 하면 받는 것이며 그것이 바로 기도의 능력이라고 합니다.

그러나 이것은 "구하면 받을 것이라"는 말을 기계적으로 해석할 때 나타나는 오류입니다. 하나님은 알라딘의 램프도 아니며 두들기면 두드리는 자의 뜻대로 이루는 도깨비 방망이도 아닙니다. 하나님은 기도하는 자가 자신의 소원을 이루기 위해 사용이 되는 수단이 아닙니다. 기도의 주인은 하나님이십니다. 하나님께서는 하나님의 자녀들이 요구하는 대로 다 들어 주시는 것이 아니라, 그들에게 필요한 것, 곧 "선한 것"을 들어주십니다.

일용할 양식을 구하면서 기억하여야 할 중요한 기도의 원리는 하나님 아버지께서는 그의 자녀들에게 가장 지혜로운 방식에 따라서 주신다는 것에 있음을 잊지 말아야 합니다. 자녀가 달란다고 하여 그 요구를 다 들어주는 부모는 결코 좋은 부모가 아닐 것입니다. 아이는 자신이 바라는 것을 주지 않는다고 부모를 이해하지 못한 채 떼를 쓸지라도, 부모는 거절을 통하여 자식에게 좋은 것만을 주고 있는 것입니다. 아이는 자신의 바라는 것과 자신에게 필요한 것을 동일시 합니다. 그러나 부모는 아이가 바라는 것과 아이에게 필요한 것을 분별하는 지혜에 따라 행합니다. "너희 중에 아비된 자 누가 아들이 생선을 달라 하면 생선 대신에 뱀을 주며 알을 달라 하면 전갈을 주겠느냐 너희가 악할찌라도 좋은 것을 자식에게 줄줄 알거든 하물며 너희 천부께서 구하는 자에게 성령을 주시지 않겠느냐 하시니라"(눅 11:11~13) 일용할 양식을 위한 기도가 하나님께 영광을 돌리는 기도의 뒤에 나오고 있음을 항상 잊지 말아야 할 것입니다.

마지막으로 주의하여 확인을 할 바는 우리 주님께서는 영혼을 위하여 죄사함을 받는 일만 구하라고 하지 않으셨다는 사실입니다. 우리의 영혼을 구원하는 일이 무엇보다 귀하며, 하나님의 영광을 위하여 사는 것이 하나님의 자녀로서의 삶의 본분이며 목적이며 또한 이유이지만 그럼에도 육신의 필요를 위하여서도 또한 구하라고 명령을 하셨습니다. 우리 하나님 아버지께서는 그만큼 육신을 가지고 이 땅에 사는 생존의 문제를 중요하게 보시며 또한 선하신 섭리 가운데 세밀하게 보살피시기 때문입니다. 그러므로 하나님의 자녀들은 마땅히 염려와 불안을 버리고 이 세상의 필요를 위하여 애써 간청하고 기도함으로 하나님을 믿고 의지하여야 합니다. 양식을 위하여 간구하는 일, 곧 이 세상에서의 평강을 위하여 간구하는 일은 좋은 기도입니다. 다만 그것이 지나쳐서 탐욕을 위한 기도가 되지 않도록 하여야 할 것입니다. "그러한데 여수룬은 살찌매 발로 찼도다 네가 살찌고 비대하고 윤택하매 자기를 지으신 하나님을 버리고 자기를 구원하신 반석을 업신여겼도다"(신 32:15).

지금까지 살핀 바처럼 네 번째 간구의 교훈이 이러하다면 부를 위하여 기도하는 일은 허락이 되는 것일까요? "일용할 양식을 구하는" 네 번째 간구는 우리가 스스로 필요 이상의 부를 구하는 일을 허용하지 않습니다. 자신의 생존을 위하여, 그리고 자신에게 주어진 직분과 사명의 수행을 위하여 필요분량을 겸손히 탐욕을 절제하며 구하는 것이 기도의 마땅한 자세입니다. "... 나를 가난하게도 마옵시고 부하게도 마옵시고 오직 필요한 양식으로 나를 먹이시옵소서 혹 내가 배불러서 하나님을 모른다 여호와가 누구냐 할까 하오며 혹 내가 가난하여 도둑질하고 내 하나님의 이름을 욕되게 할까 두려워함이니이다"(잠 30:8~9).

영적으로 잘 준비하여 각성하지 않으면 재물의 부를 늘려가는 일이 복이 아니라 화가 되는 일이 될 가능성이 매우 높다는 사실을 깊이 유념하여야 합니다. "부하려 하는 자들은 시험과 올무와 여러 가지 어리석고 해로운 욕심에 떨어지나니 곧 사람으로 파멸과 멸망에 빠지게 하는 것이라"(딤전 6:9). 자족의 마음을 가져

경건에 해가 되지 않도록 하여야 합니다(딤전 6:6).

재물을 모아 비축하는 일은 잘못된 일이 아닙니다. 오히려 지혜로운 일이기도 합니다. 예를 들어 요셉이 가뭄이 들어 흉년이 올 것을 대비하여 풍년이 들었을 때 많은 곡식을 비축한 것이 그러합니다. 그러나 재물을 모으는 일로 인하여 그 재물에 마음을 빼앗겨서는 안 됩니다. "... 재물이 늘어도 거기에 마음을 두지 말지어다"(시 62:10). 하나님께서 많은 재물을 베풀어 주심으로 부하게 된 사람들은 늘 재물을 의지하여 하나님을 떠나는 일이 없도록 할 것이며, 또한 그 재물을 자신의 사치에 남용하는 일이 없도록 하여야 할 것이며, 자신은 하나님의 재물을 관리하는 청지기라는 의식을 가지고 오직 그 재물의 주인이신 하나님의 영광만을 위하여 사용하도록 하여야 합니다.

...생각 나누기

• 되짚는 질문

1_ 하나님의 이름이 거룩히 여김을 받도록 기도하는 이유는 무엇입니까?

2_ 하나님 나라가 임하기를 기도하는 까닭은 무엇입니까?

3_ 하나님의 뜻이 이루어지기를 기도하는 까닭은 무엇입니까?

• 새로운 질문

4_ 전반부 세 간구들과 비교하여 후반부 세 간구들이 우리들을 위한 간구로서 갖는 의미에 대해서 설명해 보세요.

5_ 네 번째 간구에서 "양식"이 뜻하는 바는 무엇입니까?

6_ 신자가 "양식"을 위하여 간구하는 것이 합당합니까?

7_ 네 번째 간구의 기초를 이루는 섭리에 대한 믿음에 비추어 볼 때 양식을 구하는 간구의 성격과 적용의 교훈은 무엇입니까?

8_ 양식을 구하되 "일용할" 양식을 구하는 기원이 경계하도록 하는 것은 무엇입니까?

9_ 일용할 양식을 구하는 간구에 비추어 볼 때, 신자는 어떤 경우에 부를 위하여 간구할 수 있겠습니까?

53. 다섯째 간구: 우리 죄를 사하여 주시옵고

제51주일 | 126문

질문 126 **다섯째로 간구하는 것은 무엇입니까?**

답 우리가 우리에게 죄 지은 자를 사하여 준 것 같이
우리 죄를 사하여 주시기를 간구합니다.
즉 우리가 마음으로부터 이웃을 용서하고자 하는 결심을 하는 것과 같이, 그것은 우리가 은혜 안에 있다는 증거를 보는 것이니,(마 6:14-15; 18:21-35)
그리스도의 보혈을 보시고 우리의 허물들과 또 우리에게 항상 붙어 있는 부패한 악을 불쌍한 죄인들인 우리에게 돌리지 마시기를 간구합니다.(시 51:1-7; 143:2; 롬 8:1; 요일 2:1-2)

— 주기도문의 후반부는 앞의 전반부와는 성격이 다른 세 가지에 대한 기원을 담고 있습니다. 그것들은 하나님과 관련한 간구를 담은 전반부와는 달라 우리들과 관련하여 간구를 합니다. 사실 하나님과 관련한 간구들이라 할지라도 그것의 실현을 위한 적용은 우리들과 관련하여 나타나게 됩니다. 이를테면 우

리로 하여금 하나님의 거룩함을 깨달아 알게 하옵소서라는 간구가 없이는 하나님의 이름이 거룩히 여김을 받기를 바라는 기원을 드릴 수가 없으며, 우리들을 진리의 말씀과 성령의 능력으로 하나님 나라의 다스리시기를 간구하지 않고는 하나님의 나라가 임하기를 기원할 수가 없습니다. 그리고 육체의 소욕을 이기고 정한 심령으로 새롭게 되어 하나님의 교회를 위하여 성도로서 마땅히 감당하여야 할 의무를 다하도록 은혜를 베풀어주시기를 간구함이 없이 하나님의 뜻이 이루어지기를 바라는 기원을 할 수는 없기 때문입니다.

하지만 네 번째부터 이어지는 세 기원들은 우리들 자신들의 삶과 직접적으로 관련한 일들, "일용할 양식을 구하는 일," "죄 사함을 구하는 일," "시험에 들지 않도록 도우실 것을 구하는 일" 등을 간구한다는 점에서 앞의 세 기원들과 다른 특징을 갖습니다.

"오늘 우리에게 우리의 일용할 양식을 주시기를" 구하는 네 번째 간구에서 "양식"은 단지 육체의 생명을 유지하기 위한 식품만이 아니라 의식주 일체와 건강 등 사람이 살아가기에 필수적인 모든 것들을 다 망라하여 포함합니다. 사람들은 영혼에 관한 일보다 육체와 관한 일에 더 예민하여 먹을 것과 마실 것과 입을 것의 결핍이나 불만족으로 인해 많은 염려와 불안을 겪습니다. 주님께서는 일용할 양식을 구하도록 하심으로써 하나님께서 생활에 필요한 모든 것을 돌보시는 분이신 줄을 믿고 확신하도록 하신 것입니다.

따라서 하나님의 주권적인 섭리를 믿지 못한다면 "양식"을 구하는 간구를 바르게 할 수가 없습니다. 하나님의 섭리를 믿음은 한편으로는 불안과 염려를 버리고, 다른 한편으로는 탐욕으로 물질의 부를 추구하지 않는 가운데 양식을 구하는 간구를 하게 합니다. 요컨대 요리문답에서 교훈하듯이 하나님이 모든 좋은 것들의 유일한 근원이심을 깨닫고 그 안에서 만족하며 모든 불안과 염려를 내려놓고 하나님의 인도에 자신을 의탁하고 일상의 필요를 간구하는 것이 네 번째 간구의 핵심입니다.

이러한 이해에 기초하여 생각할 때, 일용할 양식을 구하는 것은 필요를 간절히 구함과 동시에 절제의 범위 내에서 구할 것을 요구합니다. 이러한 절제와 필요의 범위에 대한 교훈은 "오늘"이라는 수식어를 통해서 확인이 됩니다. 매일 매일의 모든 필요를 위해 하나님께 간구함으로 우리의 삶이 하나님께 있음을 인정하고 그의 도움을 의지하여야 합니다. 따라서 일용할 양식을 구하는 사람은 다른 이에게 부당한 손해를 끼치는 것을 구할 수가 없습니다. 부당한 방법으로 자신은 살고 다른 이는 죽게 되는 일을 위하여 기도하는 것은 "일용할 양식"을 위한 간구가 허용하는 일이 결코 될 수가 없습니다. 아울러 "간청만 하면" 무조건적으로 원하는 것을 받을 수 있다는 생각도 허용될 수가 없습니다. 기도를 할 때 정성과 진실함으로 기도하여야 하지만, 정성 자체가 간청의 목적을 이루는 조건인 것처럼 생각한다면 하나님을 자신의 소원을 이루기 위해 달래며 이용할 수단인 것처럼 여기는 큰 죄를 범하는 것이 됩니다. 기도의 주인은 하나님이십니다. 결국 네 번째 간구는 우리 주님께서는 영혼을 위하여 기도할 뿐만 아니라 육신의 필요를 위하여서도 구하라고 명령을 하셨음을 감사하며 하나님의 보호에 자신을 의탁하고 재물의 주인이신 하나님의 영광을 위해 살아가는 믿음을 격려하며 교훈합니다.

주님께서 가르치신 기도의 다섯째 간구는 죄 사함을 구하는 것입니다. 주님께서 기도를 가르치실 때 그 대상은 주님을 따르는 제자들이었습니다. 주님께서는 제자들에게 죄 용서를 구할 것을 기도하라고 교훈하셨습니다. 많은 이들이 이 교훈에 대해서 종종 오해를 하거나 너무나 소홀히 여기는 듯합니다. 그러나 죄 사함을 구하는 간구는 구원을 받은 자의 참된 믿음의 본질에 속한 것이므로 다섯째 간구에 대해 매우 분명하고도 올바른 이해를 가져야 합니다.

이렇게 물어 보겠습니다. 어떤 전도방법에 따르면 전도를 하기 위한 접근 질문으로 두 가지 내용을 묻습니다. 하나는 "하나님께서 오늘이라도 부르시면 천국에 갈 수 있으리라 생각하십니까?"이며, 다른 하나는 "그러면 만일 하나님께서 무엇 때문에 여러분을 천국에 들어오도록 허락을 하여야 하느냐고 물으시면 여러분의 대답은 무엇입니까?"입니다. 질문의 취지는 구원이 남보다 착하게 살았다는 행위의 공로로 인하여 주어지는 것이냐, 아니면 예수 그리스도의 대속의 은혜를 믿는 믿음으로 주어지는 것이냐를 묻는 데에 있습니다. 질문에 대해 전도자의 답은 행위가 아니라 믿음입니다.

이 전도자의 대답은 정확하며 옳습니다. 하지만 이 대답은 그리스도를 믿음으로 구원을 받는 은혜의 복음에 있어서 착하게 살아가는 행위는 어떤 의미를 갖는지에 대해서는 아무런 설명이 없으므로 아직은 충분한 답이 되지를 못합니다. 말하자면 "착하게 살지 않고 죄를 지으면서도 그리스도를 믿는다고 하면 구원을 받는 것인가?"라는 의문에 대해 충분한 답을 주지 못하고 있는 것입니다.

이러한 점을 고려하면서 이제 다음과 같은 질문을 더해 봅니다. "당신은 믿음으로 천국에 들어간다고 대답을 하셨습니다. 이제 당시에게 한 가지를 더 묻겠습니다. 그러면 당신은 당신에게 천국에 들어갈만한 믿음이 있다는 것을 어떻게 보이시겠습니까?" 이 질문은 매우 심각하며 핵심적입니다. 단순히 "아 글쎄 제가 믿는다니까요 … 제 말을 믿으세요 …"라는 말로는 충분하지 않기 때문입니다. 이 질문의 요점은 구원을 받을 만한 참 믿음이 있다는 사실을 무엇으로 증거할 수 있는지를 묻는 데에 있습니다.

"우리가 우리에게 죄 지은 자를 사하여 준 것 같이 우리 죄를 사하여 주시기를" 간구하는 다섯째 기원은 죄 사함을 받아 구원을 받는 참된 믿음의 증거가 무엇인지에 대한 답을 줍니다. 그 증거는 하나님께서 보기를 원하시는 조건으로서 이웃에 대한 용서입니다. 천국은 자신에게 해를 가한 자를 용서하는 자에게 주어집니다. 천국은 용서의 정신을 가진 자에게 열려 있지만, 그렇지 못한 자에게는 닫혀 있습니다. 다시 말해서 용서하는 자가 아니면 천국에 들어가지 못합니다.

아니 그렇게까지 말하면 복음의 은혜를 거스르는 것이 아닐까요? 천국은 오직 그리스도의 은혜로 들어가는 것인데, 왜 용서를 하는 자에게 천국이 허락이 된다고 풀이를 하는 것일까요? 믿음만으로 충분치 않다는 말씀인가요? 초점을 잘 이해할 필요가 있습니다. 예수 그리스도의 대속의 공로를 믿는 믿음만으로는 충분하지 않다는 것이 아닙니다. 오직 믿음으로 그리스도의 대속의 공로를 받습니다. 그러나 참된 믿음은 다른 사람의 죄를 용서하는 증거를 보인다는 사실을 말하는 것입니다.

죄 사함과 관련하여 주님께서 가르치신 기도는 크게 두 가지 내용으로 구성이 되어 있습니다. 하나는 죄 사함을 위하여 기도하라는 것이며, 다른 하나는 우리가 우리에게 죄 지은 자를 사하여 준 것 같이 우리의 죄를 사하여 주시기를 기도하라는 것입니다. 먼저 죄 사함을 받기 위하여 기도할 필요성에 대해 살펴봅니다. 사람들은 종종 묻습니다. "죄 사함을 받기 위해 기도할 필요가 있는가?" "이미 믿음으로 의롭다함을 받아 하나님의 자녀가 되지 않았는가?" "그리스도의 보혈이 우리의 과거와 현재와 미래의 모든 죄를 다 속량하시지 않았는가? 그런데 무엇 때문에 죄 사함을 위하여 기도하여야 하는가?"

이런 반론을 제기하는 이들이 종종 다음의 구절을 인용합니다. "너희 중에 이와 같은 자들이 있더니 주 예수 그리스도의 이름과 우리 하나님의 성령 안에서 씻음과 거룩함과 의롭다 하심을 받았느니라"(고전 6:11). 그러나 이 말씀을 근거로 죄사함을 간구할 필요가 없다고 주장을 하는 것은 성경을 잘못 해석한 것입니다. 이 말씀은 하나님 보시기에 예수 그리스도 안에서 이미 우리가 깨끗해진 자들이라는 사실을 말하지만, 실제로 인생을 살고 있는 현재의 시간 안에서 전혀 죄를 범하지 않고 있다는 사실을 말하는 것은 아닙니다.

무엇보다도 요한일서 1장 8절 "만일 우리가 죄가 없다고 말하면 스스로 속이고 또 진리가 우리 속에 있지 아니할 것이요"라는 말씀, 또 요한일서 1장 10절 "만일 우리가 범죄하지 아니하였다 하면 하나님을 거짓말 하는 이로 만드는 것이니 또한 그의 말씀이 우리 속에 있지 아니하니라"는 말씀은 이생에서 신앙의 길을 걸어가는 동안 신자들은 누구도 완전하지 않으며 여전히 죄를 범하는 연약성을 가지고 있음을 분명하게 밝혀줍니다. 그렇기 때문에 오히려 하나님의 신실한 자녀일수록 죄에 대해 민감하며 내면의 죄를 더 크고 깊게 느끼는 법입니다. 그리고 죄 사함의 간구를 진실히 그리고 간절히 드리게 됩니다.

요리문답을 해설하면서 우르시누스는 신자라 할지라도 죄 사함을 위해 기도하여야 할 세 가지 이유를 다음과 같이 요약해 줍니다. 하나는 죄 사함이 없이는 구원을 받을 수 없는데, 하나님께서는 죄 사함을 바라지 않는 자에게는 구원을 베푸시지 않는다는 것입니다. 우르시누스의 이 설명은 죄 사함의 은혜를 받는 자들은 죄 사함을 간구하는 은혜도 또한 누리는 자들임을 말해줍니다. 회개를 통해 죄 사함을 간구하는 것은 구원을 받는 방식인 것입니다.

다른 하나는 아무리 거룩한 사람이라도 죄의 흔적을 다 떨어내지 못하기 때문에 죄 사함을 간구함으로 더욱더 깊은 회개에 들어가도록 하기 위함입니다. 결국 중생한 자들이라도 이 세상에서 완전한 거룩에 이르지 못하며, 날마다 자신에게서 죄의 흔적을 보며 회개를 함으로써 그리스도로 말미암는 죄의 용서를 날마다 새롭게 누리고 또한 감사하게 됩니다. 그리스도를 믿을 때에 의롭다함은 영 단번에 주어지지만 날마다 지속적인 회개를 통해서 그 은혜를 더욱더 새롭게 깨달으며 누리게 됩니다.

마지막 하나는 하나님께서 베푸시는 어떠한 복도 죄 사함의 구원을 받지 못한 자들에게는 복이 아니라 오히려 심판의 이유로 작용할 수 있기 때문에 더욱더 죄 사함을 바라게 됨을 말합니다. 죄 사함의 은혜를 받지 못한 사람이 가지고 있는 은사들은 모두 하나님께 불순종의 죄를 범하는 데 사용이 되는 수단들이 되고 맙니다. 선지자 노릇도 소용이 없고, 주님의 이름을 부르는 열심과 헌신도 소용이 없으며, 심지어 귀신을 내쫓는 능력도 소용이 없습니다. 이 모든 것들이 죄 사함이 없다면 구원에 이르기는 고사하고 정죄를 더하는 수단이 될 따름입니다.

그런데 어찌하여 주님께서는 죄 사함을 위한 간구를 하되 "우리가 우리에게 죄 지은 자를 사하여 준 것 같이 우리 죄를 사하여 주시옵고"라고 기원하도록 하셨을까요? 이 말씀은 우리가 이웃의 죄를 사하여 주는 의를 세워 그 공로로 죄 사함을 구하라는 뜻처럼 여겨집니다. 그렇다면 그리스도를 믿음으로 말미암아 죄 사함의 은혜를 누리는 복음과 어긋나는 것이 아닐까요?

여기서 먼저 알아야 할 두 가지가 있습니다. 첫째는 주님께서는 지금 불신자에게 기도를 가르치고 있는 것이 아니라는 사실입니다. 주님께서는 하나님을 아버지라 부르는 자녀들을 향하여 기도를 가르치고 계십니다. 즉 은혜로 이미 구원을 받은 자들에게 기도를 가르치고 계신 것입니다. 주님이 가르치시는 기도는 이미 그리스도의 은혜로 의롭다함을 받아 하나님의 자녀가 된 자들에게 교훈하는 기도입니다. 다시 말해서 용서의 은혜를 이미 누리고 있는 자들이 매일 매일 삶에서 하는 기도입니다.

두 번째로 알아야 할 것은 그렇기 때문에 "우리가 우리에게 죄 지은 자를 사하여 준 것 같이 우리의 죄를 사하여 주시옵소서"라는 기도는 우리의 행위에 근거하여 용서를 구하는 것이 아니라는 사실에 주목을 하여야 합니다. 즉 이웃의 죄를 용서한 공로를 근거로 하나님의 용서를 구하는 것이 아닙니다. 주님께서 "우리가 우리에게 죄 지은 자를 사하여 준 것 같이"라고 하신 것은 공로를 말씀하기 위한 것이 아니라 죄 사함의 방식을 말하기 위함입니다. 우리가 우리에게 죄 지은 자를 사하여 주는 일이 있는 것과 같은 방식으로 우리의 죄를 사하여 주시옵소서라는 말이 됩니다.

이 두 가지 사실을 잘 염두에 두고 죄 사함의 기도의 의미를 잘 이해할 필요가 있습니다. 우리가 어떤 방식으로 이웃의 죄를 사하여 줍니까? 우리에게 죄를 범한 자를 우리가 용서를 할 때, 그가 행한 선한 보상의 공로를 보고 그것을 근거로 용서하나요? 아닙니다. 그렇다면 그것은 용서가 아닙니다. 우리들이라도 부모로서 자녀를 용서할 때 용서를 구하는 자녀의 마음을 받아 보상과 공로를 요구하지 않은 채 용서를 베풉니다. 친구와 이웃을 용서할 때도 마찬가지입니다. 행위의 보상과 공로를 근거로 한다면 그것은 용서가 아니라 공의의 실행입니다. 만일 이런 뜻이라면 주님의 기도는 하나님께서 우리를 우리의 행위와 공로로 용서하여 주기를 간구하라는 말이 됩니다. 이것은 잘못된 해석입니다. 이런 기도는 하나님의 자녀로서는 생각도 못하는 기도입니다. 왜냐하면 오직 그리스도의 보혈로 베푸시는 용서의 은혜만이 우리의 구원임을 아는 자들이 바로 하나님의 자녀이기 때문입니다.

그러므로 "우리가 우리에게 죄 지은 자를 사하여 준 것과 같이"를 풀어보면 이러한 기도가 됩니다. "하나님 아버지 우리는 하나님의 용서의 은혜로 죄 사함을 받아 하나님의 자녀가 되었습니다. 우리가 그러한 은혜에도 불구하고 일상 가운데 죄를 범하는 일이 있어 심히 괴롭습니다. 이제 우리가 주님께서 오직 은혜로 우리를 주님의 자녀로 삼으신 사랑을 감사하면서, 하나님의 자녀답지 못하게 산 저희들의 죄도 또한 하나님의 은혜로 용서함을 받기를 바랍니다. 오 주여, 주님께서 제게 베푸신 용서의 은혜로 말미암아 우리도 우리에게 용서를 구하는 자에게 어떤 보상이나 공로를 요구하지 않은 채 용서의 은혜를 베푸오니, 주님께서 우리의 허물을 또한 용서의 은혜로 정결케 하여 주시옵소서. 그리고 이미 용서의 은혜로 주님의 자녀로 삼으신 것처럼 일상의 허물들도 용서의 은혜로 정결케 하실 줄을 바라며 믿습니다. 아멘."

요컨대 이 기도는 오직 용서의 은혜를 경험한 하나님의 자녀가 드리는 기도라는 사실을 잊지 말아야 합니다. 요리문답은 죄 사함을 구하는 이 기도와 관련하여 다음과 같이 교훈을 합니다. "즉 우리가 마음으로부터 이웃을 용서하고자 하는 결심을 하는 것과 같이, 그것은 우리가 은혜 안에 있다는 증거를 보는 것이니, 그리스도의 보혈을 보시고 우리의 허물들과 또 우리에게 항상 붙어 있는 부패한 악을 불쌍한 죄인들인 우리에게 돌리지 마시기를 간구합니다."

다섯 번째 간구가 기록된 마태복음 6장 12절에 이어서 나오는 14, 15절의 말씀도 동일한 맥락에서 이해를 하여야 합니다. "너희가 사람의 잘못을 용서하면 너희 하늘 아버지께서도 너희 잘못을 용서하시려니와 너희가 사람의 잘못을 용서하지 아니하면 너희 아버지께서도 너희 잘못을 용서하지 아니하시리라."

이웃의 죄를 사하여 준 것 같이 우리의 죄를 사하여 주시기를 바라는 죄 사함의 간구가 결코 보상이나 공로에 근거한 것일 수 없는 까닭은 사실 "용서"라는 말 가운데 이미 전제가 되고 있습니다. 용서란 무엇입니까? 17세기 영국 청교도 목사인 토마스 왓슨(Thomas Watson, 1620~1686)은 용서를 했다고 말할 수 있기 위한 일곱 가지 경우들을 제시해 주었습니다. 하나는 복수를 하겠다는 일체의 생각과 싸울 때이며(롬 12:19a), 둘은 해를 끼친 사람에게 보복으로 갚지 않을 때이고(살전 5:15), 셋은 오히려 잘 되기를 빌어 줄 때(눅 6:28)이며, 넷은 그들이 재난이나 재앙을 당할 때면 슬퍼하며 아파할 때이고(잠 24:17), 다섯은 그들을 위해 기도할 때이며(마 5:44), 여섯은 그들과 화해를 이루려 노력을 할 때(롬 12:18)이고, 일곱은 그들에게 도움이 될 수 있도록 애를 쓸 때(출 23:4)입니다. 왓슨은 말하기를 이렇게 행할 때라야 비로소 용서를 한 것이 됩니다.

왓슨의 설명은 결국 우리가 이웃을 용서한다고 할 때, 그것은 바로 하나님께서 우리를 용서하신 것처럼 하라는 것입니다. 우리가 하나님께 받은 용서는 어떠한 것입니까? 왓슨의 설명이 이러합니다. 첫째, 중심으로부터 진실한 용서를 받았습니다. 하나님께서는 겉으로는 용서의 모양을 취하나 마음으로는 여전히 잘못을 따지고 계시는 분이 아니십니다(렘 31:34b). 둘째, 완전한 용서를 받았습니다. 하나님께서는 용서하지 않은 죄의 일부를 남겨두시지 않습니다(시 103:3a, 12a). 셋째, 돌이켜 회개할 때마다 항상 사하여 주셨습니다. 처음 몇 번은 용서하시다가 나중에는 거절하시는 분이 아니십니다(사 55:7; 눅 17:4).

이러한 사실들은 결국 용서란 단순히 죄에 대해 분노의 감정을 가지지 않은 것에 그치는 것이 아님을 말합니다. 용서를 한다고 할지라도 자신이 겪었던 어떤 고통과 치욕과 아픔으로 인하여 다시 죄악에 대해 분노할 수 있습니다. 그럴 경우 하나님께서 베푸신 용서를 상기하면서 보복의 마음과 더불어 오는 분노를 하나님께 맡길 때 비로소 용서가 가능하게 됩니다.

여기서 한 가지 생각할 점이 있습니다. 용서를 한다고 하여 상대로 하여금 잘못한 일로 인하여 사회법에 따라 받아야 할 마땅한 결과를 면케 해 주어야 한다는 것은 아니라는 사실입니다. 하나님도 사랑하는 자신의 자녀들에게 징계를 하시기 때문입니다. 그러나 용서를 하는 사람은 보복을 위하여 공권력을 이용하지 않아야 합니다.

그리스도의 보혈의 피로 용서의 은혜를 경험한 그리스도인은 다른 사람을 용서하는 일을 거부할 수가 없으며, 마음을 강퍅하게 할 수가 없습니다. 만일 용서를 구하는 자에게 용서를 베풀지 않는다면 용서를 받은 사람일 수가 없기 때문입니다. 용서의 은혜를 경험한 사람은 하나님 앞에서 자신의 악함과 그럼에도 불구하고 용서하신 하나님의 사랑을 늘 감사하며 감격하고 있기 때문에, 용서를 구하는 자들에게 늘 용서를 할 준비가 되어 있는 사람이 될 수 밖에 없는 것입니다.

참된 믿음으로 구원을 받은 사람은 용서의 은혜를 감사하고 감격하는 사람일진데, 그러한 사람은 다른 사람을 용서하는 참 믿음의 열매를 낳습니다. 이러한 용서의 열매가 없으면 그는 참 믿음을 가진 자가 아닙니다. 그렇기 때문에 주님은 "너희가 사람의 잘못을 용서하면 너희 하늘의 아버지께서도 너희 잘못을 용서하신다"고 말씀하며, 또한 "너희가 사람의 잘못을 용서하지 아니하면 너희 아버지께서도 너희 잘못을 용서하지 아니하시리라"고 말씀합니다. 그러므로 다른 이에게 용서의 은혜를 베푸는 것이 곧 하나님께 용서의 은혜를 받는 길이며 또한 방식이 됩니다. 이러한 이유로 인하여 구원받는 참 믿음은 용서를 행함으로 그 믿음이 구원을 얻기에 합당한 믿음이라는 증거를 보이게 되는 것입니다.

그럼에도 불구하고 중생한 후에도 여전히 죄의 흔적으로 인하여 연약한 신자인 우리가 과연 용서를 행할 수 있겠습니까? 다음의 몇 가지를 항상 잊지 않고 기억하며 받은 은혜를 새김으로 성령의 능력을 구하여야 합니다. 첫째, 우리가 용서 받은 죄가 얼마나 많은지를 헤아려보기 바랍니다. 둘째, 우리에게 해를 가하는 사람들을 통해서도 선을 이루어 가시는 하나님을 바라보기 바랍니다. 셋째, 용서할 수 있는 믿음을 위하여 기도하시기 바랍니다. 넷째, 우리 자신들도 다른 이에게 또한 범하고 있는 잘못들을 생각하기 바랍니다. 마지막으로 다섯째, 겸비한 심령으로 원수 갚는 일을 하나님께 맡기시기 바랍니다.

이 모든 일은 우리의 능력으로는 할 수 없습니다. 하지만 그리스도인의 윤리는 우리의 자연적 성품과 능력에 있지 않습니다. 하나님께 받은 은혜를 상기하고 도우시는 은혜를 구함으로써 비로소 가능합니다. 믿음이 있는 자는 받은 용서의 은혜를 새기고 용서의 능력을 위하여 하나님의 도우심을 구할 것입니다. 이러한 자가 바로 용서를 받았으므로 인하여 그 용서에 감사하고 감격하여 용서의 마음과 의행과 정신과 의지를 가지고 있는 자입니다. 주님은 죄 사함의 간구를 교훈하면서 바로 은혜에 감사하여 용서를 하는 자들에게 천국의 용서가 이미 주어져 있음을 확증하고 계십니다.

···생각 나누기

되짚는 질문

1_ 일용할 양식을 구하라는 간구는 하나님에 대한 믿음에 대하여 어떠한 이해를 갖도록 교훈을 합니까?

2_ 양식을 구하되 "오늘"의 양식을 구하라고 "오늘"의 말을 덧붙이신 것은 무엇을 교훈합니까?

3_ 일용할 양식을 구하는 기도에 비추어 볼 때 신자가 금하여야 하는 잘못된 기도들은 어떠한 것들이 있습니까?

새로운 질문

4_ 다섯 번째 간구가 교훈하는 구원받는 믿음은 어떠합니까?

5_ 죄 사함을 위하여 기도를 하여야 할 이유나 필요성은 무엇입니까?

6_ 죄 사함을 간구하되 "우리가 우리에게 죄 지은 자를 사하여 준 것 같이"하여 주시기를 기도하는 까닭은 무엇입니까?

7_ 용서를 하기 위하여 어떠한 공로나 이유가 필요합니까?

8_ 신자가 아니면 다섯 번째의 간구를 바르게 할 수 없는 까닭은 무엇입니까?

9_ 토마스 왓슨이 정리한 용서의 일곱 경우들을 설명해 보세요.

54. 여섯째 간구와 마침: 시험에 들게 하지 마시옵고 악에서 구하시옵소서

제52주일 | 127문

질문 127 **여섯째로 간구하는 것은 무엇입니까?**

답 우리를 시험에 들게 하지 마시고
다만 악에서 구하시기를 간구합니다.
즉 우리는 연약하여 한 순간도 설 수가 없으며,
(시 103:14-16; 요 15:1-5)
뿐만 아니라 죽기까지 싸워야 할 대적들,
곧 마귀와(고후 11:14; 엡 6:10-13; 벧전 5:8)
세상과(요 15:18-21)
우리 자신의 정욕들이(롬 7:23; 갈 5:17)
끊임없이 우리를 공격하오니, 이 영적 전쟁에서 패하여 넘어지지 않고(마 26:41; 막 13:33; 고전 10:12)
마침내 완전한 승리를 거둘 때까지 멈추지 않고 강력하게 우리의 원수들과 맞서 싸울 수 있도록,
(고전 10:13; 살전 3:13; 5:23)
성령의 능력으로 우리를 보존하시고 강하게 하시기를 간구합니다. (마 10:19-20; 롬 5:3-5)

질문 128 **무엇으로 기도를 마무리합니까?**

답 나라와 권세와 영광이 아버지께 영원히 있기를 간구함으로 마무리를 합니다.
즉 하나님은 우리의 왕이시며 전능하신 분으로 우리에게 선한 모든 것들을 주기 원하시며 또한 주실 수 있는 분이시기 때문에 우리는 이 모든 것들을 하나님께 간구합니다.(롬 10:11-13; 벧후 2:9)
그리고 이 간구를 통해서 우리가 아니라 하나님의 거룩한 이름이 영원토록 영광을 받으시기를 기도합니다.(시 115:1; 요 14:13)

질문 129 **"아멘"이 뜻하는 바는 무엇입니까?**

답 "아멘"은 참으로 확실하게 그렇게 될 것임을 뜻합니다.
내가 하나님께 기도하는 바를 바라며 내 마음으로 그것을 느끼는 것보다 더 확실하게 하나님께서는 내 기도를 들으십니다.(사 65:24; 고후 1:20; 딤후 2:13)

주님께서는 제자들에게 죄 용서를 구할 것을 기도하라고 교훈하셨습니다. 그리고 교훈하시기를 "우리가 우리에게 죄 지은 자를 사하여 준 것 같이 우리 죄를 사하여 주시기를" 간구하라고 말씀하셨습니다. 주님의 교훈은 죄 사함을 받아 구원을 받는 참된 믿음의 증거가 무엇인지를 말해줍니다. 그 증거는 하나님께서 보기를 원하시는 조건으로써 이웃에 대한 용서입니다. 천국은 용서를 행하는 자에게 열려 있지만, 그렇지 못한 자에게

는 닫혀 있습니다.

이 말은 예수 그리스도의 대속의 공로를 믿는 믿음만으로는 구원을 받기에 충분하지 않다는 것을 말하는 것이 아닙니다. 오직 믿음으로 그리스도의 대속의 공로를 받는 것이지만, 구원을 받는 참된 믿음은 다른 사람의 죄를 용서하는 증거를 보인다는 사실을 말하는 것입니다.

다섯 번째 간구의 내용은 두 가지입니다. 하나는 죄 사함을 위한 기도이며, 다른 하나는 우리가 우리에게 죄 지은 자를 사하여 준 것 같이 우리의 죄를 사하여 주시기를 간구하는 기도입니다. 이미 믿음으로 의롭다함을 받아 하나님의 자녀가 된 우리가 죄 사함을 간구하여야 하는 까닭은 이생에서 중생한 신자들이라할지라도 그 누구도 완전하지 않으며 여전히 죄를 범하는 연약성을 가지고 있기 때문입니다. 하나님의 신실한 자녀일수록 오히려 죄에 대해 민감하며 내면의 죄를 더 크고 깊게 느끼는 만큼, 더욱 더 죄 사함의 간구를 진실히 그리고 간절히 드리게 됩니다.

그러므로 죄 사함을 위해 기도하여야할 이유를 세 가지로 요약을 한다면, 하나는 하나님께서는 죄 사함을 바라지 않는 자에게는 구원을 베푸시기 때문이며, 다른 하나는 아무리 중생한 거룩한 사람이라도 결코 다 떨어내지 못하는 죄의 흔적으로 말미암아 범한 죄 사함을 간구하면서 더욱 더 깊은 회개에 들어가도록 하기 위함이며, 마지막 하나는 죄 사함의 은혜를 받지 못하여 하나님이 베푸시는 모든 복이 오히려 화가 되는 일을 피하기 위함입니다.

주님께서는 죄 사함을 위한 간구를 하되 "우리가 우리에게 죄지은 자를 사하여 준 것 같이 우리 죄를 사하여 주시옵고"라고 기원하도록 하신 것은 이웃의 죄를 사하여 주는 공로로 의를 세워야 죄 사함을 받을 수 있다고 교훈하기 위함이 아닙니다. 주님께서는 이 기도를 불신자를 향해서가 아니라 하나님을 아버지라 부르는 자녀들을 향하여 가르치고 계십니다. 용서의 은혜를 믿어 구원을 이미 받은 자들에게 기도를 가르치고 계신 것입니다. 그러므로 우리의 행위에 근거하여 용서를 구하는 것이 결코 아닙니다.

죄 사함을 간구하라는 말씀은 하나님의 용서의 은혜를 받았음에도 하나님의 자녀답지 못하게 산 모든 허물을 용서받기를 바라는 간구를 하라는 교훈이며, 또한 그러한 간절함으로 우리도 우리에게 죄를 범한 자를 용서함으로써 과연 은혜로 용서를 받은 자로 합당한 감사를 하나님께 드리고, 또 하나님께서 끝까지 은혜로 자신들의 모든 허물을 용서하여 주실 것을 믿고 감사를 하라는 교훈입니다.

중생한 진실한 신자라도 죄의 흔적에 시달리며 옛 사람을 다 벗어버리지 못하였기 때문에 용서를 행할 능력이 없습니다. 그러므로 신자는 용서를 행하기에 앞서 용서를 받은 자임을 기억하고, 자신이 입은 해를 오히려 합력하여 선을 이루시는 하나님을 바라보며, 용서의 능력을 위하여 기도하고, 자신도 또한 이웃의 용서를 받아야 하는 사람임을 기억하여야 합니다.

이제 주님께서 가르치신 기도의 마지막 내용인 여섯 번째 간구를 살펴보기로 합니다. 주님께서는 "시험에 들게 하지 마시옵고 다만 악에서 구하시옵소서"라고 기도하라고 말씀하셨습니다. 시험에 들어 악에 빠지지 않도록 기도하라는 교훈인데, 듣기에 따라서는 다소 의아하게 여겨질 수가 있습니다. "시험에 들게 하지 마시옵고 악에서 구하시옵소서."의 간구는 마치 하나님께서 시험에 들게 하시니 그러지 말아달라는 말처럼 들리는데, 그러면 하나님께서 우리로 하여금 악을 범하도록 시험을 하시는 것처럼 여겨집니다. 그러나 이러한 생각은 매우 잘못된 판단입니다. 하나님은 누구도 악에 이르도록 시험을 하시는 분이 아니십니다. "사람이 시험을 받을 때에 내가 하나님께 시험을 받는다 하지 말지니 하나님은 악에게 시험을 받지도 아니하시고 친히 아무도 시험하지 아니하시느니라"(약 1:13).

또 어떤 이들은 하나님이 시험을 하시니 그 시험으로 인해 죄를 범하면 사람만의 책임이 아니라 하나님께도 책임이 있으며 오히려 근원적으로는 하나님께 더 책임이 있다고 궤변을 늘어놓기도 합니다. 애초부터 시험을 하지 않았다면 죄도 범하지 않았을 것이라는 논리입니다. 대표적인 예가 선악을 알게 하는 나무의 실과를 먹지 못하도록 금하신 것과 관련한 일입니다. 이들은 "하나님께서 왜 선악과 시험을 하여 결국 아담과 하와가 타락케 하셨는가?"고 소리를 높이며 하나님께 힐문을 합니다.

그러나 이것은 적반하장으로 완전히 잘못된 이해에서 비롯된 것입니다. 금지된 선악과는 에덴에서 아담과 하와로 하여금 하나님을 기억하게 하는 장치였음을 기억하여야 합니다. 선악과는 아담과 하와가 하나님의 형상으로 아름답고 영광스럽게 창조되었으나, 결코 스스로 있는 자들이 아니요 오직 하나님의 규범에 따라 살아야 하는 피조물이라는 사실을 상기시키는 역할을 하였습니다. 그러니까 선악을 알게 하는 나무를 왜 두었냐는 것은 하나님은 왜 존재하여 우리로 하여금 당신의 명령에 순종하여야 하는 의무를 부과하시는가라는 것과 같습니다. 그러니까 선악과의 시험을 두었기 때문에 죄를 범했다는 것은 바로 하나님 당신이 우리 앞에 존재하고 우리에게 규범을 주셨기 때문에 죄를 범했다는 식의 주장을 하는 것과 동일합니다. 그러나 이러한 주장 자체가 죄악임을 기억해야 합니다.

하나님께서는 누구에게도 그로 하여금 악을 범하도록 결코 시험하시지를 않습니다. 시험을 하시기는 커녕, 오히려 시험에 들지 않도록 주의하라 경계의 말씀을 주십니다. "시험에 들지 않도록 깨어 기도하라 마음에는 원이로되 육신이 약하도다"(마 26:41)

그러면 사람은 어찌하여 시험을 받습니까? 하나님께서는 거룩한 삶을 살도록 규범을 주셨습니다. 그것은 율법이요 계명입니다. 타락한 죄인들은 율법으로 인하여 죄가 죄임을 깨닫게 됩니다. "그런즉 우리가 무슨 말을 하리요 율법이 죄냐 그럴 수 없느니라 율법으로 말미암지 않고는 내가 죄를 알지 못하였으니 곧 율법이 탐내지 말라 하지 아니하였더라면 내가 탐심을 알지 못하였으리라"(롬 7:7). 그렇다면 죄를 범하게 되는 일의 책임은 누구에게 있는 것일까요? 거룩한 율법을 주신 하나님에게 있는 것입니까? 아니면 그 율법으로 인하여 죄인으로 드러난 우리에게 있는 것입니까?

사람이 시험에 들어 죄를 범하게 되는 일은 다름이 아니라 바로 자신에게 있는 죄의 욕정 때문입니다. "오직 각 사람이 시험을 받는 것은 자기 욕심에 끌려 미혹됨이니 욕심이 잉태한즉 죄를 낳고 죄가 장성한 즉 사망을 낳느니라"(약 1:14~15). "그러므로 내 한 법을 깨달았노니 곧 선을 행하기 원하는 나에게 악이 함께 있는 것이로다 내 속사람으로는 하나님의 법을 즐거워하되 내 지체 속에서 한 다른 법이 내 마음의 법과 싸워 내 지체 속에 있는 죄의 법으로 나를 사로잡는 것을 보는도다"(롬 7:21~23).

바울 사도는 이러한 이치를 깨닫고 깊은 탄식을 쏟아 냈습니다. "오호라 나는 곤고한 사람이로다 이 사망의 몸에서 누가 나를 건져내랴"(롬 7:24) 바울의 탄식을 풀어보면 이와 같습니다. "아 내가 문제이구나. 하나님이 문제가 아니구나 내가 죄를 범한 것은 하나님이 시험하여 죄를 짓도록 유도하신 것이 아니구나 하나님의 선한 계명을 내가 내 속에 죄를 사랑하는 욕정이 있어 그것이 그렇게 죄를 범하도록 한 것이구나! 그렇다면 내가 나의 이 죄의 정욕을 어찌한단 말인가?" 이 탄식을 아는 자라면 주님께서 시험에 들게 하지 마시옵고 악에서 구하시옵기를 간구하라는 까닭을 바르게 이해할 수가 있을 것입니다. 하나님께서는 누구도 악에 빠지도록 시험을 하지 않으십니다. 누군가가 시험에 들어 악을 범한다면 그것은 전적으로 부패한 인간의 죄성 때문이지 하나님이 시험하신 까닭이 아닙니다.

하지만 창세기 22장의 말씀은 어떻게 이해를 하여야 합니까?

"그 일 후에 하나님이 아브라함을 시험하시려고 그를 부르시되 아브라함아 하시니 그가 이르되 내가 여기 있나이다 여호와께서 이르시되 네 아들 네 사랑하는 독자 이삭을 데리고 모리아 땅으로 가서 내가 네게 일러 준 한 산 거기서 그를 번제로 드리라"(창 22:1~2) 하나님이 아브라함을 시험하였다는 말의 뜻을 바르게 이해하기 위해서는 시험이라는 단어가 갖는 여러 가지 의미를 구별하는 일이 필요합니다. 첫째 사람의 실상을 드러내는 일을 가리켜 말할 때가 있습니다. 말하자면 어떤 광물이 금인지 아닌지를 분별하기 위하여 시험하는 일과 유사한 경우입니다. 둘째로 시련을 가리키기도 합니다. 셋째로 악을 행하도록 부추기는 유혹의 의미에서의 시험이 있습니다.

앞서 설명한 바와 같이 세 번째 의미인 악을 행하도록 부추기는 유혹으로서의 시험은 하나님이 행하시는 일이 아닙니다. 그렇다면 아브라함의 시험은 첫 번째와 두 번째의 의미에 따라서 살펴보아야 합니다. 둘째의 의미에 따라 하나님은 아브라함에게 시련이라는 시험을 주시고, 그 시험을 통해 첫 번째 의미에 따라 아브라함의 속을 드러내시는 것이며 그의 실상을 확인하시고자 한 것이라 할 수가 있습니다.

즉 하나님께서 아브라함에게 이삭을 제물로 바치라고 하신 것은 아브라함이 과연 하나님의 언약을 믿고 하나님만을 순종하는지를 드러내기 위한 것입니다. "아브라함은 시험을 받을 때에 믿음으로 이삭을 드렸으니 그는 약속을 받은 자로되 그 외아들을 드렸느니라 그에게 이미 말씀하시기를 네 자손이라 칭할 자는 이삭으로 말미암으리라 하셨으니 그가 하나님이 능히 이삭을 죽은 자 가운데서 다시 살리실 줄로 생각한지라 비유컨대 그를 죽은 자 가운데서 도로 받은 것이니라"(히 11:17~19).

시련을 통한 시험은 금을 불 가운데서 정제하는 것과 같습니다. 그 시련을 통해서 아브라함의 신앙이 어떠한지를 밝혀내며, 그 시련을 믿음으로 감당할 때, 그 신앙은 이전보다 더욱 더 연단이 되어 성장하게 됩니다. 그로 인하여 더욱 더 하나님 앞에서 성장하게 되는 영적 유익을 얻게 됩니다.

정리하면, 하나님께서 성도들을 시험을 받게 하시는 것은 첫째 그들이 어떠한 상태인지를 드러내시기 위해서(욥 1:11), 둘째 교만하지 않도록 하기 위해서(고후 12:7), 셋째 환란 가운데 있는 다른 이들에게 위로를 줄 수 있도록 하기 위해, 그리고 넷째 더욱 더 하나님 나라를 사모하도록 하기 위해서입니다.

그러나 마귀의 시험은 전혀 다릅니다. 마귀의 시험은 악을 행하도록 부추기는 유혹과 미혹과 같은 것입니다. 하나님은 시련의 시험을 통해 신앙을 더욱 더 성숙하게 하시지만, 마귀는 악의 유혹으로 하나님에게서 떠나도록 하게 합니다. 마귀의 시험이란 이러하기 때문에 요리문답은 우리를 시험에 들게 하지 마시고 다만 악에서 구하시기를 간구하는 여섯 번째 간구의 내용에 대해 문답 127에서 다음과 같이 요약하여 교훈을 줍니다. "즉 우리는 연약하여 한 순간도 설 수가 없으며, 뿐만 아니라 죽기까지 싸워야 할 대적들, 곧 마귀와 세상과 우리 자신의 정욕들이 끊임없이 우리를 공격하오니, 이 영적 전쟁에서 패하여 넘어지지 않고, 마침내 완전한 승리를 거둘 때까지 멈추지 않고 강력하게 우리의 원수들과 맞서 싸울 수 있도록, 성령의 능력으로 우리를 보존하시고 강하게 하시기를 간구합니다."

이처럼 "시험에 들게 하지 마시옵고 악에서 구하시옵소서"라는 기도는 우리의 부패함을 아시는 주님께서 우리의 연약함을 불쌍히 여기시고 마귀의 유혹과 죄의 정욕으로 인하여 악에 빠져들지 않도록 성령 하나님께서 도와주시옵소서 기도하는 것이며, 시련과 시험을 통해 우리를 연단하시고 마침내 의와 거룩의 소망을 이루도록 우리를 강건케 하시옵기를 기도하는 것입니다.

만일 마귀의 시험을 당할 때라면, 그 시험을 어떻게 이겨낼 수가 있겠습니까? 첫째, 우리만 겪는 것이 아니요, 믿음의 선진들이 다 겪었음을 기억하도록 합니다. 둘째, 시험과 시련은 하나님이 우리를 미워하시는 증거도 아니며, 오히려 은혜가 우리에게 있음을 말해 준다는 것을 확신합니다. 마귀가 성도를 시험하는 것은 죄가 있기 때문이 아니라 그들에게 은혜가 있기 때문입니다. 셋째, 마귀는 하나님께서 허락하신 범위 안에서만 시험을 할 수 있을 따름임을 기억합니다. 마귀는 결코 하나님의 자녀로 하여금 "사망에 이르는 죄"(요일 5:16)에 이르게 할 수 없습니다. 넷째, 어떤 시험이라도 감당하지 못할 시험은 없습니다(고전 10:13). 다섯째, 무엇보다도 예수 그리스도께서 모든 시험과 시련 가운데 가까이 계심을 확신합니다(히 4:15~16). 마지막으로 여섯째, 어떤 시험도 오히려 내게 유익을 주기 위한 것임을 확신합니다(시 119:71).

주님께서는 기도를 가르치시며 여섯 가지 기원들을 간구할 것을 말씀하시며, 마지막으로 "나라와 권세와 영광이 아버지께 영원히 있사옵나이다"는 말로 기도를 맺을 것을 가르치셨습니다. 하나님 나라와 권세와 영광은 영원하다는 말로 기도를 맺는 것은 신앙의 원리를 생각할 때 지극히 합당한 결론입니다. 기도는 신앙의 원리에 따라 행하는 가장 신앙적 행동이며 내용입니다.

신앙의 원리는 무엇입니까? 우리 자신을 이롭게 하기 위하여 하나님을 믿는다고 주장하는 이들도 있지만, 기독교 신앙의 진정한 원리는 우리 자신을 위한 일보다 더 근원적인 것을 향합니다. 그것은 하나님 나라입니다. 오직 하나님 나라 안에서 우리들도 근원적인 행복과 기쁨을 얻게 되는 것입니다.

하나님께서 세상을 창조하시고 다스리시는 데에는 목적과 계획이 있으며 또한 하나님께서는 그의 지혜와 능력으로 이를 열심히 이루어 가십니다. 하나님께서 세상을 창조하신 것, 그리고 그 가운데 사람을 만드시되 하나님의 형상으로 만드신 것. 그리고 역사를 다스리시는 것, 이 모든 것은 모두가 다름 아닌 하나님의 나라를 세우시기 위한 것입니다.

신앙이란 하나님 나라를 믿고 바라며 그 나라의 백성으로 사는 것입니다. 하나님 나라의 백성으로 사는 것이 우리 자신의 개인의 구원보다 더 우선적이며 또한 근원적입니다. 즉 우리 개인이 구원을 받다보니 하나님 나라가 이루어지는 것이 아닙니다. 하나님께서 그의 나라를 세우시고 우리를 그 나라에 속한 자로 택하셨기 때문에, 우리를 구원하시는 은혜가 우리에게 이루어지는 것입니다.

따라서 기독교인이 신앙생활을 한다는 것은 단순히 이 인생을 다 살고 나서 천국에 가기 위해 이 세상 사람들이 하지 않는 종교생활을 덧붙여 한다는 것이 결코 아닙니다. 기독교인의 신앙생활이란 바로 하나님 나라의 백성으로 사는 것을 뜻합니다. 하나님 나라의 백성으로 세상을 사는 자만이 장래에도 하나님 나라를 유업으로 받아 하나님을 영원토록 섬기며 찬양하며 예배하며 사는 영원한 생명의 기쁨을 누립니다. 하나님 나라가 목적이며 근원이고 개개인의 구원은 그 목적을 이루는 방편이며 결과인 것입니다.

그렇기 때문에 주기도문 마지막이 "나라와 권세와 영광이 하나님 아버지께 영원히 있사옵나이다"라는 송영으로 끝이 나는 것은 어쩌면 매우 당연한 일이며 또한 자연스러울 뿐만 아니라 필연적입니다 왜냐하면 기도란 우리의 믿음의 목적과 실천을 어디에 두어야 할지를 잘 보여주는 종교행위이기 때문입니다. 기도를 보면 믿음 가운데 바라는 바가 무엇이며 또한 실천을 하여야 할 바가 무엇인지를 알 수가 있는 법입니다. 앞서 살펴본 바와 같이 주기도문은 여섯 가지 간구로 구성이 되어 있습니다. 하나, 하나님의 이름이 거룩히 여김을 받는 것; 둘, 하나님 나라가 임하는 것; 셋, 하나님의 뜻이 하늘에서 이루어진 것 같이 땅에서도 이루어지는 것. 그리고 넷, 일용할 양식을 주시는 것; 다섯, 죄를 사하여 주시는 것; 여섯, 시험에 들게 하지 마시고 악에서 구하시는 것 등입니다. 이 모든 것은 각각 개인적인 간구를 넘어, 기도의 초점은 오직 하나님께 있으며, 또한 하나님의 나라에 있음을 말해줍니다. 처음 세 간구들, 하나님 이름, 하나님 나라, 하나님의 뜻은 모두가 하나님 나라를 향한 간구입니다. 그리고 일용할 양식, 죄 사함, 악에서 구함 등은 모두 하나님 나라 안에서의 보호와 평안을 구하는 것이라 하겠습니다.

그런데 하나님 나라란 무엇일까요? 한국 또는 미국과 같은 국가는 백성과 영토와 통치주권으로 나라의 정체성이 확인이 됩니다. 그렇다면 하나님 나라는 무엇으로 확인이 될까요? 이 물음의 답은 하나님의 주권적 통치입니다. 그렇기 때문에 하나님의 이름을 부르며 예배하는 신자들이 하나님의 백성이며 또한 하나님이 다스리는 영토입니다. 하나님의 주권적 통치는 모든 믿는 자들의 심령 안에 역사합니다. 하나님 나라는 주님의 교훈에 순종함으로 그 임재의 특성이 나타나는 것입니다. 불순종함 가운데는 하나님 나라가 임하지 않습니다. 불순종은 하나님 나라에 대한 반역일 뿐이기 때문입니다. 우리가 바라는 하나님 나라는 하나님의 의의 거룩한 통치가 이루어지는 나라입니다. 그래서 회개하고 주 예수를 믿음으로 죄 사함의 은혜를 받은 자라야 하나님 나라에 속하는 은혜를 누리게 됩니다.

이러한 하나님 나라가 바로 성경 전체의 주제입니다. 구약은 그 나라에 대한 상실과 회복의 약속 그리고 그것의 기대와 준비이며, 신약은 예수 그리스도께서 오심으로 말미암아 시작된 하나님 나라의 도래와 성취입니다. 특히 이스라엘 백성이 소망하며 고대하던 메시야가 예수 그리스도 안에서 완전히 성취되었음을 선포합니다. 예수님은 십자가에 달리기 전에 "하나님 나라"를 선포하셨고, 또한 부활하여 40일 동안 지상에 계실 때에도 "하나님 나라"를 가르치셨고, 사도들도 하나님 나라를 선포하였습니다. "하나님의 나라를 전파하며 주 예수 그리스도에 관한 모든 것을 담대하게 거침없이 가르치더라"(행 28:31).

다시 앞서 한 질문을 생각해 봅시다. 신앙이란 무엇일까요? 그것은 다름 아니라 죄 사함의 은혜를 입어 장차 하나님 나라를 약속으로 받은 사람으로 오늘 이 세상에서도 하나님 나라의 백성을 살아가는 것이라 하겠습니다. 그리스도께서 재림하여 이루실 새 하늘과 새 땅, 새 예루살렘에서의 하나님 나라를 소망 중에 바라며 더욱 더 그 은혜를 찬미하며 사는 것입니다. 그러한 은혜를 베푸시기 위하여 죄로 인해 죽은 자를 다시 살리시니 우리가 마음과 영혼으로 하나님의 능력과 권세와 영광을 찬양하며, 마침내 하나님의 통치에 순종하여 거룩한 성도의 삶을 살아가는 열매를 맺으며 사는 것입니다. 그리하여 주님이 재림하시는 그 날이 되면 부활의 새 몸을 입고 영원토록 주님을 왕으로 섬기며 하나님 나라의 행복을 누리는 기쁨을 믿고 바라는 것입니다.

"이 일 후에 내가 보니 각 나라와 족속과 백성과 방언에서 아무도 능히 셀 수 없는 큰 무리가 나와 흰 옷을 입고 손에 종려가지를 들고 보좌 앞에 어린 양 앞에 서서 큰 소리로 외쳐 이르되 구원하심이 보좌에 앉으신 우리 하나님과 어린 양에게 있도다 하니 모든 천사가 보좌와 장로들과 네 생물의 주위에 서 있다가 보좌 앞에 엎드려 얼굴을 대고 하나님께 경배하여 이르되 아멘 찬송과 영광과 지혜와 감사와 존귀와 권능과 힘이 우리 하나님께 세세토록 있을지어다 하더라"(계 7:9~12).

이 말씀을 읽으며 우리 모두는 "아멘"으로 화답을 합니다. 요리문답은 바로 우리의 이러한 고백을 "아멘"에 대한 설명을 하면서 다음과 같이 교훈을 합니다. "아멘은 참으로 확실하게 그렇게 될 것임을 뜻합니다. 내가 하나님께 기도하는 바를 바라며 내 마음으로 그것을 느끼는 것보다 더 확실하게 하나님께서는 내 기도를 들으십니다."(문답 129) 이것으로 하이델요리문답은 129문답에 걸친 교훈의 끝을 내립니다. 주님께서 가르치신 기도의 마지막인 "아멘"을 요리문답의 마지막 문항으로 다루면서 요리문답이 시작한 질문, "우리가 이 땅에서 사는 동안에 그리고 죽을 때에 우리에게 위로를 주는 단 하나의 사실은 무엇입니까?"(문답 1)의 답을 분명하게 확정합니다. 요리문답이 밝히고 있듯이 우리의 위로는 "나의 몸과 영혼이, 이 땅에서 사는 동안에도 그리고 죽을 때에도, 내가 소유하고 있는 나의 것이 아니라 나의 신실하신 예수 그리스도께서 소유한 주님의 것이라는 사실"에 있습니다(문답 1). 이것은 바로 그리스도로 말미암아 이루어지는 하나님 나라에 대한 소망 이외에 다른 것이 아닙니다.

지금까지 하이델베르크 요리문답을 따라 이 글을 읽어 오신 여러분 모두가 오직 예수 그리스도 안에서만 참된 위로를 누리고, 그리스도 안에서 하나님 나라의 백성이 된 자로 하나님 나라의 권세와 영광을 찬미하며 구원을 자랑하는 큰 복을 누리시며, 신앙순례의 길을 넉넉히 감당하시기를 축복합니다.

...생각 나누기

되짚는 질문

1_ 천국은 용서를 행하는 자에게는 열려있으나 그렇지 않은 자에게는 닫혀 있다는 말에 합당하다면 그 까닭은 무엇입니까?

2_ 중생한 신자는 이전보다 더 거룩함에도 죄 사함을 간구해야 할 이유는 무엇입니까?

3_ 신자는 어떻게 용서의 능력을 가질 수가 있겠습니까?

새로운 질문

4_ 하나님께서는 누구를 시험하여 악을 행하도록 하시지 않음에도 불구하고 어찌하여 여섯 번째 간구를 하여야 합니까?

5_ 사람이 시험을 받는 까닭은 어디에 있습니까?

6_ 하나님께서 아브라함을 시험하시려고 이삭을 번제로 드리라고 명하였다는 창세기 22장의 말씀은 어떻게 이해하여야 합니까?

7_ 하나님께서 시험하시는 것은 어떤 의미의 시험을 뜻합니까?

8_ 마귀의 시험은 하나님의 시험과 어떻게 다릅니까?

9_ "나라와 권세와 영광이 아버지께 영원히 있사옵나이다."라는 기도로 맺는 이유와 의미는 무엇입니까?